EinFach Deutsch
Unterrichtsmodell

Schöningh

Arthur Schnitzler

Lieutenant Gustl

Erarbeitet von
Margret Behringer und Renate Gross

Herausgegeben von
Johannes Diekhans

Fortsetzung Baustein 4

4.4.2	Abwehrmechanismen: die Selbstanreden Gustls	Gesamter Text S. 17–32 S. 32–46	Textarbeit Schreibauftrag Tafelbild
4.4.3	Witze als Abwehr	Gesamter Text	Schreibauftrag Tafelbild Arbeitsblatt 16

Baustein 5: Die Figurenkonzeption (S. 83–115 im Modell)

5.1	Die Konzeption der Gustl-Figur als defizitärer Charakter		
5.1.1	Erarbeitung im Anschluss an eine Deutungshypothese	Gesamter Text	Textarbeit Tafelbild Arbeitsblatt 17 Arbeitsblatt 18 Arbeitsblätter 19–23
5.1.2	Erarbeitung auf der Grundlage einer textbezogenen Datenerhebung	S. 7–14, Z. 32	Textarbeit Tafelbild Arbeitsblatt 24
5.2	Sexualität, Misogynie und Antisemitismus	Gesamter Text	Textarbeit Schreibauftrag Arbeitsblatt 25
5.3	Exkurs: Das „süße Mädel"	Gesamter Text	Textarbeit Zusatzmaterial 3, 4 und 5
5.4	Gustl als Prototyp des autoritären Charakters	Gesamter Text	Arbeitsblatt 26 Arbeitsblatt 27 Arbeitsblatt 28

Baustein 6: Ehrbegriff und Duell (S. 116–129 im Modell)

6.1	Vor- und Nachgeschichte: Das Duell mit dem Doktor	S. 11, Z. 16–S. 14, Z. 6	Textarbeit Tafelbild
6.2	Historische Einordnung	Anhang zur Textausgabe, S. 66 ff. (Frevert) Anhang zur Textausgabe, S. 74ff.	Zusatzmaterial 1 und 2
6.3	Die Ehrverletzung durch den Bäckermeister und das verhinderte Duell		
6.3.1	Der Streit	S. 15, Z. 30–S. 17, Z. 21	Textarbeit Szenisches Spiel Tafelbild
6.3.2	Entscheidung zum Suizid	S. 17–21	Textarbeit Arbeitsblatt 29
6.3.3	Die psychologische Deutung der Bäckerepisode	S. 30 und S. 15–17 S. 23, 24/25, 27/28, 31, 33/34, 36, 37, 41, 42/43	Textarbeit
6.3.4	Der komödienhafte Schluss – Desavouierung des Ehrbegriffs	S. 21 und S. 45/46	Textarbeit Schreibauftrag

Baustein 7: Intertextualität (S. 130–138 im Modell)

7.1	Die Rolle der Prätexte	Gesamter Text	Schreibauftrag
7.2	„Lohengrin"		Diskussionsauftrag
7.3	„In Nacht und Eis"		Diskussionsauftrag
7.4	Frauen im Konflikt mit der Gesellschaft („Madame sans Gêne" und „La Traviata")		Diskussionsauftrag
7.5	Das Oratorium		Diskussionsauftrag

Baustein 1: Einstieg (S. 18–28 im Modell)

1.1	Wien um 1900 und die literarische Moderne		Schreibauftrag Arbeitsblatt 1 Arbeitsblatt 2
1.2	Die Biografie Schnitzlers	Textausgabe S. 48–54	Szenisches Spiel Tafelbild Arbeitsblatt 3
1.3	Die Novelle als literarisches Medium der Moderne	Gesamter Text	Arbeitsblatt 4

Baustein 2: Die Raum-Zeit-Struktur (S. 29–46 im Modell)

2.1	Orientierung – Die Raum-Zeit-Struktur als äußeres Handlungsgerüst	Gesamter Text	Textarbeit Tafelbild Schreibauftrag Arbeitsblatt 5 Arbeitsblatt 6
2.2	Die Symbolik der Orte		
2.2.1	Die Elaborierung der Orte	Gesamter Text	Textarbeit Arbeitsblatt 7
2.2.2	Die Orte als Symbole für Gustls innere Entwicklung	Gesamter Text	Textarbeit Tafelbild Arbeitsblatt 7 Arbeitsblatt 8

Baustein 3: Erzähltheorie (S. 47–63 im Modell)

3.1	Einführung in den inneren Monolog	Textausgabe S. 104–106 S. 7, Z. 1–16	Textarbeit Schreibauftrag Tafelbild Arbeitsblatt 9
3.2	Exemplarische Analyse der Syntax und Lexik	Gesamter Text	Textarbeit Schreibauftrag Arbeitsblatt 10
3.3	Wiederholungen und Leitmotivstrukturen	Textauszug nach Wahl	Textarbeit Schreibauftrag Arbeitsblatt 11 Arbeitsblatt 12
3.4	Das Augenmotiv	Textausgabe S. 7–17 Textausgabe S. 17–32 Textausgabe S. 32–46	Textarbeit Schreibauftrag Tafelbild

Baustein 4: Psychoanalytische Deutung des inneren Monologs (S. 64–82 im Modell)

4.1	Schnitzler und Freud	Textausgabe S. 99–103	Textarbeit Schreibauftrag Tafelbild
4.2	Das Instanzenmodell		Schreibauftrag Rechercheauftrag (alternativ) Arbeitsblatt 13
4.3	Angst und Abwehr		Arbeitsblatt 14 Schreibauftrag Rechercheauftrag (alternativ)
4.4	Anwendung der Modelle		Textarbeit
4.4.1	Die Episode in der Kirche	Textauszug S. 38, Z. 19 – S. 40, Z. 11	Schreibauftrag Tafelbild Arbeitsblatt 15

Bildnachweis

S. 9: Theater der Josefstadt/Archiv – S. 37, 38: Bibliographisches Institut, Leipzig – S. 42: © akg-images (4); ÖNB Wien/Bildarchiv Nr. 138.606-C und 198.174-B; wikimedia

© 2009 Bildungshaus Schulbuchverlage
Westermann Schroedel Diesterweg Schöningh Winklers GmbH
Braunschweig, Paderborn, Darmstadt

www.schoeningh-schulbuch.de
Schöningh Verlag, Jühenplatz 1–3, 33098 Paderborn

Das Werk und seine Teile sind urheberrechtlich geschützt.
Jede Nutzung in anderen als den gesetzlich zugelassenen Fällen bedarf der vorherigen schriftlichen Einwilligung des Verlages.
Hinweis zu § 52a UrhG: Weder das Werk noch seine Teile dürfen ohne eine solche Einwilligung gescannt und in ein Netzwerk gestellt werden.
Das gilt auch für Intranets von Schulen und sonstigen Bildungseinrichtungen.

Auf verschiedenen Seiten dieses Buches befinden sich Verweise (Links) auf Internetadressen. Haftungshinweis: Trotz sorgfältiger inhaltlicher Kontrolle wird die Haftung für die Inhalte der externen Seiten ausgeschlossen. Für den Inhalt dieser externen Seiten sind ausschließlich deren Betreiber verantwortlich. Sollten Sie dabei auf kostenpflichtige, illegale oder anstößige Inhalte treffen, so bedauern wir dies ausdrücklich und bitten Sie, uns umgehend per E-Mail davon in Kenntnis zu setzen, damit beim Nachdruck der Verweis gelöscht wird.

Druck 5 4 3 2 / Jahr 2013 12 11 10
Die letzte Zahl bezeichnet das Jahr dieses Druckes.

Umschlaggestaltung: Jennifer Kirchhof
Druck und Bindung: Media-Print Informationstechnologie GmbH, Paderborn

ISBN 978-3-14-022462-8

Vorwort

Der vorliegende Band ist Teil einer Reihe, die Lehrerinnen und Lehrern erprobte und an den Bedürfnissen der Schulpraxis orientierte Unterrichtsmodelle zu ausgewählten Ganzschriften und weiteren relevanten Themen des Faches Deutsch bietet.
Im Mittelpunkt der Modelle stehen Bausteine, die jeweils thematische Schwerpunkte mit entsprechenden Untergliederungen beinhalten.
In übersichtlich gestalteter Form erhält der Benutzer/die Benutzerin zunächst einen Überblick zu den im Modell ausführlich behandelten Bausteinen.

Es folgen:

- Hinweise zu den Handlungsträgern
- Zusammenfassung des Inhalts und der Handlungsstruktur
- Vorüberlegungen zum Einsatz der Novelle im Unterricht
- Hinweise zur Konzeption des Modells
- ausführliche Darstellung der einzelnen Bausteine
- Zusatzmaterialien

Ein besonderes Merkmal der Unterrichtsmodelle ist die Praxisorientierung. Enthalten sind kopierfähige Arbeitsblätter, Vorschläge für Klassen- und Kursarbeiten, Tafelbilder, konkrete Arbeitsaufträge, Projektvorschläge. Handlungsorientierte Methoden sind in gleicher Weise berücksichtigt wie eher traditionelle Verfahren der Texterschließung und -bearbeitung.
Das Bausteinprinzip ermöglicht es dabei den Benutzern, Unterrichtsreihen in unterschiedlicher Weise und mit unterschiedlichen thematischen Akzentuierungen zu konzipieren. Auf diese Weise erleichtern die Modelle die Unterrichtsvorbereitung und tragen zu einer Entlastung der Benutzer bei.

Das vorliegende Modell bezieht sich auf folgende Textausgabe: Arthur Schnitzler: Lieutenant Gustl. Paderborn: Schöningh Verlag 2009. Best.-Nr.: 022461-1

 Arbeitsfrage
 Einzelarbeit
 Partnerarbeit
 Gruppenarbeit
 Unterrichtsgespräch
 Schreibauftrag
 szenisches Spiel, Rollenspiel
 Mal- und Zeichenauftrag
 Bastelauftrag
 Projekt, offene Aufgabe

Inhaltsverzeichnis

1. **Personen** 10

2. **Inhalt** 12

3. **Vorüberlegungen zum Einsatz der Novelle im Unterricht** 13

4. **Konzeption des Unterrichtsmodells** 15

5. **Die thematischen Bausteine des Unterrichtsmodells** 18

   Baustein 1: Einstieg 18
   1.1 Wien um 1900 und die literarische Moderne 18
   1.2 Die Biografie Schnitzlers 19
   1.3 Die Novelle als literarisches Medium der Moderne 20
   Arbeitsblatt 1:   Die Moderne (Lexikonartikel) 23
   Arbeitsblatt 2:   Merkkarten zum Lexikonartikel 25
   Arbeitsblatt 3:   Vorlage für ein Curriculum Vitae 26
   Arbeitsblatt 4:   Winfried Freund: Novellentechnik 27

   Baustein 2: Die Raum-Zeit-Struktur 29
   2.1 Orientierung – Die Raum-Zeit-Struktur als äußeres Handlungsgerüst 29
   2.2 Die Symbolik der Orte 32
   2.2.1 Die Elaborierung der Orte 32
   2.2.2 Die Orte als Symbole für Gustls innere Entwicklung 33
   Arbeitsblatt 5:   Stadtplan Wiens (+ Lösung) 37
   Arbeitsblatt 6:   Informationen zu den genannten Orten 39
   Arbeitsblatt 7:   Gustls Weg als Kreisbewegung (+ Lösung) 40
   Arbeitsblatt 8a: Gustls Weg als Kreisbewegung – die innere Entwicklung (+ Lösung) 42
   Arbeitsblatt 8b: Gustls Weg als Kreisbewegung – abschließender Befund (+ Lösung) 45

   Baustein 3: Erzähltheorie 47
   Narrativer Strukturwandel: Der innere Monolog 47
   3.1 Einführung in den inneren Monolog 48
   3.2 Exemplarische Analyse der Syntax und Lexik 51
   3.3 Wiederholungen und Leitmotivstrukturen 52
   3.4 Das Augenmotiv 54
   Arbeitsblatt 9:   Formen der Rede- und Gedankenwiedergabe (+ Lösung) 59
   Arbeitsblatt 10: Merkmalliste zu Syntax und Lexik 61
   Arbeitsblatt 11: Assoziationskarussell 62
   Arbeitsblatt 12: Funktionen des literarischen Motivs 63

   Baustein 4: Psychoanalytische Deutung des inneren Monologs 64
   4.1 Schnitzler und Freud 65
   4.2 Das Instanzenmodell 68
   4.3 Angst und Abwehr 69
   4.4 Anwendung der Modelle 70

4.4.1 Die Episode in der Kirche   71
4.4.2 Abwehrmechanismen: Die Selbstanreden Gustls   72
4.4.3 Witze als Abwehr   75
Arbeitsblatt 13:   Das Instanzenmodell   78
Arbeitsblatt 14:   Abwehrmechanismen   79
Arbeitsblatt 15:   Episode in der Kirche (+ Lösung)   80
Arbeitsblatt 16:   Thomas Anz: Lachlust   82

Baustein 5: Die Figurenkonzeption   83
5.1   Die Konzeption der Gustl-Figur als defizitärer Charakter –
        Identität durch Abwehr   84
5.1.1 Erarbeitung im Anschluss an eine Deutungshypothese   86
5.1.2 Erarbeitung auf der Grundlage einer textbezogenen Datenerhebung   89
5.2   Sexualität, Misogynie und Antisemitismus   94
5.3   Exkurs: Das „süße Mädel"   95
5.4   Gustl als Prototyp des autoritären Charakters   96
Arbeitsblatt 17:   Konstanze Fliedl: Identität durch Abwehr (Auszug)   98
Arbeitsblatt 18:   Grafik zu Gustls Identität durch Abwehr (nach Konstanze Fliedl)
                   (+ Lösung)   99
Arbeitsblätter 19–23: Gruppenarbeit 1–5 (Arbeitsaufträge)   101
Arbeitsblatt 24:   Facetten der Persönlichkeit Gustls (+ Lösung)   106
Arbeitsblatt 25:   Sexualität, Misogynie und Antisemitismus   108
Arbeitsblatt 26:   Der autoritäre Charakter Gustls – Vergleich mit Adornos Variablen
                   des Autoritarismus   110
Arbeitsblatt 27:   Tabelle zur Überprüfung der Gustl-Figur anhand der Variablen
                   des Autoritarismus (Adorno) (+ Lösung)   112
Arbeitsblatt 28:   Hannah Arendt zur „Banalität des Bösen"   114

Baustein 6: Ehrbegriff und Duell   116
6.1   Vor- und Nachgeschichte: Das Duell mit dem Doktor   117
6.2   Historische Einordnung   120
6.3   Die Ehrverletzung durch den Bäckermeister und das verhinderte Duell   122
6.3.1 Der Streit   122
6.3.2 Entscheidung zum Suizid   124
6.3.3 Die psychologische Deutung der Bäckerepisode   126
6.3.4 Der komödienhafte Schluss – Desavouierung des Ehrbegriffs   127
Arbeitsblatt 29:   Informationen zur Ehrennotwehr   129

Baustein 7: Intertextualität   130
7.1   Die Rolle der Prätexte   130
7.2   Lohengrin   133
7.3   In Nacht und Eis   134
7.4   Frauen im Konflikt mit der Gesellschaft   136
7.5   Das Oratorium   137

6. Zusatzmaterial 139

- Z 1: Friedrich Nietzsche: Menschliches und Allzu Menschliches 139
- Z 2: Arthur Schnitzler: Antwort auf eine Rundfrage über das Duell 140
- Z 3: Arthur Schnitzler: Jugend in Wien. Textauszüge zum „Süßen Mädel" 142
- Z 4: Theodor Fontane: Effi Briest (29. Kapitel, Auszug) 145
- Z 5: Theodor Fontane: Irrungen, Wirrungen (22. und 14. Kapitel, Auszug) 146
- Z 6: Die Legende vom lieben Augustin 149
- Z 7: Marlene Streeruwitz: Jessica 30 (Auszug) 151
- Z 8: Daniel Kehlmann: Ruhm (2009) 153
- Z 9: Vorschläge für Klausuren und Facharbeiten 155

Lieutenant Gustl

Lieutenant Gustl

„… ich bin ja überhaupt nicht mehr auf der Welt … es ist ja aus mit mir … Ehre verloren, alles verloren! … Ich hab' ja nichts anderes zu tun, als meinen Revolver zu laden und … Gustl, Gustl, mir scheint, Du glaubst noch immer nicht recht dran? Komm' zur Besinnung … es gibt nichts anderes … wenn Du auch Dein Gehirn zermarterst, es gibt nichts anderes! – Jetzt heißt's nur mehr, im letzten Moment sich anständig benehmen, ein Mann sein, ein Offizier sein, sodass der Oberst sagt: Er ist ein braver Kerl gewesen, wir werden ihm ein treues Andenken bewahren!"

Arthur Schnitzler: Lieutenant Gustl, S. 23

Personen

Da es sich bei dem vorliegenden Text um eine Novelle handelt, die durchgehend im inneren Monolog verfasst ist, gibt es außer Gustl nur noch eine handelnde Person, nämlich den Bäckermeister Habetswallner. Alle übrigen Figuren bevölkern lediglich Gustls Gedächtnis und Gedanken.

Lieutenant Gustl	ist ein Leutnant der k. u. k. Armee, 23 bis 24 Jahre alt und Sohn eines kleinen Beamten. Er hat aus Mangel an Begabung das Gymnasium abgebrochen und stattdessen die Kadettenschule zur Vorbereitung auf eine Offizierslaufbahn besucht. Gustl bedauert, bisher an keinem Krieg teilgenommen zu haben, und möchte sich gerne noch im Krieg beweisen. Als autoritär fixierte Persönlichkeit beruft er sich auf seine Vorgesetzten als Vorbilder und verehrt den Kaiser. Er verkehrt als Offizier (wenn auch als subalterner) in den Kreisen des gehobenen Bürgertums, hat jedoch wegen seiner persönlichen und gesellschaftlichen Defizite ein gespaltenes Verhältnis zu diesen Kreisen. Er hat Vorbehalte gegen die „Zivilen" und Juden und meint, sich ständig aggressiv gegen sie wehren zu müssen. Seine Persönlichkeit ist erheblich bestimmt von seiner Sexualität. Gustl fühlt sich durch das Verhalten eines einfachen Bäckers, den er nicht zum Duell fordern, den er aber wegen dessen körperlicher Überlegenheit auch nicht an Ort und Stelle mit dem Säbel angreifen kann, in seiner Standesehre gekränkt und sieht sich zum Suizid gezwungen, von dem er jedoch am Ende wegen des Todes seines Kontrahenten und Mitwissers Abstand nimmt.
Bäckermeister Habetswallner	tritt zu Beginn an der Garderobe des Konzerthauses, in dem Gustl das Oratorium „Paulus" von Mendelssohn gehört hat, als Handelnder auf: Er lässt sich Gustls Unhöflichkeiten nicht gefallen und hindert Gustl, seinen Säbel gegen ihn zu ziehen, indem er den Griff festhält und ihm droht, diese ehrenrührige Tatsache publik zu machen. Am Schluss der Novelle erfährt der Leser, dass ihn nachts um 12 Uhr der Schlag getroffen habe.
Die Eltern Gustls	sind Kleinbürger und wohnen in Graz, der Stadt für pensionierte Beamte während der Zeit der k. u. k. Monarchie. Der Vater war ein kleiner Beamter. Dass er in Pension gegangen ist, hat die Mutter als Kränkung erfahren. Die Einkünfte des Vaters reichten nicht, um Gustl zur Kavallerie gehen zu lassen. Gustl hat ein gespanntes Verhältnis zum Vater und eine (ödipale) Bindung an die Mutter.
Klara, Gustls Schwester	ist 28 Jahre alt und lebt unverheiratet bei den Eltern. Gustl fühlt sich ihr besonders verbunden.
Der Onkel Gustls, Bruder der Mutter	ist Gutsbesitzer, der immer wieder – auf Bitten der Mutter – für Gustls Spielschulden aufkommt, ihm aber keine regelmäßige „Sustentation" gibt. Gustl hält ihn deshalb für geizig und hat ein gespaltenes Verhältnis zu ihm.

Personen

Der Doktor	ist ein Rechtsanwalt, den Gustl zum Duell gefordert hat, weil er sich wegen dessen Bemerkung, dass nicht alle Kameraden Gustls zum Militär gegangen seien, um das Vaterland zu verteidigen, persönlich angegriffen fühlte. Das Duell soll am Tag nach dem Oratoriumskonzert um vier Uhr nachmittags stattfinden.
Steffi	ist Gustls Geliebte, die von einem anderen Herrn ausgehalten wird. Gustl nimmt an, dass dieser ein Jude ist, da er in einer Bank arbeitet und offensichtlich über hinreichend Geld verfügt.
Anna, Adel'	sind frühere Geliebte Gustls.
Oberleutnant Bisanz	ist ein früherer Duellgegner Gustls.
Doschinsky, Kopetzky, Mirovic, Pausinger, Brunnthaler, Fließ, Blany, Ringeimer, Bokorny, Rüttner, Max Lippay, Riedl, Ballert, Wiesner, Wingleder, Major Lederer, Fallsteiner, Wymetal, Rochlitz, der Oberst	sind Kameraden, ehemalige Kameraden und Vorgesetzte Gustls.
Johann	ist Gustls Bursche.
Rudolf	ist Kellner in Gustls Stamm-Kaffeehaus in der Josephstadt.

Inhalt

„Wie lang wird denn das noch dauern? Ich muss auf die Uhr schauen … […]" (S. 7). Mit diesen Worten beginnt die Novelle ohne übliche Rahmenhandlung. Erzählt wird im inneren Monolog, was Lieutenant Gustl, einem jungen k. u. k. Offizier, im Verlauf eines Abends und einer Nacht widerfährt.

Am Ende eines Konzerts im Wiener Musikverein, in dem er sich langweilt und deshalb mehr mit seinen Gedanken und den anwesenden weiblichen Besucherinnen beschäftigt ist als mit der Musik, gerät Lieutenant Gustl beim Verlassen des Konzerthauses in eine Auseinandersetzung mit einem Besucher. Dieser Mann, ein Bäckermeister, der Gustl aus seinem Stamm-Kaffeehaus bekannt ist, weist beim Warten auf die Garderobe den ungeduldigen jungen Mann zurecht und ermahnt ihn, ruhig zu bleiben. Als Gustl ihn beleidigt, hält er dessen Säbelgriff fest, sodass Gustl nicht ziehen kann, und zwingt ihn, Ruhe zu bewahren. Darüber hinaus droht er Gustl, seinen Säbel zu zerbrechen und dem Regimentskommando zu schicken, falls Gustl Aufsehen machen sollte. Obwohl der Streit unbemerkt von der Öffentlichkeit beendet wird – der Bäckermeister will Gustl die Karriere nicht verderben und verabschiedet sich freundlich mit einem „Habe die Ehre" – fühlt sich Gustl in seiner Ehre tief verletzt.
In Panik flieht er aus dem Konzerthaus, weiß nicht, wohin, erwägt und verwirft während seines Irrgangs durch das nächtliche Wien alle Möglichkeiten der Rehabilitation seiner Ehre, vom Niedermetzeln des Gegners über die Information seines Hauptmanns und das Quittieren des Militärdienstes bis zur Selbsterschießung, um schließlich resigniert zu erkennen, dass er die passende Gelegenheit zur Erledigung des Gegners versäumt hat und nur der Suizid bleibt.
Immer wieder spielt sich die Szene seiner Schmach vor seinem geistigen Auge ab. Die Ungewissheit, ob es Zeugen des Vorfalls gegeben habe und ob der Bäckermeister Diskretion bewahren werde, spielt bei dem Ringen um die richtige Entscheidung eine große Rolle. Gustl beschließt jedoch letztlich, unabhängig vom Mitwissertum anderer für die Standesehre zu sterben. Unter diesen Gedanken erreicht er den menschenleeren Prater, wo er sich Selbstzweifeln und Vorwürfen, allerlei abschweifenden Gedanken über sein bisheriges Leben und träumerischen Vorstellungen, in denen er sich seinen bevorstehenden Tod und sein Begräbnis ausmalt, hingibt und seine Selbsterschießung auf sieben Uhr am Morgen in seinem Zimmer festlegt. Schließlich schläft er auf einer Bank für ein paar Stunden ein.
Im Morgengrauen kehrt er unter sentimentalen Gedanken an seinen Tod, sein Begräbnis und die trauernden Hinterbliebenen zurück in die Stadt und sucht, nachdem er einige Minuten selbstmitleidiger Besinnung in einer Kirche verbracht hat, sein Kaffeehaus auf, um eine letzte Mahlzeit zu sich zu nehmen. Noch bevor ihm der Kellner das Frühstück serviert, teilt dieser ihm die Neuigkeit des Tages mit: den Bäckermeister, Gustls Kontrahenten, habe in der Nacht der Schlag getroffen.
Gustl fasst diese Nachricht als Rettung vor dem Selbstmord auf, sie löst in ihm eine unbändige Erleichterung und Freude aus. Seine Lebensgeister kehren vollständig zurück, er genehmigt sich eine teure Zigarre, kehrt gedanklich in seinen Regimentsalltag zurück und freut sich darauf, seinen Duellgegner am Nachmittag „zu Krenfleisch" zu hauen (S. 46).

Vorüberlegungen zum Einsatz der Novelle im Unterricht

Mit der Novelle Schnitzlers rückt ein Autor ins Blickfeld, mit dem sich die Schule bisher schwergetan hat. Ungeachtet der Tatsache, dass die Literatur des beginnenden zwanzigsten Jahrhunderts nach der lang anhaltenden Abneigung gegen ästhetische Neuerungen im 19. Jahrhundert wieder zu einer deutschen Literatur von Weltrang werden konnte, hat der Deutschunterricht mit Ausnahme von Kafka und Thomas Mann nur wenige Vertreter dieser Epoche in sein Literaturcurriculum aufgenommen. Im Rückblick auf das gesamte letzte Jahrhundert allerdings erscheint diese Periode der Literatur in ihrem inhaltlichen und formalen Reichtum ungleich bedeutsamer als die der zweiten Hälfte des Jahrhunderts. Das mag zur Rückbesinnung der Literaturdidaktik auf diese Epoche geführt haben.[1]

Inwieweit eignet sich die Novelle „Lieutenant Gustl" von Arthur Schnitzler für einen modernen Deutschunterricht, der Schülerinnen und Schüler sowohl in ihren existenziellen als auch ästhetischen Erfahrungen anzusprechen und zu bereichern vermag?

Zunächst erscheinen eher Hindernisse: Die Hauptfigur, ein Leutnant der k. u. k. Monarchie im Wien der Jahrhundertwende, liegt heutigen Jugendlichen ferner denn je. Weder haben sie einen unmittelbaren Zugang zu den zeithistorischen Zuständen noch ist ihnen die Fabel, der Konflikt des jungen Offiziers, ohne Weiteres einsichtig. Dennoch wirkt die eigentümliche Geschichte faszinierend. Das liegt an dem Sog, der von der atemlosen Erzählweise ausgeht und der den Leser bis zum „glücklichen" Ende der Affäre in seinem Bann hält. Erzählt wird in der ersten Person und im Präsens, im inneren Monolog, der mit dieser Novelle seinen Einzug in die deutschsprachige Literatur hält. Der Erzähler entlässt den Leser in keinem Augenblick aus Gustls existenzieller Krise, er zieht ihn hinein in den Strudel seiner Gefühle, er gibt ihm keine Gelegenheit der Distanz, sondern zwingt ihn, das Ereignis und die Folgen, die Zweifel und Ängste, die Panik und die Irritationen eins zu eins mitzuerleben. Und so entwickelt sich die Erzählung vor den Augen des Lesers zu einem psychologischen Experiment, der Fallstudie einer Lebenskrise, die neben vielen Fremdheiten auch Vertrautes offenbart. Da steigert sich einer in Wahnvorstellungen von Entehrung und Degradierung, die er nur durch den Selbstmord glaubt wiederherstellen zu können, er zieht Bilanz seines jungen Lebens, stürzt sich in Rechtfertigungen vor seiner Familie und vor den Kollegen, lässt seine Beziehungen Revue passieren und gibt sich seinen sentimentalen Gefühlen und Ängsten hemmungslos hin.

Im Schicksal Gustls entfaltet der Modus des inneren Monologs seine ganze Wirkung und der Leser erliegt ihm. Das ist die eine Hauptlinie der Erzählung, die Involvierung des Lesers. Eine zweite Linie gilt es darüber hinaus zu verfolgen, wenn die Novelle in ihrer ganzen Bedeutung erfasst werden soll. Diese fragt nach der Aufnahme der Novelle beim damaligen Publikum, nach der Rezeption in der zeitgenössischen Gesellschaft und schärft den Blick der heutigen Leser für die Interaktion zwischen Literatur und Gesellschaft. Unmittelbar nach Erscheinen der Novelle kam es zu einem ehrenrätlichen Verfahren gegen Schnitzler, an dessen Ende dem Autor der Offiziersrang aberkannt wurde. Das ist ein Beweis dafür, dass das zeitgenössische Publikum in erster Linie die gesellschaftskritische Potenz des Werkes aufgenommen und in seiner Reaktion darauf ein Exempel statuiert hat, das für heutige Leser schwer nachvollziehbar ist. Folglich bietet die Behandlung der Novelle auch Anlass, mit den Schülerinnen

---

[1] Vgl. in diesem Zusammenhang auch die Themen des Zentralabiturs NRW im Fach Deutsch: 2008 wurde eine Erzählung von Robert Walser angeboten, in den Vorgaben für 2010/11 sind zwei Werke Schnitzlers („Lieutenant Gustl" und „Traumnovelle") benannt.

und Schülern über die Wirksamkeit der Literatur in der Vergangenheit und der Gegenwart und über deren Wandel zu reflektieren.

Last but not least sei eine dritte Linie erwähnt, die für die jugendlichen Leser vermutlich die eingängigste und interessanteste ist. Diese betrifft die Konzeption der Gustl-Figur als Prototyp des defizitären und autoritären Charakters. In seiner Unbedarftheit kommt Gustl erschreckend „normal" daher: Er stammt aus kleinbürgerlichen Verhältnissen, will im Rahmen der Offizierslaufbahn etwas werden, ist gedankenlos, oberflächlich und unterwirft sich gerne den militärischen Autoritäten; er ist der „Eigengruppe" gegenüber unkritisch und zeigt aggressive Tendenzen gegen „Fremdgruppen", speziell gegen die Juden, die er in einem klischeehaften Verständnis überall ausmacht und von denen er sich übervorteilt fühlt; sein reales Verhältnis zu Frauen ist von einer Abwehr von Gefühlen bestimmt und auf – allerdings äußerst zahlreiche – sexuelle Kontakte beschränkt, während er gleichzeitig gedanklich in sentimentalen Gefühlen schwelgt und unrealistische Heiratswünsche artikuliert.

Gustl zeigt damit eine potenziell faschistische Charakterdisposition und deutliche Übereinstimmungen mit den Tätern der NS-Diktatur, die für Hannah Arendt „die Banalität des Bösen"[1] in erschreckender Weise verkörperten. Dass Schnitzler diesen Typus in komischer, z.T. grotesker Form daherkommen lässt, steht nicht im Widerspruch zu dieser Erkenntnis, denn Arendt formuliert in Bezug auf ihre Auseinandersetzung mit dem „Bösen":

„Eine meiner Hauptabsichten war, die Legende von der Größe des Bösen, von dessen dämonischer Macht zu zerstören, den Leuten die Bewunderung, die sie für die großen Bösewichter wie Richard III. und so weiter hegten, zu nehmen. Da fand ich bei Brecht die folgende Bemerkung: die großen politischen Verbrecher müssen preisgegeben werden, insbesondere der Lächerlichkeit. Sie sind nicht große politische Verbrecher, sondern Menschen, die große politische Verbrechen zuließen ... Dass Hitler erfolglos war, zeigt nicht an, dass er ein Dummkopf war, und das Ausmaß seiner Unternehmungen machte ihn nicht zu einem großen Mann. Diese ganze Kategorie der Größe trifft nicht zu. ... Wenn Sie unter diesen Gegebenheiten Ihre Integrität behalten wollen, dann können Sie das nur, wenn Sie sich an die altgewohnte Weise, solche Dinge zu betrachten, erinnern und sagen: Was er tut oder auch nicht tut, und wenn er zehn Millionen Menschen tötete, er ist und bleibt ein Clown." (Arendt 1996, S. 129f.)

Schnitzler hat in seiner Novelle zu Beginn des 20. Jahrhunderts mit der Gustl-Figur also einen Repräsentanten des 20. Jahrhunderts geschaffen, den er gleichzeitig durch Komik desavouiert.

„Die Möglichkeit zur Analyse dieses Typus hätte die Literatur [...] also von Beginn an geboten" (Fliedl, S. 99), sie bietet diese Möglichkeit den jungen Leserinnen und Lesern heute zur Erkenntnis der historischen Entwicklung und ihrer Bedingungen, zur kritischen Beurteilung gegenwärtiger Tendenzen und als Aufforderung zur Wachsamkeit.

Vorschläge für Klausuren und Facharbeiten sind im Zusatzmaterial 9, S. 155 zu finden.

---

[1] Vgl. Hannah Arendt: Eichmann in Jerusalem. Ein Bericht von der Banalität des Bösen. München und Zürich 2004

Konzeption des Unterrichtsmodells

Die vorliegende Textausgabe und das Unterrichtsmodell zu Schnitzlers „Lieutenant Gustl" begreifen den Text als wichtiges Werk des Epochenumbruchs um 1900, in dem zwar thematisch mit dem zentralen Motiv der Ehre an das Gesellschaftsbild des 19. Jahrhunderts angeknüpft wird und in dem dieses auf den ersten Blick auch nicht angegriffen zu werden scheint: Der „Held" der Geschichte – es handelt sich eher um einen Antihelden – bleibt letztlich diesem Gesellschaftsbild verhaftet, nichts verändert sich, alles bleibt beim Alten. Die Art der Darstellung aber, der innere Monolog, in dem dieser Held sich in seiner Unbedarftheit scheinbar barrierelos und unmittelbar dem Leser preisgibt, zeigt nicht nur die kritische Distanzierung Schnitzlers von diesem Gesellschaftsmodell, sondern konzentriert auch wie in einem Brennglas die Facetten der Moderne: Als psychoanalytische Fallstudie repräsentiert das Werk die moderne „Wendung nach innen" (Janz/Laermann 1978, S. 112, nach Lorenz, S. 148) und setzt psychoanalytische Erkenntnisse in ästhetische Form um. Als Werk eines jüdischen Autors aus Wien zeichnet es seismografisch die Züge des schon im Untergang befindlichen Habsburgischen Reiches nach, das Festhalten an alten Strukturen, die Ängste und Abwehrmechanismen gegen die Moderne, und entlarvt dabei fast nebenbei den gesellschaftlich herrschenden Antisemitismus.

Schlaffer[1] macht darauf aufmerksam, dass der Auftritt der (klassischen) „modernen" deutschen Literatur an zwei Städte gebunden ist, die bisher in der Literaturgeschichte keine größere Rolle gespielt hatten: Wien und Prag, katholische Städte mit einer jüdischen Minderheit. Er kann nachweisen, dass vor allem die emanzipierten Juden an der Wende vom 19. zum 20. Jahrhundert mit ihrem Bekenntnis zur Aufklärung und ihrer Orientierung an deren Repräsentanten eine ähnliche kulturelle Funktion hatten wie die protestantischen Literaten der Epochenwende vom 18. zum 19. Jahrhundert, da die Bildungsgeschichte deutscher Juden – mit einem Jahrhundert Verspätung – ähnlich verlaufen sei wie die der protestantischen Intelligenz im 18. Jahrhundert.

„Die leitenden Ideen des späten 18. Jahrhunderts sind geblieben, lediglich die konfessionelle Herkunft der Träger hat im frühen 20. Jahrhundert gewechselt. Versteht man unter ‚deutsch' nicht eine ethnische Spezies, sondern eine kulturelle Prägung, so dürfen die emanzipierten Juden als die ernsthafteren Deutschen gelten. Mit ihrer Vertreibung und Vernichtung hat daher folgerichtig die deutsche Literatur ihren Rang eingebüßt und ihren Charakter verloren." (Schlaffer, S. 140)

„Die Moderne in der Weltliteratur beginnt als Negation: Negation des Vokabulars, der Stile, der Gattungen, Motive, Themen, wie sie die traditionelle Literatur von der Antike bis ins 19. Jahrhundert zwar vielfach abgewandelt, aber nie grundsätzlich aufgegeben hatte. Folgen durchaus heiterer Art hat die Verletzung ästhetischer Normen bei der europäischen Avantgarde [...]. Parodie, Nonsens, Entfesselung der Wörter und der Fantasie beeinträchtigen zwar den Sinn (und damit auch die Bedrückung durch ihn), vermehren jedoch den Witz. Von solch fröhlicher Zerstörung ist in der deutschen Moderne – soweit sie nicht am internationalen Dada beteiligt war – kaum etwas zu spüren. Sie spricht in dunklen Tönen von tragischen Vorgängen, als sei sie für den Untergang des Alten verantwortlich und würde dafür mit neuen Schrecken bestraft. [...] Vermutlich ist die Ernsthaftigkeit, mit der die deutsche Literatur Bilder der Negativität beobachtet und entwirft, die Kehrseite der Ernsthaftigkeit, mit der sie zunächst – getragen vom Zutrauen der Neulinge in dieser Sphäre, der Juden und Katholiken – auf die Wiederholbarkeit der klassischen Formen und Ideen gesetzt hatte. Wie

---

[1] Heinz Schlaffer: Die kurze Geschichte der deutschen Literatur. München und Wien (Hanser) 2002, S. 134 ff.

die ersehnte Zulassung der Juden zur Kultur des deutschen Bürgertums am eingebürgerten Antisemitismus scheiterte, so prägten sich die befremdlichen, abstoßenden Züge der modernen Welt denen am tiefsten ein, die sie mit den Augen der Goethe-Zeit betrachteten. Wer aufrichtig dem Ideal der Schönheit folgen möchte, trifft auf das Hässliche, das ihn umgibt, sogar, wie er erschreckend gewahr wird, tief in seinem Innern. (Die Psychoanalyse, ebenfalls unter den jüdischen Intellektuellen Wiens entstanden, ist eine Variante der modernen deutschen Literatur)." (Schlaffer, S. 144/45)

Auf der Grundlage einer präzisen textanalytischen Erarbeitung der Novelle ist es das Anliegen des Modells, die Umbruchsituation, in der das Werk entstand, immer wieder in das Blickfeld der Lernenden zu rücken. Dem dienen der Einstieg, die entsprechenden Texte im Anhang zur Textausgabe wie auch die Zusatztexte im Modell, vor allem aber die vergleichenden Untersuchungen, etwa zum Instanzenmodell Freuds (Baustein 4), zur Konzeption der Gustl-Figur (Baustein 5), zum Ehrbegriff (Baustein 6) und zur Intertextualität (Baustein 7).

Mit der Modellierung eines konventionellen Durchschnittstypus in einem streng hierarchisch geformten Gesellschaftssystem gelingt Schnitzler die Darstellung des potenziell faschistischen autoritären Charakters, der sich für die Entwicklung des 20. Jahrhunderts als grausam relevant erweisen sollte. Den Blick der Lernenden auf diese „Weiterentwicklung" des Epochenumbruchs zu lenken, ist ebenfalls ein Anliegen des Konzepts.

Zu den Bausteinen im Einzelnen:

Baustein 1: Der Baustein sieht einen Einstieg in drei Varianten vor, die im Vorfeld der Lektüre und nach dem ersten Lesen der Novelle bearbeitet werden können. Die Schülerinnen und Schüler sollen Hintergrundwissen zur Epoche im Wien der Jahrhundertwende und zur Biografie Schnitzlers erarbeiten. Ein dritter Zugriff auf das Werk erfolgt über die Gattungstheorie der Novelle. Zur Zeit Schnitzlers war die Novelle eine sehr beliebte literarische Form, die sich den neuen Inhalten und formalen Experimenten öffnete.

Baustein 2: Dieser Baustein dient der Orientierung der Lernenden auf der Grundlage der Raum-Zeit-Struktur der Novelle und der Erfassung ihrer Symbolik. Die Lernenden vollziehen zunächst die Kreisbewegung Gustls nach und erarbeiten den äußeren Handlungsgang.

Mit der Feststellung der Kreisbewegung ist die Frage nach ihrer Bedeutung für die innere Entwicklung Gustls gegeben. Dabei spielt die von Schnitzler getroffene Wahl der Orte eine entscheidende Rolle. Deshalb werden diese zunächst elaboriert und anschließend mit Gustls innerer Entwicklung (zur Selbsttötung hin, von der Selbsttötung weg) korreliert. Der Baustein schließt mit der Erkenntnis, dass Gustl sich letztlich nicht entwickelt, sondern bleibt, wie er ist.

Dies kann unmittelbar zu der Frage nach seiner Persönlichkeit, nach seiner charakterlichen Disposition führen. Insofern läge es nahe, mit Baustein 5 fortzufahren.

Die Autorinnen haben sich dennoch entschieden, die Befassung mit dem inneren Monolog und seiner psychoanalytischen Deutung vorzuziehen, weil die Einsicht in den „Experimentcharakter" der dargestellten Lebenskrise grundlegend ist und das Verständnis der Figur und ihres Ehrbegriffs erleichtert. Eine Umstellung der Bausteine ist aber durchaus möglich. Die Schwierigkeit, die „Erzählweise" vom „Inhalt" zu trennen, und der Wunsch, die Austauschbarkeit der Bausteine zu ermöglichen, bringen es mit sich, dass in den Vorschlägen zur Texterarbeitung gewisse Überschneidungen zwischen den Bausteinen auftreten.

Baustein 3: Der Baustein 3 enthält die Einführung in die Erzählform des inneren Monologs. Es geht um die Vermittlung grundlegenden Wissens zur Erzähltheorie. Nach einer Instruktion über Formen von Rede- und Gedankenwiedergabe sollen sich die Schülerinnen und Schüler mit dem inneren Monolog der Novelle detailliert auseinandersetzen. Ziel ist es, die Besonderheit der „Gustl-Technik" Schnitzlers so zu vermitteln, dass die Konstruktivität des scheinbar spontanen inneren Monologs aufgedeckt wird. Das geschieht auch über die Analyse der Syntax und Lexik der Rede Gustls, die einen weiteren Schwerpunkt des Bausteins bildet. Abgeschlossen wird der Baustein mit der Untersuchung der Leitmotivtechnik, die am Beispiel des „Augenmotivs" konkret durchgeführt wird.

Baustein 4: Der Baustein 4 widmet sich der Analyse des inneren Monologs im Detail. Die Nähe von Freuds psychoanalytischem Diskurs und Schnitzlers „Gustl-Technik" erfordert eine intensive Auseinandersetzung mit dem Erzählverfahren. Die Erfindung Schnitzlers bestand ja darin, eine Sprachform gefunden zu haben, die zwischen Vorbewusstsein und Bewusstsein changiert, was bedeutet, dass der Sprechakt sich von der Sprache des Bewusstseins weitgehend entfernen und die assoziative, bis in die Tiefe von Syntax und Lexik reichende unregulierte Redeweise des Vorbewussten annehmen musste. Kenntnisse von Freuds Instanzenmodell und der Theorie der Abwehr sind notwendig, um hinter den im Monolog (scheinbar) spontan zu Tage tretenden Gedanken und Wortfetzen einen Sinn zu erkennen. Große Teile des Monologs sind von den Abwehrmechanismen bestimmt, die sich u.a. in den dialogischen Partien, v.a. den Selbstanreden und -ermahnungen Gustls und den zahlreichen Witzen, Kalauern und Lachreflexen, zeigen.

Baustein 5: In diesem Baustein geht es darum, die Facetten der Gustl'schen Persönlichkeit im Einzelnen zu erarbeiten, zu kategorisieren und Gustls Persönlichkeit auf dieser Grundlage als defizitär und von Abwehr geprägt zu bewerten. Die Repräsentanz geistesgeschichtlicher Strömungen der Wende vom 19. zum 20. Jahrhundert in diesem Personenkonzept können die Lernenden auf der Grundlage eines Arbeitsblattes zu den Rollenkrisen der Jahrhundertwende, möglicherweise ergänzt durch Untersuchungen zum Typus des „süßen Mädels" und eigene Recherchen, erarbeiten.
Ein abschließender Vergleich der Facetten der Gustl-Figur mit Adornos Merkmalen des autoritären Charakters und ein Blick auf Hannah Arendts Feststellung der „Banalität des Bösen" erhellt die Relevanz des dargestellten Charakters für die historische Entwicklung im 20. Jahrhundert.

Baustein 6: Ehre und Duell sind zentrale Kategorien in Gustls Denken, das verhinderte Duell bildet die Grundlage der Novellenhandlung. Schnitzler rahmt diese Geschichte mit der Vor- und Nachgeschichte eines regulären Duells ein, an dem sich die Funktion des Duells für Gustls Persönlichkeit erkennen lässt. Mit diesem Duell befassen sich die Lernenden deshalb im 1. Teil des Bausteins. Im 2. Teil des Bausteins sollen die Schülerinnen und Schüler die Relevanz des Duellproblems und die verbreitete Akzeptanz des Duells zur Wiederherstellung verletzter Ehre auch in bürgerlichen Kreisen zum Beginn des 20. Jahrhunderts erfassen. Erst mit diesem Hintergrundwissen lässt sich die existenzielle Krise Gustls nach der „unerhörten Begebenheit" mit dem Bäckermeister, um die es im 3. Teil des Bausteins geht, nachvollziehen. Ergänzt werden können die hier gewonnenen Erkenntnisse durch intertextuelle Vergleiche.

Baustein 7: Ging es in den vorherigen Bausteinen um einen literaturpsychologischen und -soziologischen Interpretationsansatz, lernen die Schülerinnen und Schüler in diesem Baustein eine weitere literaturwissenschaftliche Methode kennen, die intertextuelle Literaturinterpretation. Die relative Kürze der Novelle macht es möglich, auch unscheinbare Details des Textes wahrzunehmen und als Sinnträger zu verstehen. In diesem Baustein geht es also um die Prätexte, das sind die Texte, die dem vorliegenden Text „vorangehen" und die, einem Interpreten folgend, die eigentliche Modernität des Werkes ausmachen. Bei der Erarbeitung dieses Bausteins wird die Fähigkeit, Hypothesen aufzustellen und plausibel zu begründen, besonders gefördert, denn die zitierten Werke können nur als implizite Bezugsgröße genutzt werden. Das lässt Spielraum für Kreativität.

Die thematischen Bausteine des Unterrichtsmodells

Baustein 1

Einstieg

1.1 Wien um 1900 und die literarische Moderne

Die literarische Moderne umfasst einen Zeitraum von ca. vierzig Jahren. Der Sammelbegriff beinhaltet viele verschiedene literarische und künstlerische Strömungen, zu denen Impressionismus, Fin de Siècle, Décadence, Jugendstil und Expressionismus zählen. Gesellschaftlich ist diese Zeit von tiefgreifendem Wandel der Lebensumstände und der sozialen Verhältnisse geprägt. Philosophen, Wissenschaftler und Psychologen haben den Übergang in die Moderne begründet, unter ihnen die drei „Portalfiguren" Nietzsche, Freud und Planck.
Anhand des Lexikonartikels (s. **Arbeitsblatt 1**, S. 23) erhalten die Schülerinnen und Schüler in komprimierter Form einen Einblick in die gesellschaftliche und kulturelle Situation der damaligen Zeit, die mit Recht als ein Epochenumbruch bezeichnet worden ist. Die Moderne setzte mit völlig neuen Fragestellungen und Erkenntnissen ein, die alle Lebensbereiche nachhaltig veränderten.
Der Text kann natürlich keine fundierten Kenntnisse vermitteln und es geht auch nicht um das Anhäufen von literaturgeschichtlichem Faktenwissen, sondern um eine Einführung in die Problematik einer Zeit, von der uns heute schon über hundert Jahre trennen. Anders als heute spielten damals Intellektuelle, vor allem auch Vertreter der bildenden und literarischen Kunst, eine sehr wichtige Rolle im Prozess der Erneuerung. Sie waren die Vorhut, die die Ideen der Zeitgenossen durch ihre Kunstwerke verbreiteten. So muss auch Schnitzler in dem weiteren Umfeld der Wiener Avantgarde gesehen werden.

Da es sich um umfangreichere Lektüreaufgaben handelt, die sorgfältiges Lesen erfordern, sollen die Schülerinnen und Schüler die Texte als Hausaufgaben vorbereiten und evtl. zusätzliche Informationen recherchieren. Inwieweit und mit welcher Methode (Lernplakate, Präsentation, Hand-out) die Kenntnisse gesichert werden sollen, entscheidet die Lehrperson. Die Aufgaben und Präsentationsideen sind nur als Vorschläge gedacht.

> *Bereiten Sie mithilfe des Arbeitsblattes 1 einen mündlichen Vortrag zum Thema „Die moderne Welt ist entzaubert" (Max Weber) vor. Fertigen Sie dazu mithilfe des Arbeitsblattes 2 Merkkarten an, die Sie nach folgenden Stichpunkten gliedern können:*
> - *Die moderne Gesellschaft*
> - *Das moderne Individuum*
> - *Die Rolle der modernen Kunst und Literatur*

Mögliche Gestaltung der Merkkarten (s. **Arbeitsblatt 2**, S. 25):

1. Die moderne Gesellschaft: Prägend sind das Menschenbild der Aufklärung und die rasante Industrialisierung und Technisierung. Sie führen zu einer alle Bereiche des Lebens umfassenden Veränderung. Die Gesellschaft wird offener und differenzierter, was das Individuum als zwiespältigen (janusköpfigen) Prozess erlebt.
2. Der Mensch erhält größere Spielräume, sich selbst zu verwirklichen und die Gesellschaft zu verändern. Unabhängigkeit von Hierarchien und Traditionen eröffnet ihm neue Freiräume. Doch was als positiver Anreiz zur Gestaltung des eigenen Lebens verstanden werden kann, beinhaltet gleichzeitig auch hohe Verantwortung und erzeugt Angst vor dem Scheitern (janusköpfige Moderne).
3. Die moderne Literatur wendet sich von Naturalismus und Realismus ab. Die Abbildung von Wirklichkeit (Mimesis) wird als nicht mehr zeitgemäß empfunden, der Glaube an die verbindliche Erkenntnis der Wirklichkeit ist erschüttert. Thema der Kunst und Literatur ist die Krisensituation des Menschen, der alle Traditionen und Sicherheiten verloren hat. Das äußere Geschehen tritt zugunsten innerer, seelischer Prozesse in den Hintergrund. Skepsis gegenüber einer „verbrauchten" Sprache bestimmt ebenso wie das Experiment mit neuen Sprachformen und Darstellungstechniken die moderne Literatur.

Einige Schülerinnen und Schüler sollen ihre Vorträge halten.
Die weitere Arbeit im Unterricht wird die Frage klären, inwieweit sich Verbindungen zwischen den Epochenmerkmalen und der Novelle Schnitzlers herstellen lassen.
Einleitend wird die These der Literaturwissenschaftlerin Ursula Renner (2007, S. 114) an die Tafel geschrieben oder auf einer Folie präsentiert.

> „Schnitzlers Novelle, so simpel Gustls Gedankenrede zunächst auch erscheint, stellt [...] auf vielfältige Weise Anschlüsse her zu den anthropologischen Fragen, Experimenten und Suchprogrammen um 1900".

Die Schülerinnen und Schüler erhalten dann Zeit, Argumente zur Stützung dieser These zu finden. Dabei nutzen sie ihre Merkkarten.

Nehmen Sie Stellung zu der Aussage von Ursula Renner.

1.2 Die Biografie Schnitzlers

Die Erarbeitung der Biografie Arthur Schnitzlers soll am Beispiel seiner Familie einen Einblick in die Lebensverhältnisse des assimilierten jüdischen Bürgertums in Wien um 1900 geben. Der Vater Arthurs, Johann Schnitzler, war ein angesehener Arzt und in Folge seiner Heirat in das Wiener Bürgertum aufgestiegen. Trotz gelungener Assimilation der Familie erlebte Schnitzler in seiner Jugend und später beim Militär antisemitische Anfeindungen, die ihn zur Solidarität mit der jüdischen Glaubensgemeinschaft bewegten. Dennoch blieb Schnitzlers Verhältnis zum Judentum zeitlebens ambivalent.
Die Beschäftigung mit dem Leben Schnitzlers soll nicht zur Anhäufung biografischen Detailwissens führen. Ein stichwortartiger Überblick kann aber helfen, einige wichtige Fakten zu sichern (s. **Arbeitsblatt 3**, S. 26). Ziel dieses Teils des Bausteins ist es, die Schülerinnen und Schüler auf Zusammenhänge zwischen Autor und Werk aufmerksam zu machen, ohne dass eine einseitige biografische Literaturinterpretation angestrebt wird. Schnitzlers Erfahrungen beim Militär z. B. grundieren die Figur Gustl ebenso, wie Schnitzlers Erfahrungen mit Frauen sich in Gustls erotischen Verhältnissen widerspiegeln.

Die Schülerinnen und Schüler erhalten das Arbeitsblatt 3 und folgende Aufgaben:

- *Informieren Sie sich über die Biografie Schnitzlers. Nutzen Sie dazu die Darstellung von Michaela Perlmann (Textausgabe, S. 48–54) und recherchieren Sie ggf. selbstständig. Machen Sie sich Stichpunkte und erstellen Sie ein Curriculum Vitae.*

- *Drei Schülerinnen und Schüler übernehmen die Rolle des Autors als Kind, als Jugendlicher und als Erwachsener. Sie werden von den Mitschülern nach ihrer augenblicklichen Lebenssituation, ihren Beziehungen, ihren Wünschen und Träumen befragt.*

Nach der Befragung werden Zusammenhänge von Biografie und Werk erarbeitet und in folgendem Tafelbild gesichert:

Bezüge zwischen Leben und Werk

Biografie	Novelle
Schnitzler und das Militär • Persönliche Erfahrungen Schnitzlers beim Militär (Freiwilliger): Antisemitismus und Ausgrenzung („Mosesdragoner") • Antimilitaristische Gesinnung Schnitzlers Kriegsgegner	• Gustl: Parodie eines k. u. k. Offiziers • Veröffentlichung militärtypischer Denk- und Verhaltensweisen
Schnitzler und die Frauen • Bindungsangst • egoistischer Freiheitsdrang • Liebesverhältnisse und späte Heirat • Ehe nur auf Druck der Frauen, dennoch keine grundsätzliche Abneigung gegen familiäre Bindungen (Kinder) • eheliche Treue	• Gustl spiegelt Einstellungen des Autors gegenüber Frauen wider. • übertriebene Verhaltensweisen und Eigenschaften Gustls = Satire/Parodie

1.3 Die Novelle als literarisches Medium der Moderne (Winfried Freund)

Der dritte Zugriff erfolgt über die Gattung des Werkes, die Novelle[1]. Sie wird von Winfried Freund (1998, S. 231) als „Medium der Moderne" charakterisiert.
Der ausgewählte Auszug aus der Untersuchung Freunds enthält eine verständliche und übersichtliche Einführung, die von den Schülerinnen und Schülern gewinnbringend genutzt werden kann (s. **Arbeitsblatt 4**, S. 27). Freund stellt in Anlehnung an Heyse fünf Merkmale vor, die sich im Laufe der Entwicklung der Gattung als typisch konstituiert haben.
Bei der Erarbeitung des Merkmalkomplexes wiederholen und festigen die Schülerinnen und Schüler ihr Wissen über dramatische und epische Strukturen und verbinden es mit dem neuen gattungstheoretischen Wissen. Sie sollen im Anschluss an die Erarbeitung der Novellenmerkmale auf der Grundlage ihres subjektiven Textverständnisses prüfen, ob es sich bei „Lieutenant Gustl" um eine genretypische Novelle handelt. Eine solche Überprüfung bietet

---

[1] Auf die Bedeutung gattungstheoretischen Wissens für das Textverstehen weist u. a. hin: Eggert (2006)

der Lehrperson eine gute Gelegenheit, sich über das erste Textverständnis der Schülerinnen und Schüler zu informieren.

Die Überprüfung wird diverse Differenzen zwischen der Novellendefinition und dem Schnitzler'schen Werk, aber auch zwischen den einzelnen Schülerergebnissen hervorbringen, die im Sinne des Einstiegscharakters der Überprüfungsaufgabe keineswegs abschließend geklärt werden können und sollen. Sie werden vielmehr gesammelt und leiten als Untersuchungsfragen die weitere Arbeit an den Bausteinen. (Vor allem nach der Erarbeitung der Bedeutung der Orte [Baustein 2] kann die Frage der Novellenstruktur noch einmal aufgenommen werden, der Säbel als zentrales Requisit wird in Baustein 6 einer genaueren Betrachtung unterzogen usw.)

Alternativ kann die Behandlung der Novellenstruktur auch im Anschluss an Baustein 6 erfolgen. Dann hätte sie die Funktion einer abschließenden Evaluation des Gesamtwerkes.

Die Schülerinnen und Schüler erhalten das Arbeitsblatt 4 mit folgenden Aufgaben:

- *Lesen Sie Freunds Untersuchung zur Novellentechnik. Markieren Sie die charakteristischen Merkmale der Novelle.*
- *Stellen Sie die Merkmale und ihre Definitionen übersichtlich in einer Tabelle dar.*

Merkmale der Novelle

Rahmener-zählung	„unerhörte Begebenheiten"	Requisiten und Leitmotive	Wendepunkt/ Peripetie	Fabel
Einbettung der Geschichte in eine epische Situation (Erzähler bewertet und kommentiert)	Begebenheit widerfährt dem Protagonisten → ausweglose Situation (drohender Tod); 5-Akt-Schema (Drama)	symbolische Strukturierung durch Leitmotive (Gegenstände/ Requisiten; Situationen etc.)	Wendung der Handlung → gutes oder böses Ende; (Teil-)Schuld des Protagonisten an Katastrophe oder Wandel des Protagonisten → gutes Ende	stofflicher Grundplan der Handlung (Plot)

Im Anschluss an den Erarbeitungsschritt leitet die Lehrperson zur Erörterung der Frage über, ob Schnitzlers Novelle genretypisch ist.
Der Impuls kann wie folgt formuliert werden:

- *Sie haben die wichtigsten Merkmale der Gattung Novelle erarbeitet. Würden Sie Schnitzlers Text in eine Novellensammlung aufnehmen? Was spricht dafür, was dagegen? Tragen Sie Argumente vor.*

Die Ergebnisse der Schülerinnen und Schüler können sich auf folgende Fragen beziehen:

- Die fehlende Rahmenerzählung. Warum passt zu dieser Novelle kein Rahmen? Lässt sich die Entscheidung Schnitzlers begründen? Was bedeutet das rahmenlose Erzählen für die Rezipienten?
- Was ist die „unerhörte Begebenheit": Ist sie „unerhört"? Welche Rolle spielen der Zufall, das Schicksal? Handelt es sich um ein Ereignis, das Gustl „widerfährt"? Welchen Anteil hat er selbst an der Begebenheit?
- Das Requisit: Welches Requisit lässt sich als zentral definieren und warum? Was spricht für den Säbel als Leitrequisit? Welche konfliktrelevanten Deutungen lässt der Säbel zu? Inwiefern kann er als Sinnträger gelten?
- Wendepunkt: Welche Schwierigkeiten ergeben sich bei der Suche nach dem Wendepunkt? Wo und unter welchen Umständen findet der Wendepunkt statt?
- Lässt sich der Wendepunkt mit einer inneren Wandlung des Protagonisten verknüpfen? Wie vollzieht sich die Wendung und wie ist die Beteiligung des Protagonisten an der Wende? Handelt es sich um eine Wendung zum Guten oder zum Schlimmen?
- Handelt es sich bei dem Schluss der Novelle eigentlich um eine Lösung des Konflikts? Wie lässt sich der Schluss bewerten?
- Wie ist das Verhältnis von äußerer Handlung (Plot) und innerer Handlung (Konflikt)?
- Fabel: Lässt sich die Novelle auf eine Fabel reduzieren? Was ist die Aussageintention dieser Fabel? Wie ist das Verhältnis von Fabel und Gesamttext?

Notizen

Die Moderne (Lexikonartikel)

Die Betonung des Wollens, des Subjektiven und des gesteigerten Selbstbewusstseins bleibt für die M. ein andauerndes Charakteristikum. M. ist ohne Bezug auf sich selbst (Selbstreferenz) nicht denkbar und löst sich immer dann auf, wenn diese reflexive Beziehung verloren geht. Dieser seit der Aufklärung immer mehr zunehmende Selbstbezug geht einher mit historischen Entwicklungen, die den Menschen letztlich zum alleinigen Fundament des Lebens machen. Die nominelle Gleichheit aller Menschen und das Streben nach Demokratie seit der Frz. Revolution sind ebenso wesentliche Bestandteile der M. wie Industrialisierung und Technologisierung. Dazu tritt die „Erfahrung der Beschleunigung" und die Einsicht, dass „jede neue Modernität dazu bestimmt ist, sich selbst zu überholen (Koselleck et al. 1969, S. 303). Die Gegenwart hört auf, ein abgrenzbarer Fixpunkt zu sein. Vielmehr erscheint sie als Fülle ständig neuer Perspektiven. Wahlmöglichkeiten ergeben sich durch die Öffnung und Differenzierung der Gesellschaft, die dem Einzelnen seine Rolle nicht mehr verbindlich vorschreibt, sondern persönlicher Entscheidung und Qualifikation überlässt. Diese „funktionale Systemdifferenzierung" (Luhmann 1973, S.104) bietet den Menschen Freiräume der Selektion. Die in der M. auf die Spitze gebrachte Freiheit erscheint aber immer in einer janusköpfigen Doppeldeutigkeit, die das Paradox, eine dialektische Zwiespältigkeit und die Multiperspektivität zu wesentlichen Merkmalen der M. machen: Der Mensch, der in der M. zum Maß aller Dinge wird, weil alle Rechtfertigung nicht mehr von einem Gott oder einer gottähnlichen Regierung, sondern vom Menschen ausgeht, erhält eine ungeheure Verantwortung, die sich mit einer gleich großen Angst vor dem Scheitern paart. Entsprechend sehen typisch moderne Autoren, wie etwa S.A. Kierkegaard, J.-P. Sartre oder H. Pinter, Freiheit immer verbunden mit Verantwortung und existenzieller Angst. In der M. ist die vorher holistische[1] Gesellschaft durch eine individualistische, widersprüchliche und fragmentarisierte ersetzt. – Spätestens seit dem 19. Jh. sind die Menschen in den dynamischen modernen Prozess verwickelt, der durch Individualisierung, Differenzierung, Spezialisierung und Abstraktion gekennzeichnet ist sowie durch Technologisierung, Säkularisierung[2], Rationalisierung und Verwissenschaftlichung. Die moderne Welt ist „entzaubert" (M. Weber), alles Über-Natürliche ist ihr genommen, und das Künstliche als das von Menschen Geschaffene wird ihre eigentliche Natur. Moderne Kunst ahmt daher nicht mehr Natur nach, sie ist nicht mehr von einem traditionellen Konzept der Mimesis[3] geprägt, sondern ihr obliegt es, relevante Inhalte erst zu gestalten. […]

– Die literar. M. reflektiert das gewachsene Selbstbewusstsein und ist wesentlich durch die typisch moderne Paradoxie geprägt, was zu einer großen Vielfalt der Darstellungen der modernen Situation führt. Sie sind danach sortierbar, ob sie Zwiespältigkeit und Gegensätzlichkeit beibehalten oder eine einseitige Position favorisieren, wie etwa der sozialistische Realismus, der Naturalismus oder auch der Realismus. Der Realismus und Naturalismus des 19. Jh.s wurden zunächst als typisch moderne Formen der Lit. verstanden, da sie versprachen, die zeitgemäße Wirklichkeit in angemessener Weise wiederzugeben. Mit dem sich ändernden Verständnis von Realität und den Formen ihrer Wahrnehmung und Darstellung wandelt sich jeweils auch die Sicht in Bezug auf die Art und Weise der Repräsentation von Wirklichkeit in Lit. Die Darstellung der menschlichen Innenwelt und der subjektiven Wahrnehmung wird im 20. Jh. immer wichtiger gegenüber der Darstellung von Außenwelt. […]

Da es in der M. keine überzeitlich gültigen Mythen mehr geben kann, Sinngebungen für menschliches Leben aber unerlässlich sind, wächst die Bedeutung von Lit. und mit ihr die Relevanz der Sinn konstituierenden Leser, denn der „Wahrheitsgehalt der Werke der literar. M. liegt diesen nicht voraus, weder im Leben des Autors noch in der Gesellschaft, der sie sich verdanken. Wir müssen ihn durch denkende Aneignung hervorbringen" (Bürger 1996, S. 1311). Das macht die oft beklagte Schwierigkeit moderner Lit. aus, aber auch ihren bes. Reiz. Moderne Lit. reflektiert das neue und sich immer wieder wandelnde Selbstbewusstsein der Menschen zwischen den Extremen der Autonomie und der völligen Abhängigkeit von den gesellschaftlichen Umständen. Die M. wird als eine Krisensituation dargestellt, in der alle Traditionen und Sicherheiten verloren sind und der Mensch häufig unbehaust, im Exil, auf Wanderschaft, vereinsamt oder entfremdet ist. Neben der Problematisierung des menschlichen Selbstverständnisses steht dabei die Infragestellung aller Wahrnehmungsformen im Vordergrund. Nicht die Handlung als äußerliches Geschehen ist das Wich-

---

[1] ganzheitlich
[2] Prozess, in dem sich die engeren Bindungen einer Gesellschaft an die Religion lösen und zunehmend durch rational begründete Werte und Regeln des Zusammenlebens ersetzt werden
[3] in den Künsten das Prinzip der Nachahmung im Sinne der Poetik des griechischen Philosophen Aristoteles

tigste, sondern der Versuch, aus Handlungs-, Erlebnis- und Wahrnehmungsfragmenten eine sinnvolle Struktur zu gestalten. Der Bewusstseinsstrom erscheint in diesem Kontext als eine typisch moderne Form der Wahrnehmungsdarstellung, die mit einer für die M. ebenso typischen Differenzierung einer Einheit, nämlich S. Freuds Aufspaltung des Subjekts in Ich, Über-Ich und Es, korrespondiert. Chronologie als wichtiges Ordnungselement geht in moderner Lit. häufig verloren; auch die Zeit erscheint als eine bloße Relation in Abhängigkeit von anderen Variablen. Gedankenlogik oder eindeutige Gefühle werden ersetzt durch fragmentarische Bilder und komplexe Anspielungen. Sprache und ihre Fähigkeit zur Repräsentation wird zu einem herausragenden Problem, da Bedeutung nicht mehr vorgegeben, sondern von aktiven konkreten Sinnsetzungen der Menschen innerhalb bestimmter Situationen abhängig ist. […]

Aus: Ansgar Nünning (Hrsg.): Metzler Lexikon Literatur- und Kulturtheorie. Ansätze – Personen – Grundbegriffe. 4., aktualisierte und erweiterte Auflage. S. 508ff.
© 2008 J.B. Metzlersche Verlagsbuchhandlung und Carl Ernst Poeschel Verlag GmbH in Stuttgart

■ *Lesen Sie den Lexikonartikel sorgfältig. Unterstreichen Sie Wichtiges und machen Sie Randnotizen. Nach der Lektüre arbeiten Sie mit dem Arbeitsblatt 2 weiter.*

Merkkarten zum Lexikonartikel

■ Bereiten Sie mithilfe des Arbeitsblattes 1 einen mündlichen Vortrag zum Thema „Die moderne Welt ist entzaubert" (Max Weber) vor. Fertigen Sie dazu Merkkarten an, die Sie nach folgenden Stichpunkten gliedern können:
- Die moderne Gesellschaft
- Das moderne Individuum
- Die Rolle der modernen Kunst und Literatur

„Die moderne Welt ist entzaubert" (Weber)

- Die moderne Gesellschaft
- Das moderne Individuum
- Die Rolle der modernen Kunst und Literatur

Vorlage für ein Curriculum Vitae

Informieren Sie sich über die Biografie Schnitzlers. Nutzen Sie dazu die Darstellung von Michaela Perlmann (Textausgabe, S. 48–54) und recherchieren Sie ggf. selbstständig. Machen Sie sich Stichpunkte und erstellen Sie ein Curriculum Vitae.

- **Persönlichen Daten**
  - Vor- und Nachname
  - Geburtsdatum und Geburtsort
  - Familienstand, Kinder
  - Staatsangehörigkeit

- **Schulausbildung**
  - Zeitraum des Schulbesuchs
  - Schulort
  - Schulabschluss

- **Studium**
  - Zeitraum des Studiums
  - Fachrichtung bzw. Studienschwerpunkt
  - Besuchte Hochschule
  - Akademischer Abschluss

- **Berufserfahrung**
  - Zeitraum
  - Ausgeübter Beruf
  - Unternehmen und Ort
  - Tätigkeit
  - Auslandsaufenthalt

- **Besondere Kenntnisse und Fähigkeiten**
  - Hobbys
  - Fremdsprachen

- **Sonstiges**

Winfried Freund: Novellentechnik

Novellentheorie und Novelleninterpretation haben bestimmte Merkmale und Verfahrensweisen zutage gefördert, die sich zu einer Technik der Novellengestaltung zu verbinden scheinen. Sowohl auf der Produktions- wie auf der Rezeptionsebene billigt man den spezifischen gestalterischen Elementen besondere Bedeutung zu und hält ihre Beachtung beim Schreiben von novellistischen Erzähltexten wie auch bei der Deutung für unentbehrlich. Das daraus resultierende Verständnis der Gattung als Merkmalkomplex ist zwar inzwischen überholt, als hilfreich kann sich aber die Kenntnis gewisser Techniken durchaus weiterhin erweisen, sofern man deren Vorkommen nicht zum alleinigen gattungsdefinitorischen Maßstab erhebt.

Allgemein gilt, dass die meisten Novellen zweifellos bestimmte der angesprochenen Merkmale und Verfahrensweisen verarbeiten, ebenso gilt aber, dass ihr Auftauchen nicht unbedingt novellistisches Erzählen ausmacht. Im Folgenden sollen die wichtigsten Strukturelemente, wie sie die Novelle im besonderen Maße aufweist, unter dem leitenden Aspekt ihrer spezifischen Aussagefähigkeit für die Gattung vorgestellt und erläutert werden.

Als geradezu prototypisch für die Novelle hat man den Rahmen angesehen. Ursprünglich aus der indischen und persischen Erzähltradition stammend, fand er über die arabischen *Erzählungen aus Tausendundeiner Nacht* Eingang in die Novellendichtung. Die Rahmenerzählung bildet eine fiktive Erzählsituation aus, in der ein oder mehrere Erzähler im Binnenteil ihre Geschichten präsentieren, gerichtet an eine fiktive Zuhörerschaft, die zugleich Adressat, Maßstab und Rezensionsinstanz ist.

[...]

Der besondere Reiz der Rahmenerzählung liegt in ihrer Verknüpfung mit der Geschichte oder den Geschichten im Binnenteil. Durch wechselnde Erzähler bzw. durch bewusst subjektiv gewählte Erzählerrollen entsteht ein Spannungsverhältnis zwischen dem Erzähler und dem Erzählten, zwischen den Geschichten und der Zuhörerschaft bzw. dem Leser, gelegentlich noch verstärkt durch reflektierende und kommentierende Einschübe oder durch eine Infragestellung der Erzählkompetenz durch den Erzähler selbst. Durch ihre vielfältigen Gestaltungsvarianten ermöglicht die Rahmenfiktion eine kritische Distanzierung von dem in den einzelnen Erzählungen dargebotenen Stofflichen, das zwar nicht verändert oder ungeschehen gemacht werden kann, zu dem man aber ein eigenes Verhältnis zu gewinnen vermag. Insofern zeigt gerade die Dialektik von Rahmen- und Binnenerzählung die Spannung zwischen dem andrängenden und überwältigenden Objektiven einerseits und dem geistig strukturierenden und reflektierenden Subjekt andererseits.

Spätestens seit Goethes berühmtem Ausspruch „was ist eine Novelle anders als eine sich ereignete unerhörte Begebenheit" hat man die Novelle mit dem Begriff der Begebenheit verknüpft. Überdies lieferte das Diktum die synonym gebrauchte Wendung des Ereignisses. Beide Begriffe verweisen auf wirklich Vorgefallenes, auf etwas, was einmalig und unwiederholbar zu einer bestimmten Zeit, an einem bestimmten Ort geschehen ist. Im Unterschied zum Wunderbaren des Märchens ist die Novelle vorrangig mit dem Realen befasst oder genauer: die novellistische Fiktion erzählt eine Begebenheit mit dem Anspruch auf Wahrheit und Wirklichkeit, wobei der Erzähler in der Regel darum bemüht ist, noch dem Merk- und geradezu Unglaubwürdigsten den Schein der Glaubwürdigkeit zu verleihen.

[...]

Ereignis und Begebenheit stehen in Opposition zur Tat, zu dem, was vom handelnden Menschen ausgeht und bewirkt wird. In der Novelle ereignet sich und begibt sich persönlich Unfassbares und für den menschlichen Verstand nicht selten Unfassliches. Die Novelle, so könnte man definieren, ist die für wahr vorgestellte Fiktion eines unpersönlichen wirklichen Geschehens, in das sich der Einzelne verwickelt sieht. [...]

Die Novelle führt den Menschen in extremen Situationen seines Daseins vor, auf dem Höhenweg zur Erfüllung, meistens aber auf dem abschüssigen Weg in den Abgrund. In der unerhörten Begebenheit offenbart sich im exponierten Einzelfall das Äußerste, was dem Einzelnen widerfahren kann.

Die hohen Gestaltungsansprüche an die Novelle – Konzentration und Objektivierung – legen eine symbolisch dichte Darstellungsweise nahe. Folgenreich hat insbesondere Paul Heyse in Anlehnung an Boccaccios Falkennovelle (*Decamerone* I,9) von jeder Novelle einen Falken gefordert, d.h. ein Requisit oder bestimmtes Motiv, das an Gelenkstellen der Handlung immer wieder aufgenommen wird und in dem sich der zentrale Konflikt spiegelt. Der Falke hat demnach sowohl strukturierende als auch interpretierende Bedeutung. Er offenbart in sinnlicher Erscheinung den wesenhaften Sinn und objektiviert das subjektiv sich Ereignende zu allgemeiner Bedeutung. Alles andere als ein nur ornamentales Zeichen, signalisiert der Falke den jeweiligen novellistischen Problemkern.

Nahezu synonym neben der Heyse'schen Bezeichnung, sie mehr und mehr verdrängend, werden die Begriffe Leitmotiv und Dingsymbol verwendet. Mit beiden ist indes das gemeint, was auch Heyse vorschwebte. Wenn Storm den Heyse'schen Falken ruhig fliegen lassen wollte und Schunicht ihn längst am Wendepunkt sieht, so lässt sich dennoch nicht leugnen, dass eine ganze Reihe von Novellen, unter ihnen durchaus einige der gelungensten, einen bestimmten Gegenstand bzw. ein bestimmtes Motiv aufweisen, das als Struktur- und Sinnträger zugleich fungiert.

[...]

August Wilhelm Schlegel, der die Novelle aufgrund ihrer objektiven Darbietungsweise in enger Nachbarschaft zum Drama sah, entwickelte parallel zum Begriff der dramatischen Peripetie den Wendepunkt als wichtiges Merkmal der novellistischen Handlungsstruktur. Wie im Drama so ist auch in der Novelle damit jener Punkt bezeichnet, von dem aus sich die Handlung zum Guten oder zum Schlimmen, zur Katastrophe oder zur Lösung wenden kann. Entscheidend ist, dass eine solche Wendung ohne direkte menschliche Intervention geschieht. Insofern unterstreicht gerade dieses Strukturmerkmal erneut den Vorrang des Geschehens vor dem Menschen, dem die Handlungsfreiheit entzogen scheint. Allerdings ist der Einzelne nicht schuldlos an dem plötzlich über ihn hereinbrechenden Verhängnis. Dies gilt ebenso in den Fällen, wo eine positive Wende eintritt, die, genau betrachtet, ihren Ursprung in einem inneren Wandel der zentralen Figur hat.

[...]

Plötzliche, aber keineswegs unvorbereitete, jeweils deutlich markierte Wendepunkte bestimmen in vielen herausragenden Gattungsbeispielen die novellistische Handlungsführung und lassen den Menschen im Negativen wie im Positiven als verantwortlich erscheinen für das, was geschieht, ohne dass er selbst einen unmittelbaren Einfluss auf die Folgen seines Handelns hat. Am Wendepunkt beginnt sich das Geschehen regelmäßig zu verselbständigen und auf das unerhörte Ereignis zuzutreiben.

Am undeutlichsten ist der von Heyse ins Spiel gebrachte Begriff der Silhouette. In der bildenden Kunst ist damit der Schattenriss gemeint, der eine Figur oder einen Gegenstand als Schatten wiedergibt, aber so, dass die jeweiligen individuellen Konturen unverkennbar sind. Heyse selbst bringt die Silhouette mit dem zentralen novellistischen Motiv in Verbindung, das jedes einzelne Stück unverwechselbar macht. Unverwechselbar einmalig ist aber nur die Novelle, deren spezifischer Inhalt sich in wenigen Worten zusammenfassen lässt, ohne dass Wesentliches verloren geht.

[...]

Mit der Silhouette scheint also in erster Linie die Fabel gemeint, die sich, ähnlich wie das Schattenbild zum abgebildeten Gegenstand, wie eine Art Matrix zur ausgestalteten Novelle verhält. Das Silhouettieren der spezifischen novellistischen Konturen dient dem Autor als produktiver Gestaltungsentwurf, den Leser kann es dazu befähigen, den Kern der novellistischen Aussage zu erfassen, ohne sich im Detail zu verlieren.

[...]

Streng ist die jeweilige Darstellung auf die sich in der Fabel deutlich abzeichnende Aussageintention abgestimmt: das kollektiv bzw. individuell bedingte Scheitern einer möglichen Liebesbeziehung, ein Scheitern, in dem sich für das 19. Jahrhundert bzw. für die Gegenwart repräsentative zeitgeschichtliche Konstellationen spiegeln. In der jeweiligen Silhouette zeichnen sich die unverwechselbaren historischen Konturen der Novellen ab.

Aus: Winfried Freund: Novelle. Stuttgart: Reclam 1998, S. 30–39 (Auszug, gek.)
© Philipp Reclam jun. GmbH & Co., Stuttgart

- Lesen Sie Freunds Untersuchung zur Novellentechnik. Markieren Sie die charakteristischen Merkmale der Novelle.
- Stellen Sie die Merkmale und ihre Definitionen übersichtlich in einer Tabelle dar.

Baustein 2

Die Raum-Zeit-Struktur

Der Baustein 2 soll den Schülerinnen und Schülern zunächst eine Orientierung im Text und einen ersten Zugriff auf den Geschehensablauf ermöglichen. Für den Leser, zumal den noch wenig erfahrenen jugendlichen Leser, ist Schnitzlers Novelle aufgrund der Erzählstruktur des inneren Monologs zunächst verwirrend und er wird den Handlungsablauf aus den scheinbar ungeordneten Assoziationen Gustls nicht ohne Weiteres selbst erschließen können. Eine Ordnung ergibt sich aus der von Schnitzler sehr sorgfältig konzipierten Raum-Zeit-Struktur, die die Schülerinnen und Schüler bewusst wahrnehmen müssen, damit sie anschließend die Symbolik der Orte erfassen und im Kontext von Gustls innerer Entwicklung deuten können. (Zum Verhältnis zwischen dem Vorbewusst-Assoziativen in Gustls Monolog und der (verdeckten) Erzählinstanz s. Bausteine 3 und 4)

Im unmittelbaren Anschluss an die Vergegenwärtigung der Ort-Zeit-Struktur und des Handlungsgerüsts soll die Symbolik der Orte erarbeitet, d.h. die Frage nach ihrer Bedeutung für Gustls innere Verarbeitung der Ehrverletzung durch den Bäckermeister beantwortet werden. Die Schülerinnen und Schüler müssen die äußere Handlung mit den Selbstmordabsichten Gustls verknüpfen und erfassen damit die Konstruktion der Novelle, die hinter dem gewollten Anschein des Ungeordneten, Assoziativen steckt.

Im Einzelnen geht es um

- die Rekonstruktion von Gustls Weg durch das nächtliche Wien an Hand der Ortsangaben;
- die Rekonstruktion der Handlungszeit;
- die Rekonstruktion der äußeren Handlung an Hand der Zeit- und Ortsangaben auf Gustls Weg durch das nächtliche Wien;
- die Elaborierung und Kategorisierung der Ortsangaben im Kontext dieser Bewegung;
- die Erfassung des Zusammenhangs von innerer und äußerer Bewegung (Symbolik der Orte).

2.1 Orientierung – Die Raum-Zeit-Struktur als äußeres Handlungsgerüst

In einem ersten Schritt sollen die Schülerinnen und Schüler sich den äußeren Handlungsverlauf (festzumachen an Gustls Ortswechseln, dem auslösenden und dem abschließenden Ereignis) und seine zeitliche Dimension vergegenwärtigen.

Gustl befindet sich zunächst im Konzertsaal des Wiener Musikvereins bei einer Aufführung des Oratoriums „Paulus" von Felix Mendelssohn. Es ist der 4. April 1900 („Was haben wir denn heut' – den vierten April [...]", S. 25). Die Handlung beginnt um 21.45 Uhr („Erst viertel auf zehn?", S. 7). Nach Beendigung des Konzerts gerät Gustl im Gedränge an der Garderobe mit einem Bäckermeister aneinander, es kommt zu einer verbalen Auseinandersetzung, der Bäckermeister hält Gustls Säbelgriff fest, hindert ihn so daran, den Säbel zu ziehen, er droht schließlich Gustl an, seinen Säbel zu zerbrechen und dem Regimentskommando zu schicken, wenn Gustl Aufsehen mache. Die Auseinandersetzung beendet der Bäcker mit einer freundlichen Verabschiedung, „[...] damit keiner glaubt, dass wir uns gestritten haben [...]" (S. 16). Er will Öffentlichkeit vermeiden und Gustl die Karriere nicht verderben.

Gustl kommt nach diesem für ihn ehrenrührigen Ereignis erst auf der Straße wieder zu sich, wo er das Café Hochleitner erkennt (vgl. S. 19). Da er durch die Konfrontation mit dem Bäckermeister satisfaktionsunfähig geworden ist, beschließt er, sich totzuschießen (vgl. S. 20). Wenig später zählt er die Schläge einer Turmuhr: elf Uhr abends (vgl. S. 20). Er passiert die Aspernbrücke (vgl. S. 22) und befindet sich bald darauf im Prater (vgl. S. 25), setzt sich dort in der Nähe des „zweite[n] Kaffeehaus[es]" auf eine Bank und stellt bald fest, dass ihm „vor zwei Stunden [...] einer ‚dummer Bub' gesagt" hat (S. 29), und wenig später, dass Mitternacht vorbei sein muss (vgl. S. 30). Auf der Bank schläft er ein und erwacht um drei Uhr morgens. Er verlässt den Prater, bemerkt, dass es „immer lichter" wird (S. 34), hört das Pfeifen eines Zuges und stellt fest, dass der Nordbahnhof „drüben" (S. 34) ist und er vor der Tegethoffsäule steht (vgl. S. 34/35). Die Nordbahnuhr zeigt „halb vier" (S. 35). Er trifft auf der Praterstraße auf die Vierundvierziger, die zur Schießstätte marschieren (vgl. S. 36), hört auf seinem weiteren Weg den Orgelklang aus einer Kirche und nimmt an der Frühmesse teil (vgl. S. 38/39). Wieder auf der Straße verspürt er Hunger und beschließt, in sein Kaffeehaus zu gehen, wo er vermutet, gegen 6 Uhr morgens einzutreffen. Auf dem Weg dorthin passiert er den Burghof und die Bosniaken, salutiert einem Wachmann, sieht im Volksgarten die Bäume ausschlagen (vgl. S. 41), geht die Ringstraße entlang („jetzt bin ich ja bald in meinem Kaffeehaus", S. 41), stellt fest, dass es dreiviertel sechs ist (vgl. S. 42), und betritt wenig später sein Kaffeehaus, wo er erfährt, dass den Bäckermeister der Schlag getroffen hat.

Die erzählte Zeit erstreckt sich also über etwa acht Stunden. Während dieser Zeit spielt sich Gustls „ganzes Leben" noch einmal in seinem Kopf ab – als bewusstes Erinnern und in vor- und unbewussten Gedanken und Assoziationen.

Die Schülerinnen und Schüler können vor der Lektüre bereits einen lesebegleitenden Arbeitsauftrag bekommen:
Sie sollen Orts- und Zeitangaben im Text unterstreichen und sich mithilfe der **Arbeitsblätter 5** und **6** (S. 37 und 39) die Route Gustls durch Wien vergegenwärtigen. Die Informationen des Arbeitsblattes 6 können durch eigene Recherchen im Netz ergänzt werden.
Sie sollen außerdem die Zeitangaben auf einer Zeitschiene festhalten und mit ihrer Hilfe die Dauer der äußeren Handlung feststellen.

- *Unterstreichen Sie während Ihrer Lektüre Angaben, die Ihnen Hinweise darauf geben, wo Gustl sich befindet. Nehmen Sie zur genaueren Verortung der Angaben Arbeitsblatt 6 (Informationen zu den genannten Orten) zu Hilfe, recherchieren Sie ggf. auch im Netz und tragen Sie Gustls Route auf dem Stadtplan von Wien ein (Arbeitsblatt 5).*

- *Markieren Sie auch zeitliche Fixpunkte und stellen Sie fest, von wann bis wann das Geschehen sich erstreckt.*

- *Tragen Sie Ihre Ergebnisse auf einer Zeitschiene ein und stellen Sie mit ihrer Hilfe die Dauer der äußeren Handlung fest.*

Dieser Arbeitsauftrag zur Lesebegleitung schafft gute Voraussetzungen für den Einstieg mit der Frage nach der literarischen Gattung (s. Baustein 1.3).
Alternativ müsste der Arbeitsauftrag nach dem Einstieg, z. B. im Anschluss an die Beobachtungen der Schülerinnen und Schüler zu Plot, Fabel und Wendepunkt, als vorbereitende Aufgabe gegeben werden.

Baustein 2: Die Raum-Zeit-Struktur

Die Schülerinnen und Schüler vergleichen ihre Ergebnisse in einer kurzen Murmelphase untereinander in Vierergruppen, ergänzen und korrigieren sich. Obwohl Orts- und Zeitangaben in der Novelle miteinander verknüpft sind, empfiehlt es sich, die Auswertung getrennt vorzunehmen.

Die Zeitstruktur

Die Schülerinnen und Schüler sollten zunächst ihre Ergebnisse zur Zeitstruktur präsentieren, da die Ortsangaben intensiver betrachtet und im nächsten Baustein weiter verfolgt werden.

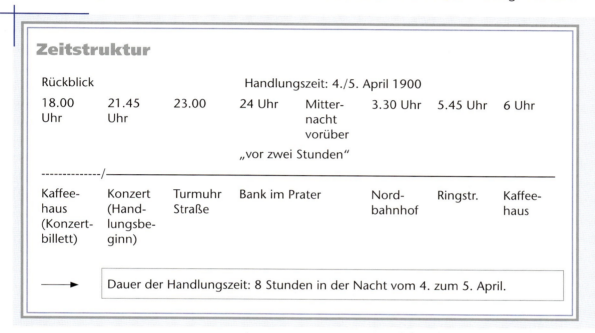

Die Raumstruktur

Ein auf DIN-A-1 oder DIN-A-2 vergrößerter Stadtplan Wiens (vgl. **Arbeitsblatt 5**, S. 37) wird aufgehängt (alternativ: Folie oder Powerpoint), die von den Schülerinnen und Schülern gesammelten Ortsdaten werden eingetragen und die Route Gustls wird so rekonstruiert und markiert.
Die Rekonstruktion der Route auf dem Stadtplan macht Gustls Kreisbewegung augenfällig: Er kommt am Ende wieder da an, wo er aufgebrochen ist. (Ergebnissicherung s. Lösung zu Arbeitsblatt 5, S. 38)

Das Geschehen

Im Anschluss an die Erarbeitung des Ort-Zeit-Skeletts der Novelle stellt sich die Frage nach dem Geschehen: Was treibt Gustl nächtlich hinaus in den Prater und wieder zurück? Diese weiterführende Frage sollte im Plenum andiskutiert werden, bevor die Aufgabe dazu gegeben wird.

- *Was „passiert" eigentlich? Stellen Sie schriftlich den äußeren Handlungsgang in einem Erzählerbericht dar.*
- *Orientieren Sie sich dabei an den Ergebnissen zur Raum-Zeit-Struktur. Ordnen Sie in dieses Raster das auslösende Ereignis (S. 15/16), Gustls Beschluss zum Suizid, seine konkreten Begegnungen auf dem Weg (z. B. S. 36 f., S. 40 f.) und das abschließende Ereignis ein (S. 43 – 46).*

> **Was passiert in der Novelle? – Darstellung des Handlungsgangs in der Form eines Erzählerberichts**
> Am Abend des 4. April 1900 befand sich Gustl, Leutnant der k. u. k. Armee, im Konzerthaus des Wiener Musikvereins in der Bösendorfer Straße und hörte das Oratorium „Paulus" von Felix Mendelssohn-Bartholdy. Er hatte das Billett zuvor von seinem Kameraden Kopetzky geschenkt bekommen, den er um 6 Uhr in seinem Kaffeehaus getroffen hatte.
> Nach dem Konzert geriet Gustl an der Garderobe in eine Auseinandersetzung mit dem Bäckermeister Habetswallner …

2.2 Die Symbolik der Orte

2.2.1 Die Elaborierung der Orte

Gustls Gang vom Konzerthaus des Musikvereins an der Bösendorferstraße (Parallelstraße zum Kärtner Ring) über den Ring und die Praterstraße bis zum Prater und zurück zum Burgring lässt sich als Kreisbewegung interpretieren, zumal, wenn man den Aufbruch vom und die Rückkehr zum Kaffeehaus hinzunimmt. Diese Kreisbewegung spiegelt seine innere Entfernung von seinem bisherigen militärisch geprägten Leben und die Rückkehr in eben dieses Leben – bezeichnenderweise schon lange, bevor er bewusst von seinem Suizidgedanken Abstand nimmt, als er erfährt, dass der Bäckermeister, der ihn satisfaktionsunfähig gemacht hat, vom Schlag getroffen wurde.

Gustl bewegt sich auf dem Ring in Richtung Prater. Der Ring ersetzte die alten Festungswälle, mit deren Abriss 1857 begonnen wurde (vgl. Textausgabe, S. 62). Er umschließt die Altstadt, deren alte Wohnviertel erhalten blieben, und wurde auf den äußeren Schauseiten „sozusagen mit architektonischen Schmuckstücken besetzt: mit repräsentativen Staatsbauten, hochherrschaftlichen Stadthäusern und historisierenden Fassaden" (Textausgabe, S. 62). Die Ringstraße galt zu Schnitzlers Zeit als Repräsentationswelt der Gründerzeit, die nicht umsonst „Ringstraßenzeit" genannt wird (Textausgabe, S. 63). Hier siedelte sich neben dem traditionellen Hochadel eine vom industriellen Zeitalter geprägte bürgerliche Oberschicht an: Verwaltungsbeamte, Universitätsangehörige, Bankiers, Kaufleute, Rechtsanwälte, Ärzte, viele von ihnen jüdischer Herkunft (vgl. Textausgabe, S. 63). In ihrer Lebensweise orientierte sich diese Schicht am Adel.

Die genannte Stadtarchitektur, die das Alte mit Neuem „umkreist", repräsentiert Wiens verhaltenen Aufbruch in die Moderne und interpretiert den „Fortschritt als Kreisbewegung" (Görner 2002, in: Lorenz, Textausgabe, S. 62).

Mit dem Gang über die Aspernbrücke verlässt Gustl mit dem Stadtgebiet Wiens diese Welt und begibt sich in den Naturpark des Praters.

Nach dem Aufbruch vom Prater im Morgengrauen führt Gustls Weg über den Bahnhof und die Tegetthoffsäule zurück in das „alte Wien": Er berührt – ob man nun die St.-Nepomuk-Kirche in der Praterstraße oder den Stephansdom als Ort der Frühmesse annimmt – die Kirche als Institution und mit der Hofburg den traditionellen Sitz der k.u.k. Monarchie, bevor er über Volksgarten und Burgring in die Josefstadt geht.

Die Rekonstruktion der Route Gustls hat den Schülerinnen und Schülern bereits seine Kreisbewegung deutlich gemacht: Er ist am Morgen wieder da, wo er am Abend aufgebrochen ist. Dieser Befund fordert die Frage heraus, warum Schnitzler eine solche Konstruktion vornimmt und welche Bedeutung die von Schnitzler gewählten Orte in dieser Konstruktion haben.

Als Impuls für die weitere Arbeit eignen sich folgende Fragen:

> ■ *Warum konstruiert Schnitzler Gustls Weg nicht als fortschreitende Bewegung (weg von – hin zu), sondern als Kreisbewegung (weg von – zurück)?*

■ *Warum wählt er für die Markierung dieser Bewegung die erarbeiteten Orte, Institutionen und Begegnungen?*

Die Schülerinnen und Schüler sollten auf der Grundlage ihres subjektiven Textverständnisses zunächst Thesen zu diesen Fragen entwickeln. Mit den folgenden Überprüfungsaufgaben können diese Thesen verifiziert oder falsifiziert werden.
Die Aufgaben können von Kleingruppen bearbeitet werden. Jede Gruppe bekäme dann ein auf DIN-A-3 vergrößertes **Arbeitsblatt 7**, S. 40 für die Charakterisierung der Orte. **Arbeitsblatt 6**, S. 39, soll zur Information über die Orte genutzt werden.

1. Was repräsentieren die von Schnitzler genannten Orte?
Nutzen Sie die Informationen von Arbeitsblatt 6 und tragen Sie Ihre Ergebnisse stichpunktartig auf Arbeitsblatt 7 ein:
  – Konzerthaus
  – Ringstraße
  – Donaukanal/Aspernbrücke
  – Prater
  – Nordbahnhof
  – Tegetthoffsäule
  – Kirche (St.-Nepomuk-Kirche oder Stephansdom)
  – Hofburg und Bosniaken

2. Vergleichen Sie Gustls Hin- und Rückweg: Welche Teile bzw. Institutionen der Wiener Gesellschaft sind auf dem Hinweg, welche auf dem Rückweg stärker repräsentiert? Bilden Sie Oberbegriffe und diskutieren Sie Ihre Ergebnisse.

Die Ergebnisse zu 1. werden präsentiert und auf einer Folie gesichert (s. Lösung zu **Arbeitsblatt 7**, S. 41 Angaben).
Beim Vergleich von Hin- und Rückweg sollte sich herauskristallisieren, dass sich Gustl auf dem Hinweg im Bereich des Großbürgertums bewegt. Der Rückweg ist geprägt von Institutionen des Habsburger Reiches mit z.T. militärischem Charakter. Den Schnittpunkt stellt der Prater als außergesellschaftlicher Bereich dar. Dieser Befund sollte die Frage nach dem Zusammenhang von äußerer und innerer Entwicklung herausfordern.

2.2.2 Die Orte als Symbole für Gustls innere Entwicklung – Selbstverlust, Selbstaufgabe und Rückkehr zum alten Selbst

Gustl ist durch das Verhalten des Bäckermeisters existenziell verunsichert, weil dieser ihn der Grundlage seiner Existenz beraubt hat – des militärischen Reglements. Schon vorher im Konzerthaus wird deutlich, dass er eigentlich am falschen Ort ist (vgl. Baustein 5: Die Figurenkonzeption).
Sein Weg vom Konzerthaus weg in den Prater geht einher mit einer zunehmenden Verunsicherung seiner selbst. Mit dem Gang auf der Ringstraße verlässt er die Welt der neuen bürgerlichen Oberschicht wie der bewundert-verhassten Mannheimers und des Doktors, dem er mit dem Duell seine Gleichrangigkeit oder gar Überlegenheit beweisen wollte. Zu dieser Welt will Gustl gerne gehören, seine Uniform verschafft ihm zwar Zutritt, als Kleinbürger ohne Vermögen fühlt er sich aber unbewusst unterlegen. Dieses Unterlegenheitsgefühl wird mit dem Ehrverlust durch den Bäcker manifest und verfestigt sich beim Gang über die Ringstraße. Gustl kann sich nicht im Duell beweisen, ein ziviles Reglement existiert für ihn nicht, sodass er daran denkt, sich „eine Kugel vor den Kopf" zu jagen (S. 19).
Jenseits der Aspernbrücke erscheint der Suizid alternativlos („es gibt nichts anderes ... wenn du auch dein Gehirn zermarterst, es gibt nichts anderes, S. 23). Im Prater, der in seiner Na-

turbelassenheit eine Welt jenseits der „Zivilisation", d.h. der gesellschaftlich bestimmten Strukturen und Zwänge, repräsentiert, überlegt Gustl ohne Rücksicht auf die Ehre Alternativen zum Suizid und gelangt zu einer Art Selbsterkenntnis ohne Abwehrhaltung (vgl. z. B. seine aggressive Reaktion auf die vermeintliche Anspielung des Doktors auf seinen Bildungshintergrund und die von ihm besuchte Kadettenschule zu Beginn seines inneren Monologs (S. 13) und die Erkenntnis im Prater: „[...] du bist ja viel zu dumm, um was anderes anzufangen" und „[...] ist eh' nicht schad' um mich", S. 31).

Nach einem traumlosen Schlaf auf einer Bank im Prater wacht Gustl im Morgengrauen auf und geht auf der Praterhauptallee auf den Nordbahnhof zu. Der Nordbahnhof als einer der modernsten Repräsentationsbauten der k. u. k. Metropole zu Schnitzlers Zeiten repräsentiert Gustls Wiedereintritt in die zivilisierte Welt. Dieser ist unmittelbar verbunden mit dem Militärischen, symbolisiert durch die übergroße Tegetthoffsäule („so lang hat sie noch nie ausg'schaut", S. 34f.). Dass Gustl schon hier zum Leben zurückkehrt, ist an seinen elementaren Bedürfnissen abzulesen: Er hat Hunger. Gleichzeitig kehrt die Wut auf den Bäckermeister zurück (vgl. S. 35). Gustls Begegnung mit den Vierundvierzigern, sein Blick für die „hübsche Person" am Fenster und die „armen Mädeln" auf der Straße (S. 36f.) belegen weiterhin seine unbewusste Rückkehr ins Leben. Zwar lässt ihn seine Angst zunächst noch Zuflucht in der Kirche suchen, anschließend strebt er jedoch ein Frühstück in seinem Kaffeehaus konkret an.

Seine nächste Station ist die Hofburg, das Symbol der politischen und militärischen Stärke des k.u.k. Staates. Hier salutiert ihm der Wachmann und Gustl dankt, er ist also in seine gewohnte Welt zurückgekehrt und hat seinen militärischen Habitus endgültig wieder angenommen. Die Begegnung mit den Bosniaken an der Hofburg, die Erinnerung an den militärischen Sieg über sie bringen Gustl in Gedanken zurück zu seinem Streit mit dem Doktor und dem bevorstehenden Duell (vgl. den Beginn der Novelle, S. 11 ff.). Die innere Kreisbewegung ist damit eigentlich schon abgeschlossen, wird im Kaffeehaus lediglich durch die bewusste Aufgabe der Selbsttötung und die Vorbereitung auf das Duell mit dem Doktor ergänzt. Der Gang durch den Volksgarten zur Ringstraße (vgl. S. 41) und weiter zum Kaffeehaus, wo er „um sechs Uhr abends" das Billett für das Paulus-Oratorium bekommen hat (S. 35), vervollständigt Gustls äußere Kreisbewegung.

Die folgende Aufgabe, für die den Schülerinnen und Schülern **Arbeitsblatt 8a** (S. 42) zur Verfügung steht, kann bereits zu Hause vorbereitet werden (Aufgabe ggf. arbeitsteilig vergeben).

- *Überprüfen Sie eine mögliche Korrelation zwischen dem Weg und seinen Stationen und Gustls innerer Entwicklung bzw. seinen Entscheidungen. Untersuchen Sie dafür folgende Textstellen und beachten Sie bei Ihrer Untersuchung, wie Gustl seine Umwelt und sich selbst wahrnimmt, welche (körperlichen) Bedürfnisse er entwickelt, ob es Veränderungen bezogen auf seine Suizidabsicht gibt. Nutzen Sie für Ihre Ergebnisse Arbeitsblatt 8.*
  - *Vom Konzerthaus über die Ringstraße zur Aspernbrücke (S. 17–22)*
  - *Hinter der Aspernbrücke (S. 22–25)*
  - *Im Prater (S. 25–32)*
  - *Im Prater nach dem Erwachen (S. 32–34)*
  - *Von Nordbahnhof und Tegetthoffsäule zur Kirche (S. 34–39)*
  - *Von der Kirche zum Burghof (S. 39–40)*
  - *Vom Volksgarten über die Ringstraße (Burgring) zum Kaffeehaus (S. 41–43)*
  - *Im Kaffeehaus (S. 43–46)*

Die Untersuchungsergebnisse werden von den Schülerinnen und Schülern auf dem **Arbeitsblatt 8a** (S. 42) notiert. (Erwartungen s. Lösung zu Arbeitsblatt 8a, S. 43 f.) Sie präsentieren ihre Befunde zunächst auf Folienschnipseln zu dem jeweiligen Abschnitt.

Eine Deutung der Befunde erfolgt im Plenum nach Rückbezug auf die Eingangsfrage und evtl. schon entwickelten Thesen dazu: Gibt es eine Korrelation zwischen innerer und äußerer Entwicklung?

Die Ergebnisse dieses Unterrichtsgesprächs werden auf Arbeitsblatt 8b „Gustls Weg als Kreisbewegung – abschließender Befund" (S. 45) bzw. einer Folie dazu gesichert (Erwartungen s. Lösung zu Arbeitsblatt 8b, S. 46).

Ergänzend dazu kann das unten stehende Tafelbild erstellt werden, das den Dreischritt der Bewegung bzw. der Entwicklung noch einmal vor Augen führt und – in Ergänzung zur Lösung auf Arbeitsblatt 8b „Gustls Weg als Kreisbewegung – abschließender Befund", S. 45 f. – auch die Vor- und Nachgeschichte mit einbezieht.

Die Korrelation von äußerer Bewegung und innerer Entwicklung

Äußere Kreisbewegung	Innere Kreisbewegung
	Vorgeschichte: Ehrverlust → Wiederherstellung der Ehre durch bevorstehendes Duell
Weg vom Konzerthaus (Kaffeehaus) zum Prater Die Ringstraße repräsentiert das Großbürgertum, zu dem Gustl keinen wirklichen Zugang hat, in dem er sich nur durch Duell behaupten kann.	**Ehrverlust → Selbstverlust** Die Selbstbehauptung durch Duell ist durch den Bäcker verwehrt. → Gedanke der Selbstauslöschung
Prater (außerhalb des gesellschaftlichen Raums)	**Beschluss des Suizids** Gustl dringt zu seinem „zivilen" Selbst vor: Erkenntnis der persönlichen Defizite
Weg vom Prater zum Kaffeehaus Institutionen der k.u.k. Macht – überwiegend militärisch geprägt	**Schrittweise Selbstversicherung** Staatliche und militärische Machtsymbole geben Gustl Sicherheit zurück. → Abstand vom Suizid → Rückkehr zum (von Militär und Sexualität bestimmten) Selbst
	Nachgeschichte: Wiederherstellung der Ehre durch Duell (s. Vorgeschichte)

Da das Schaubild zum Symbolcharakter der Orte für Gustls innere Entwicklung eine Reduktion der Textanalyse auf die Kreisbewegung darstellt, sollten darüber hinausgehende Detailbefunde der Schülerinnen und Schüler, die sie auf dem Arbeitsblatt 8a gesammelt haben, im Unterrichtsgespräch gewürdigt, ggf. herausgefordert und im Kontext der inneren Kreisbewegung gedeutet werden (**Arbeitsblatt 8b**, S. 45 f.):

Baustein 2: Die Raum-Zeit-Struktur

- Zu solchen deutungsrelevanten Befunden gehören etwa die Tageszeiten. Der Weg vom Konzerthaus zum Prater findet in der Nacht statt, die Umkehr geschieht bei zunehmendem Licht („Immer lichter…", S. 34).
- Im Sinne der Rückkehr ins Leben ist auch zu deuten, dass Gustl beim Aufwachen die frische Luft genießt und sich auf den Frühling freut (vgl. S. 37).
- Ebenfalls in diesem Kontext kann über die Bedeutung des Schlafs nachgedacht werden, der der Wende zurück vorausgeht: Es handelt sich um einen traumlosen Schlaf (im Gegensatz zu der Vorlage Dujardins, vgl. Baustein 7) – ein deutlicher Hinweis darauf, dass Gustl das Ereignis innerlich nicht verarbeitet bzw. dass die bevorstehende Selbstauslöschung nur ein oberflächliches Gedankenspiel bleibt. Darauf deuten auch seine ständigen Abschweifungen vom Todesgedanken, die entsprechenden Selbstermahnungen, das Selbstmitleid und der Neid auf das unbeschwerte Leben der anderen sowie die abschließende Erwartung, vom eigenen Tod in der Zeitung lesen zu können.
- Das Vordringen zum „zivilen" Selbst ist erst nach dem Ablegen der Uniformkappe möglich: „Ah, fort mit dem Kappl; mir scheint, das drückt mir auf's Gehirn … ich kann ja gar nicht ordentlich denken …" (S. 26). Die Kappe wird bei der Begegnung mit den 44ern wieder aufgesetzt (S. 36).
- Die Verquickung von militärischem Habitus und Sexualität bei der Rückkehr zum Selbst ist an Gustls Blick für Mädchen abzulesen (vgl. hierzu auch Baustein 6).

Ein Impuls für dieses Einbringen weiterer Befunde könnte sein:

> *Unsere Untersuchung hat den Zusammenhang zwischen der äußeren Bewegung und der inneren Entwicklung Gustls bestätigt. Gibt es über die symbolische Bedeutung der Orte hinaus Hinweise im Text, die eine innere Umkehr Gustls nach dem Schlaf im Prater belegen können?*

> *Greifen Sie für diese Fragestellung zurück auf Ihre Textanalyse zu „Gustls innerer Entwicklung" (Arbeitsblatt 8a).*

Notizen

_____
_____
_____
_____
_____
_____
_____
_____

Stadtplan Wiens

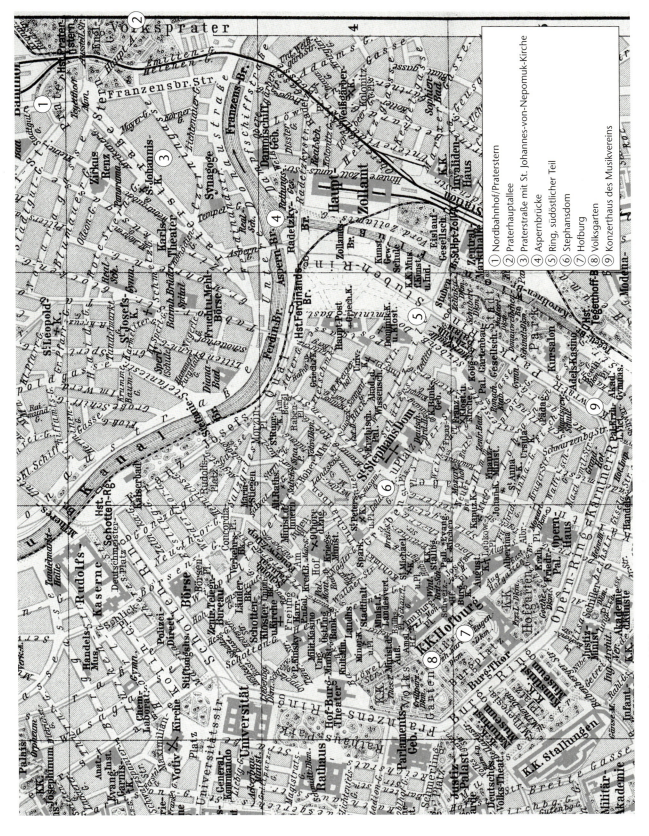

Plan der Wiener Innenstadt um 1900

① Nordbahnhof/Praterstern
② Praterhauptallee
③ Praterstraße mit St. Johannes-von-Nepomuk-Kirche
④ Aspernbrücke
⑤ Ring, südöstlicher Teil
⑥ Stephansdom
⑦ Hofburg
⑧ Volksgarten
⑨ Konzerthaus des Musikvereins

■ *Tragen Sie Gustls Route durch das nächtliche Wien ein.*

Stadtplan Wiens (Lösung)

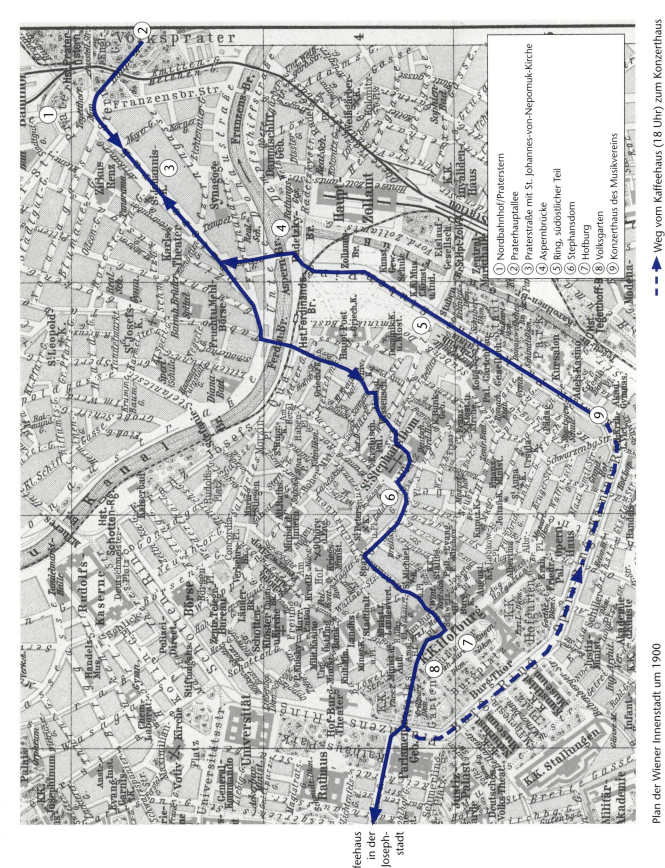

Plan der Wiener Innenstadt um 1900

① Nordbahnhof/Praterstern
② Praterhauptallee
③ Praterstraße mit St. Johannes-von-Nepomuk-Kirche
④ Aspernbrücke
⑤ Ring, südöstlicher Teil
⑥ Stephansdom
⑦ Hofburg
⑧ Volksgarten
⑨ Konzerthaus des Musikvereins

→ Weg vom Kaffeehaus (18 Uhr) zum Konzerthaus

Informationen zu den genannten Orten[1]

- Die Aufführung des „Paulus" von Mendelssohn kann für den 4. April 1900 nachgewiesen werden.

- Das Konzerthaus des Wiener Musikvereins liegt am Karlsplatz, in der Bösendorferstr. 12, und gehört zur Bebauung der Ringstraße.

- Das Café Hochleitner ist vermutlich das heute noch existierende Café Schwarzenberg am Kärntnerring, Ecke Schwarzenbergstraße. Es wurde 1861 vom Ehepaar Hochleitner eröffnet und 1897 noch als „ehem. Hochleitner" geführt.

- Zur Ringstraße vgl. Lorenz im Anhang zur Textausgabe, S. 62ff.

- Der Prater war zu Schnitzlers Zeiten ein Naturpark vor den Toren Wiens.

- Das zweite Kaffeehaus im Prater liegt an der Praterhauptallee 9.

- Der Wiener Nordbahnhof liegt am Praterstern und wurde am 15. Oktober 1865 eröffnet. Er war zur Zeit der k.u.k. Monarchie einer der bedeutendsten Bahnhöfe in Europa und der wichtigste und größte Bahnhof der Habsburgermonarchie. Das Bahnhofsgebäude war ein ausgesprochenes Repräsentationsgebäude. Die Ausschmückung der Räume, zu denen auch ein luxuriöser Hofwartesalon für den kaiserlichen Hof gehörte, wurde von Bildhauern und Freskenmalern übernommen.

- Die Tegetthoffsäule befindet sich am Praterstern. Sie wurde zu Ehren des österreichischen Admirals Wilhelm von Tegetthoff (1827–1871) nach dessen Tod errichtet und erinnert an die Seeschlacht von Lissa, die Tegetthoff 1866 gegen die überlegene italienische Flotte gewann.

- Bei der Kirche, die Gustl zur Frühmesse betritt, kann es sich um die St. Nepomuk-Kirche in der Praterstraße, durchaus aber auch um den Stephansdom handeln, wenn Gustl von der Praterstraße kommend quer durch die Innenstadt geht.

- Die Hofburg bildete über 600 Jahre das Herz des Habsburgerreiches. Sie wuchs mit der Ausdehnung des Imperiums zu einem gigantischen Gebäudekomplex, der seine letzte Erweiterung mit der Neuen Burg unter Franz Joseph I. erfuhr. Die Neue Hofburg verbindet die Alte Hofburg mit der Ringstraße.

- Als „Bosniaken" bezeichnet Gustl etwas geringschätzig Angehörige eines Regiments aus Bosnien-Herzegowina. Bosnien-Herzegowina war erst 1878 von Österreich mit Unterstützung der Westmächte annektiert worden.

- Der Volksgarten ist eine Parkanlage zwischen Hofburg und Burgtheater.

- Gustls Stammkaffeehaus befindet sich in der Josephstadt, die hinter dem Rathaus und dem Rathauspark, westlich der Landesgerichtsstraße beginnt.

---

[1] Die Hinweise verdanken sich überwiegend den Wort- und Sacherklärungen aus „Erläuterungen und Dokumente. Arthur Schnitzler, Leutnant Gustl", hrsg. von Evelyne Polt-Heinzl, Stuttgart 2000, z.T. aber auch den Anmerkungen aus „Arthur Schnitzler. Text und Kommentar", hrsg. von Ursula Renner, Frankfurt/M. 2007.

Gustls Weg als Kreisbewegung –
Die Bedeutung der Orte und Begegnungen

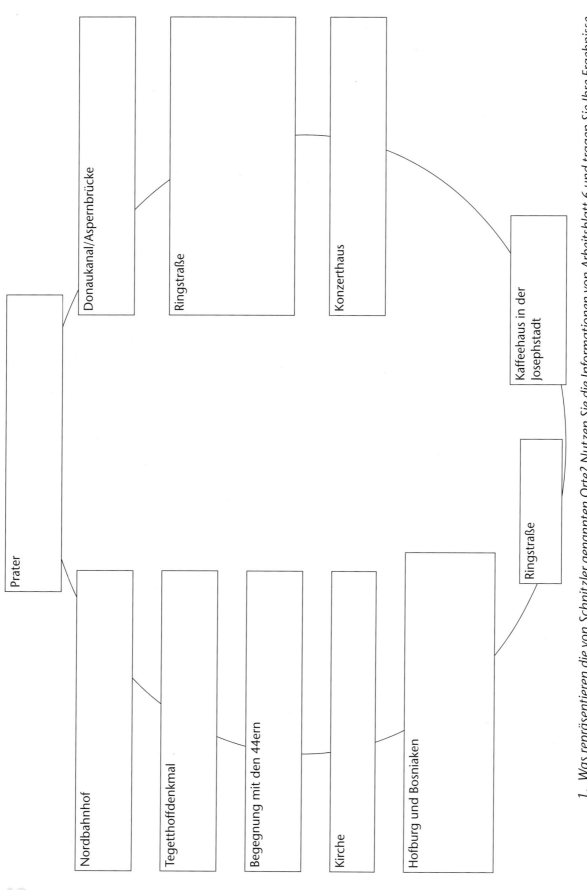

1. Was repräsentieren die von Schnitzler genannten Orte? Nutzen Sie die Informationen von Arbeitsblatt 6 und tragen Sie Ihre Ergebnisse stichpunktartig ein.
2. Vergleichen Sie Gustls Hin- und Rückweg: Welche Teile bzw. Institutionen der Wiener Gesellschaft sind auf dem Hinweg, welche auf dem Rückweg stärker repräsentiert? Bilden Sie Oberbegriffe und diskutieren Sie Ihre Ergebnisse.

Gustls Weg als Kreisbewegung –
Die Bedeutung der Orte und Begegnungen (Lösung)

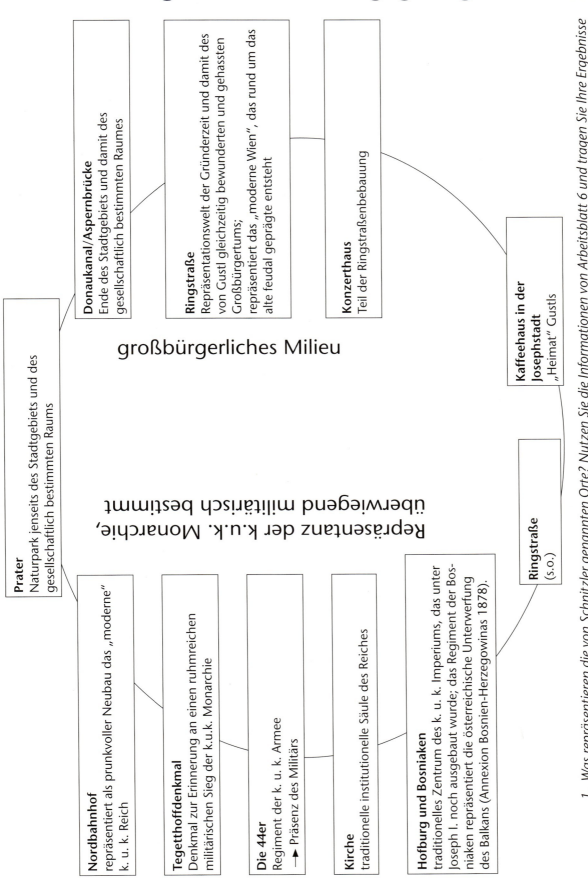

Prater
Naturpark jenseits des Stadtgebiets und des gesellschaftlich bestimmten Raums

Donaukanal/Aspernbrücke
Ende des Stadtgebiets und damit des gesellschaftlich bestimmten Raumes

Ringstraße
Repräsentationswelt der Gründerzeit und damit des von Gustl gleichzeitig bewunderten und gehassten Großbürgertums; repräsentiert das „moderne Wien", das rund um das alte feudal geprägte entsteht

Konzerthaus
Teil der Ringstraßenbebauung

Kaffeehaus in der Josephstadt
„Heimat" Gustls

Ringstraße
(s.o.)

großbürgerliches Milieu

Repräsentanz der k.u.k. Monarchie, überwiegend militärisch bestimmt

Nordbahnhof
repräsentiert als prunkvoller Neubau das „moderne" k. u. k. Reich

Tegetthoffdenkmal
Denkmal zur Erinnerung an einen ruhmreichen militärischen Sieg der k.u.k. Monarchie

Die 44er
Regiment der k. u. k. Armee
→ Präsenz des Militärs

Kirche
traditionelles institutionelle Säule des Reiches

Hofburg und Bosniaken
traditionelles Zentrum des k. u. k. Imperiums, das unter Joseph I. noch ausgebaut wurde; das Regiment der Bosniaken repräsentiert die österreichische Unterwerfung des Balkans (Annexion Bosnien-Herzegowinas 1878).

1. Was repräsentieren die von Schnitzler genannten Orte? Nutzen Sie die Informationen von Arbeitsblatt 6 und tragen Sie Ihre Ergebnisse stichpunktartig ein.
2. Vergleichen Sie Gustls Hin- und Rückweg: Welche Teile bzw. Institutionen der Wiener Gesellschaft sind auf dem Hinweg, welche auf dem Rückweg stärker repräsentiert? Bilden Sie Oberbegriffe und diskutieren Sie Ihre Ergebnisse.

Gustls Weg als Kreisbewegung – die innere Entwicklung

■ *Überprüfen Sie eine mögliche Korrelation zwischen dem Weg und seinen Stationen einerseits und Gustls innerer Entwicklung bzw. seinen Entscheidungen andererseits. Untersuchen Sie dafür folgende Textstellen und beachten Sie bei Ihrer Untersuchung, wie Gustl seine Umwelt und sich selbst wahrnimmt, welche (körperlichen) Bedürfnisse er entwickelt, ob es Veränderungen bezogen auf seine Suizidabsicht gibt.*

a) Vom Konzerthaus über die Ringstraße zur Aspernbrücke (Textausgabe, S. 17–22)

e) Von Nordbahnhof und Tegetthoffsäule zur Kirche (Textausgabe, S. 34–39)

b) Hinter der Aspernbrücke (Textausgabe, S. 22–25)

f) Von der Kirche zum Burghof (Textausgabe, S. 39–40)

c) Im Prater (Textausgabe, S. 25–32)

g) Vom Volksgarten über die Ringstraße (Burgring) zum Kaffeehaus (Textausgabe, S. 41–43)

d) Im Prater nach dem Erwachen (Textausgabe, S. 32–34)

h) Im Kaffeehaus (Textausgabe, S. 43–46)

Gustls Weg als Kreisbewegung – die innere Entwicklung (Lösung)

a) Vom Konzerthaus über die Ringstraße zur Aspernbrücke (S. 17–22)

Gustls Wissen um die Demütigung wird projiziert auf andere: „Was schau'n denn die zu mir herüber?" (S. 18); Hass auf die Freiwilligen (Akademiker!) und Gefühl, nicht mehr dazuzugehören („Ekelhaft, bei Nacht schau'n sie aus wie Offiziere … sie salutieren! – Wenn die wüssten – wenn die wüssten!") (S. 18/19)

Gefühl von Irrsinn (S. 19) und Blödheit (S. 22)

Gefühl, sich nicht mehr unter Menschen sehen lassen zu können: „Haha, unter Menschen mich niedersetzen … ich glaub', ein jeder müsst mir's anseh'n …" (S. 19)

Einsicht in Satisfaktionsunfähigkeit, Gedanke an Selbstmord

Selbstmitleid: „[…] ein Kerl wie ich, so ein junger, fescher Mensch …" sollte nicht sterben. „[…] ist doch schad'!" (S. 20)

b) hinter der Aspernbrücke (S. 22–25)

Gefühl der Benachteiligung gegenüber Einjährigen (Akademikern!): „… es ist eine Ungerechtigkeit!" (S. 23)

Erniedrigungsgefühl: „Ein Gemeiner von der Verpflegsbranche ist ja jetzt mehr als ich … ich bin ja überhaupt nicht mehr auf der Welt … es ist ja aus mit mir … Ehre verloren, alles verloren!" (S. 23)

Selbstermahnung, „zur Besinnung" zu kommen, den Selbstmord zu akzeptieren, „sich anständig [zu] benehmen, ein Mann [zu] sein, ein Offizier [zu] sein […]" (S. 23)

Gustl empfindet den Anblick einer „Person", von der zwei vorübergehende Artilleristen vielleicht denken könnten, er steige ihr hinterher, als schrecklich; sie erinnert ihn an seine grauenhaften Erfahrungen mit einer Prostituierten (S. 23).

Gefühl des Wahnsinns, des Rausches (S. 24)

c) im Prater (S. 25–32)

Unsicherheit gegenüber dem Sicherheitswachmann „Was sich der […] denkt?"

Schöne Empfindung: „die Luft ist angenehm und ruhig ist es" (S. 25), Geruchswahrnehmung

Erinnerung an Furcht in Kindertagen

Gefühl des Fröstelns (S. 25); Zähneklappern; Gefühl von Müdigkeit: „da einschlafen und nimmer aufwachen" (S. 26)

Gustl nimmt seine Uniformmütze ab: „Mir scheint, das drückt mir aufs Gehirn …" (S. 26); er muss sich ermahnen, den „Verstand zusammen[zu]nehmen" (S. 26) zur Planung des Selbstmordes: „morgen früh um sieben" (S. 26)

Erinnerung an Frau Mannheimer und ein entgangenes Verhältnis, das ihm Respekt vor sich selbst hätte bringen können (S. 27)

Gedanken an eine Flucht nach Amerika statt Selbstmord

Selbstkritische Überlegungen zu seinem Verhalten an der Garderobe und Suche nach Entschuldigungen für dieses Verhalten (S. 29/30)

Bewusstmachung des Ortes und der Zeit für die Verarbeitung des Erlebten: „Schau, Gustl, Du bist doch extra da herunter in den Prater gegangen, mitten in der Nacht, wo Dich keine Menschenseele stört" (S. 31)

Verwerfung der Amerika-Idee wegen eigener Dummheit; Gefühl der eigenen Belanglosigkeit und der Minderwertigkeit („ist eh' nicht schad' um mich"/S. 31)

d) im Prater nach dem Erwachen (S. 32–34)

Nach dem Erwachen fühlt Gustl sich zunächst noch im Dunkeln (er kann nichts sehen und seine Situation nicht einschätzen). Ihm ist „merkwürdig" im Kopf und der Hals fühlt sich an „wie in einem Schraubstock" (S. 32).

Nach dem Aufstehen fühlt er sich „besser", er empfindet den frühen Morgen als „lichter" und freut sich an der Luft (S. 32).

Er denkt an den Frühling und bezeichnet seinen Selbstmord bedauernd als „Elend" (S. 33).

Seine Sinne regen sich, er empfindet Wärme, nimmt „Duft" wahr (S. 33).

Von dem Gedanken, dass es ihn „manchmal selber vor [sich] graust" und dass er dies „auch selber gar nicht recht gewusst" habe, distanziert er sich sehr schnell: „pfui Teufel!" (S. 34).

Er ermahnt sich zu einem offiziersgemäßen Verhalten.

e) Von Nordbahnhof und Tegetthoffsäule zur Kirche (S. 34–39)

Gustl nimmt die Straßenkehrer wahr; er wundert sich, dass er immer lachen muss, wenn er an seinen bevorstehenden Selbstmord denkt. Die Überlegung, ob er sich nach Bahnzeit oder Wiener Zeit erschießen soll, mündet in eine grundsätzliche Relativierung der Entscheidung bezüglich des Zeitpunkts („Sieben … ja, warum grad sieben?"/S. 35).
Er stellt fest, dass er Hunger hat.
Er denkt voll Wut an den Bäcker, kommt zum Schluss: „[…] der ist es doch, der dich umbringt!" (S. 36) und entwickelt Rachegedanken gegenüber dem Bäcker, der sich (so wie er selbst!) nicht mehr ins Kaffeehaus trauen soll (S. 36).
Er lässt das 44. Infanterieregiment vorübergehen, wirft seinem Nachfolger als Zugführer vor, „ein Kerl ohne Schneid" zu sein (S. 37).
Seine Angst unterdrückt er mit der Aufforderung an sich selbst, sich zu guter Letzt „anständig" zu benehmen (S. 37). Er hat immer noch das Gefühl, überzuschnappen (S. 38).
Er zeigt Interesse an Frauen, bemerkt zunächst eine hübsche Person am Fenster (S. 36), dann die „Mädeln", die ins Geschäft gehen.

f) Von der Kirche zum Burghof (S. 39–40)

Gustl fühlt sich nach der Erinnerung an „gestern Abend" in der Kirche im Freien und im Licht besser (S. 39).
Nach dem Bedauern, sich nicht gleich im Prater erschossen zu haben, spürt er wieder Hunger und entwickelt Lust, zum Frühstücken in sein Kaffeehaus zu gehen. (S. 39)
Er empfindet das Gehen als angenehm.
Er denkt wieder an Amerika, überlegt, „den ganzen Krempel hin[zu]schmeißen" (S. 40), fragt sich aber: „Kannst Du Dir denn überhaupt vorstellen, dass Du dir die Uniform auszieht und durchgehst?" (S. 40). Er wird bei dem Gedanken rot.
Er erwidert den Gruß des Wachmanns vor dem Burghof, sieht die Wachmannschaft der Bosniaken, erinnert sich an den Sieg über sie und grüßt auch sie. Er denkt bedauernd an das entgangene Duell mit dem Doktor.

g) Vom Volksgarten über die Ringstraße zum Kaffeehaus (S. 41–43)

Im Volksgarten nimmt Gustl das Ausschlagen der Bäume wahr, erinnert sich an ein Mädchen und denkt an Steffi.
Angesichts der Dinge, die er noch erledigen möchte, erscheint ihm der festgesetzte Zeitpunkt des Selbstmordes zu früh: „Von acht an ist noch immer Zeit genug zum Totsein!" (S. 41)
An der Ringstraße angekommen, freut er sich auf das Frühstück und auf eine Zigarre nach dem Frühstück.
Der Gedanke an seine Abschiedsbriefe bringt ihn zum Weinen.
Er denkt mit Bedauern an ein entgangenes Verhältnis und lobt sich für seine „brave" Haltung dem bevorstehenden Tod gegenüber. (S. 43)

h) Im Kaffeehaus (S. 43–46)

Die bisherigen Gedanken an die Inszenierung seines Todes lassen in Gustl die Illusion aufkommen, seinen eigenen Tod in der Zeitung lesen zu können. Dies lässt den virtuellen Charakter der Selbstmordgedanken vollends zu Tage treten.
Ihm schmeckt der Kaffee und er fühlt sich als „ganz anderer Mensch" (S. 44).
Gustls Abstand von der „Ehre" und der Notwendigkeit des Selbstmordes, der sich auf dem Weg vom Prater zum Kaffeehaus schon angekündigt hat, wird endgültig manifest, als Gustl erfährt, dass den Bäcker der Schlag getroffen hat. Den Tod des Bäckers setzt er gleich mit seinem eigenen Leben: „Die Hauptsach' ist: er ist tot, und ich darf leben, und alles g'hört wieder mein!" (S. 46)
Er genehmigt sich eine teure Zigarre und nimmt sich vor, den Doktor im bevorstehenden Duell „zu Krenfleisch" zu hauen (S. 46).

Gustls Weg als Kreisbewegung – abschließender Befund

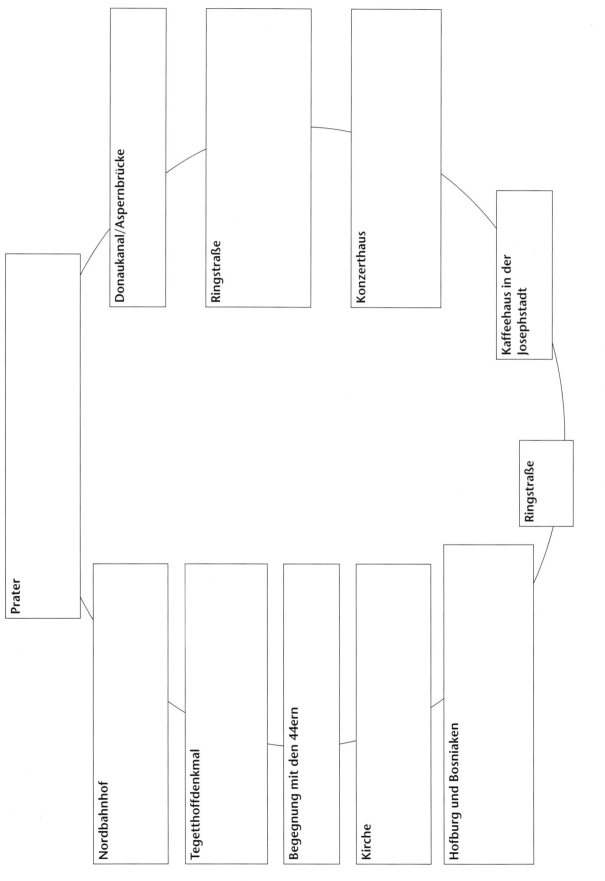

1. Ordnen Sie Ihre Untersuchungsergebnisse zu Gustls innerer Entwicklung den genannten Orten zu.
2. Formulieren Sie einen abschließenden Befund zur Korrelation zwischen den Orten und Gustls innerer Entwicklung.

Gustls Weg als Kreisbewegung – abschließender Befund (Lösung)

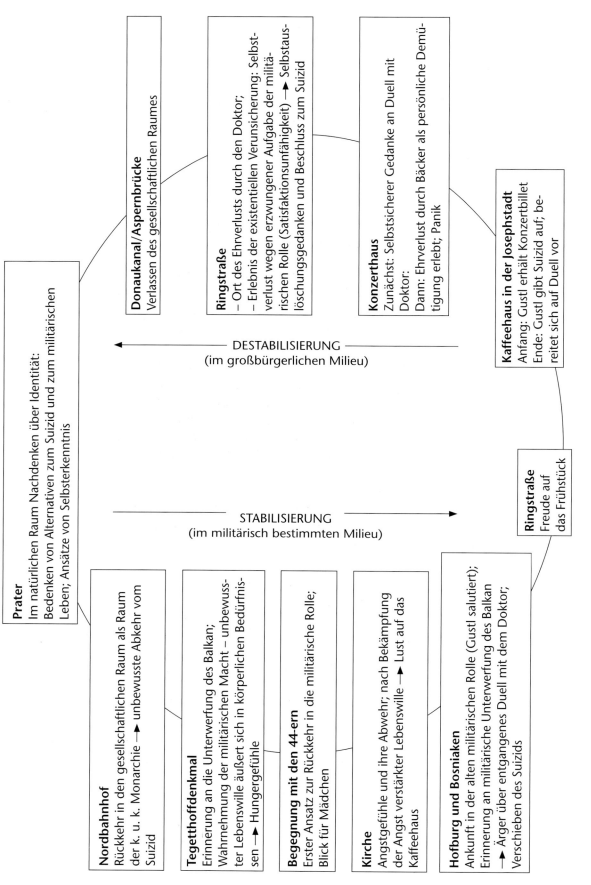

1. Ordnen Sie Ihre Untersuchungsergebnisse zu Gustls innerer Entwicklung den genannten Orten zu.

2. Formulieren Sie einen abschließenden Befund zur Korrelation zwischen den Orten und Gustls innerer Entwicklung.

Baustein 3

Erzähltheorie

Narrativer Strukturwandel: Der innere Monolog

Um die Jahrhundertwende änderten sich die ästhetischen Programme, ein neues Sprechen und Erzählen spiegelte den tiefgreifenden Wandel der Lebenswelt (s. Baustein 1). Die Literatur erteilte dem konventionellen Helden ebenso eine Absage wie dem narrativen Modell von Handlungslogik und Ereignishaftigkeit. Einsichten in die Dynamik des seelischen Geschehens erforderten andere Verfahren der Darstellung. Man experimentierte mit der klassischen Gattungsnorm, mit der Sprache und der Erzählweise.

„Die Krise der Persönlichkeit um 1900 – bei Schnitzler wie auch bei den übrigen Autoren des sogenannten Jung-Wien, Hugo von Hofmannsthal (1874–1929), Richard Beer-Hofmann (1866–1945) und Leopold von Adrian (1875–1951) beispielsweise – wird durch eine radikalisierte Literarisierung innerpsychischer Vorgänge zeitlich parallel zu der Ausarbeitung der Psychoanalyse ins Zentrum gerückt. Tatsächlich beruhte die von Schnitzler entwickelte Form des „inneren Monologs", und nicht nur die inhaltliche Demaskierung eines kleinbürgerlichen Charakters, auf den Einsichten der aktuellen psychologischen und erkenntnistheoretischen Forschungen. Mit Ernst Machs (1836–1916) *Beiträgen zur Analyse der Empfindungen* (1886) wurde es möglich, naturwissenschaftliche Erkenntnisse und die Empfindungen der äußeren Welt durch das Ich aufeinander zu beziehen, und bei aller Distanz Schnitzlers zu den psychoanalytischen Einsichten Sigmund Freuds korrespondiert die Ausbildung der Technik des „inneren Monologs" mit dem Erscheinen der „Gründungsschrift" der Psychoanalyse, der *Traumdeutung*" (1900)."[1]

Mit den traditionellen Formen des Erzählens, v.a. mit der auktorialen Erzählweise, war die Wirklichkeit der modernen Welt nicht mehr wiederzugeben. Das Menschenbild des Naturalismus und Realismus entsprach nicht mehr den neuen wissenschaftlichen Erkenntnissen, das ästhetische Verfahren der Mimesis hielt der Bewusstseinskrise der Moderne nicht stand. Zwar war auch schon in den großen Werken des europäischen Realismus die Wende zur Darstellung des Innenlebens der Figuren erfolgt. Gustave Flaubert hatte in seinem einflussreichen Werk „Madame Bovary" (1857) traditionelle Erzählmuster aufgebrochen und Formen inneren Sprechens, v.a. der erlebten Rede, genutzt. Die entscheidene Neuerung aber kam erst mit dem Werk eines weiteren französischen Autors. Edouard Dujardin hatte als Erster mit seinem Werk „Les lauriers son coupés" (1888) einen Roman geschrieben, der vollständig im inneren Monolog verfasst war, und er war es auch, der später diese Erzählform gültig definierte.

> „Le monologue intérieur est, dans l'orde de la poésie, le discours sans auditeur et non prononcé, par lequel un personnage exprime sa pensée la plus intime, la plus proche de l'inconscient, antérieurement à toute organisation logique, c'est-à-dire à son état naissant, par le moyen de phrases directes réduites au minimum syntaxial, de façon à donner l'impression ‚tout venant'."[2]

---

[1] Hansgeorg Schmidt-Bergmann (2002), S. 151f. Über den Einfluss Machs auf Schnitzler sind die Wissenschaftler nicht einig. Z. B. K. Fliedl. In: Nachwort zur Textausgabe der Novelle (reclam), S. 82.
[2] Zitiert nach: Jürgen Zenke: Die deutsche Monologerzählung im 20. Jahrhundert. Köln/Wien 1976, S. 26.

Baustein 3: Erzähltheorie

> „Der innere Monolog ist in der Literatur eine Form der Rede, die weder einen Zuhörer hat noch überhaupt gehalten wird. In ihr spricht eine Person ihre intimsten Gedanken aus, Gedanken, die dem Bereich des Unbewussten nahe sind und die, vor aller logischen Organisation, in unvollständigen Sätzen, mit einem Minimum an syntaktischer Form den Eindruck erwecken, als seien sie im Vorbeigehen entstanden." (Übers. M. B.)

Damit waren die wesentlichen Charakteristika des inneren Monologs genannt: die Rede ohne Zuhörer, der Ausdruck intimster innerer Gedanken, die Nähe zum Unbewussten vor aller Logik des Bewusstseins, die Reduktion auf ein Minimum an syntaktischer Kohärenz und der Eindruck des spontanen Einfalls. Erkennbar wird in dieser Definition auch die Verwandtschaft von innerem Monolog und psychoanalytischem Diskurs.

Schnitzler hat das Werk Dujardins gekannt und sich, allerdings in kritischer Distanz, davon inspirieren lassen. Im Vergleich mit Dujardins Werk, das bald in Vergessenheit geriet, gelang es Schnitzler, die Möglichkeiten des inneren Monologs umfassend auszuschöpfen. Seine Monolognovellen wurden zu berühmten Werken der klassischen Moderne.

Der Baustein 3 enthält die Einführung in die Erzählform des inneren Monologs. Zuerst geht es um die Vermittlung grundlegenden Wissens zur Erzähltheorie. Nach einer Instruktion anhand einer tabellarischen Übersicht über Formen von Rede- und Gedankenwiedergabe sollen sich die Schülerinnen und Schüler mit dem inneren Monolog der Novelle detailliert auseinandersetzen. Ziel ist es, die Besonderheit der „Gustl-Technik" Schnitzlers so zu vermitteln, dass durch eigenes Erproben die Konstruktivität des scheinbar spontanen Assoziationsstroms aufgedeckt wird.

In dem vorausgehenden Baustein 2 haben die Schülerinnen und Schüler bereits den sorgfältig konzipierten Plan der Zeit- und Ortsstruktur und ihre Symbolik erarbeitet. Diese Erkenntnisse werden nun vertieft.
Im Einzelnen geht es um:
- die Einführung in den inneren Monolog
- eine exemplarische Analyse der Syntax und Lexik des inneren Monologs
- Wiederholungs- und Leitmotivstrukturen des Assoziationsstroms
- das Augenmotiv

3.1 Einführung in den inneren Monolog

In einem kurzen Lehrgang erarbeiten die Schülerinnen und Schüler die Erzähltechnik des inneren Monologs. Der Lehrgang hat folgenden Aufbau:
- Zunächst lernen die Schülerinnen und Schüler die verschiedenen Verfahren der Rede- und Gedankenwiedergabe in Anlehnung an Martinez/Scheffel (Textausgabe, S. 104 ff.) kennen. Sie erhalten das **Arbeitsblatt 9**, S. 59 (in der entsprechenden Größe kopieren) und die Aufgabe, eine Tabelle mit den Definitionen zu erstellen. Für jede Form sollen sie einen Beispielsatz entwickeln und in die letzte Spalte eintragen. Als Hilfe für die Schülerinnen und Schüler wird die erste Spalte ausgeführt.
- Anschließend werden die verschiedenen Modi der Präsentation von Rede und Gedanken geübt. Die Schülerinnen und Schüler verfassen in arbeitsteiliger Gruppenarbeit Varianten der Gedankenwiedergabe und vergleichen sie mit dem Original.
- Im Unterrichtsgespräch werten sie ihre Ergebnisse aus und beurteilen abschließend die Wirkung der verschiedenen Erzählformen auf den Leser. Das Ergebnis wird in einem Tafelbild gesichert.

Die Schülerinnen und Schüler erhalten das Arbeitsblatt 9 und folgende Aufgabe:

■ *Lesen Sie den Text (Textausgabe S. 104–106) und füllen Sie anschließend die Tabelle aus.*

Die Abgrenzung zwischen innerem Monolog und Bewusstseinsstrom ist in der wissenschaftlichen Diskussion nicht einheitlich. Roßbach stellt die verschiedenen Positionen dar und fasst abschließend zusammen: „Innerer Monolog und Bewusstseinsstrom können definiert werden als eine in Ich-Form gehaltene direkte Figurenrede, in der als grundlegendes Tempus das Präsens, als Modus der Indikativ gelten. Die Abwesenheit von Verben des Bewusstseins (verba credendi) und von Anführungszeichen signalisiert die syntaktische Unabhängigkeit der Rede. [...] Gustls innerer Monolog ist kein stream of conciousness im Sinne einer radikalen Sprengung von Satzlogik und gedanklicher Kohärenz. Seine Gedanken sind zwar sprunghaft, aber syntaktisch meist wohlgeformt, Pausenzeichen markieren nur selten Aposiopesen. Die strukturierende Instanz des impliziten Autors bleibt spürbar hinter dem vermeintlich spontanen Strom von Assoziationen; der formal grammatischen Ordnung des Gedankenmaterials entspricht die inhaltliche Ordnung." (Roßbach 2008, S. 27f.)

Die folgenden Aufgaben dienen der Festigung und Anwendung des theoretischen Wissens. Die Schülerinnen und Schüler erhalten den Auftrag, den Erzählanfang der Novelle (S. 7, Z. 1–16) in die Erzählformen Bericht, indirekte Rede, direkte Rede und erlebte Rede umzusetzen. Das geschieht am besten in arbeitsteiliger Gruppenarbeit. Als Hilfe können die Beispielsätze aus der Tabelle genutzt werden.

Die Gruppen erhalten je eine der vier Aufgaben:

1. *Formen Sie den Anfang der Novelle (S. 7, Zeile 1–16) in einen **Gedankenbericht** um. Nutzen Sie das Beispiel aus der Tabelle.*

2. *Formen Sie den Anfang der Novelle (S. 7, Zeile 1–16) in die **indirekte Rede** um. Beachten Sie die korrekte Verwendung des Konjunktivs. Nutzen Sie das Beispiel aus der Tabelle.*

3. *Formen Sie den Anfang der Novelle (S. 7, Zeile 1–16) in die **direkte Rede- bzw. Gedankenwiedergabe** um. Nutzen Sie das Beispiel aus der Tabelle.*

4. *Formen Sie den Anfang der Novelle (S. 7, Zeile 1–16) in **erlebte Rede** um. Beginnen Sie mit ein oder zwei einleitenden Sätzen im Erzählerbericht. Nutzen Sie das Beispiel aus der Tabelle.*

Die folgende Aufgabe bearbeiten alle Gruppen. Sie lautet:

■ *Machen Sie Notizen zu Ihren Schreiberfahrungen (Was war schwierig? Worüber hatten Sie unterschiedliche Auffassungen? Welche Varianten haben Sie diskutiert? etc.) und überprüfen Sie abschließend Ihr Ergebnis anhand der Tabelle.*

Nachdem die verschiedenen Gruppen ihre Ergebnisse vorgetragen und überprüft haben, soll es im folgenden Unterrichtsgespräch um die Schreiberfahrungen der Schülerinnen und Schüler gehen. Eine Rückmeldung kann z. B. zu besonderen Schwierigkeiten bei der Formulierung der Varianten (z. B. der erlebten Rede) erfolgen.

Mit dem Gespräch über die Schreibversuche ist die Überleitung zur Reflexion bzgl. der Wirkung der Redeformen auf den Leser möglich.
Folgender Impuls kann diesen Schritt einleiten:

> *Nennen Sie, ausgehend von Ihren eigenen Schreiberfahrungen, Gründe, warum die Eingangspassage der Novelle einen so nachhaltigen Eindruck auf die Leser macht.*

Folgendes Tafelbild kann als Ergebnis erarbeitet werden:

Wirkung der Erzählvarianten auf den Leser

Art und Wirkung der Übungstexte	Wirkung des Originaltextes
Gedankenbericht • narrative Form • starke Leserlenkung durch Erzähler • große Distanz zur Figur	*innerer Monolog* • dramatisierte Form • größtmögliche Nähe zur Figur: Widerspiegelung ihrer bewussten Gedanken und unbewussten Impulse • Eliminierung des Erzählers • fehlende Orientierung des Lesers: Spannung, aber auch Irritation. • Lesehemmnis: Diskontinuierliche Syntax, Satzbrüche, schneller Wechsel der Themen
direkte Gedankenrede • dramatisierte Form • wörtliche Wiedergabe der Gedanken • Unterbrechung des Gedankenflusses • redundanter Gebrauch der Redeformeln • Eintönigkeit des Satzrhythmus	
indirekte Rede • transponierte Form • umgeformte Wiedergabe der Gedanken • Häufung von Konjunktivformen • schwerfälliger, bürokratischer Stil	
erlebte Rede • transponierte Form • nahtloser Übergang von Bericht zu Figurenrede: kein Bruch im Erzählfluss • Nähe zur Figur • spürbare Erzählerpräsenz im Erzählerbericht	

3.2 Exemplarische Analyse der Syntax und Lexik

Die neuen Erkenntnisse der Psychologie stellten die Geschlossenheit des Subjekts in Frage. Wollte die Literatur darauf reagieren, musste sie neue sprachliche Ausdrucksformen finden. Schnitzler gelang eine vorbildliche Lösung für dieses Problem. Um das Vorbewusstsein „zur Sprache kommen" zu lassen, dekonstruierte er Syntax und Lexik, sodass eine vollkommene Identität von Sprecher und Sprache entstand. Die Literaturwissenschaft hat sich der Analyse dieser „Gustl-Technik" intensiv gewidmet und detaillierte Erkenntnisse gewonnen. Die Schülerinnen und Schüler sollen die Gelegenheit erhalten, sich mit einigen dieser Ergebnisse forschend auseinanderzusetzen.

Der Arbeitsschritt soll mit einer offenen Phase beginnen. Die Schülerinnen und Schüler erhalten die Aufgabe:

■ *Bei der Lektüre der Novelle sind Ihnen Besonderheiten der Sprache Gustls aufgefallen. Tragen Sie Ihre Beobachtungen in einem Ideenstern an der Tafel zusammen.*

Zu erwarten sind Hinweise auf einige Auffälligkeiten, z. B. die starke Segmentierung (häufige Unterbrechungen; Gustl fällt sich selbst ins Wort etc.), Häufung von Fragen und Ausrufen, Selbstanreden, Witze („Haha-Stellen"). Als sprachliche Besonderheit wird sicherlich auf den Dialekt verwiesen, evtl. auf Redensarten. Bezogen auf den Satzbau sind die Erträge wohl geringer, hier fehlt es den Schülerinnen und Schülern häufig an Kenntnissen des Fachvokabulars. Um ihre Eigentätigkeit anzuregen, sollen sie eine Liste mit Ergebnissen fachwissenschaftlicher Untersuchungen erhalten und die Definitionen und Beispiele dazu selbstständig recherchieren.[1] (**Arbeitsblatt 10**, Merkmalliste zu Syntax und Lexik, S. 61)

Merkmalliste
1. Syntax:
syntaktisches Minimum
Parataxe
Ellipsen
Anakoluth
Aposiopese
Nominalsätze
reihende Satzanschlüsse
Fragesätze
Ausrufe

2. Interpunktion
Auslassungspunkte
Gedankenstriche

3. Lexik
hochsprachlich-umgangssprachliche Wendungen
dialektale Eigenheiten
umgangssprachliche Elisionen
Austriazismen
militärischer Jargon

Die Schülerinnen und Schüler erhalten das Arbeitsblatt 10 mit folgenden Aufträgen:

■ *Sie haben erste Beobachtungen zu Gustls Sprache gesammelt. Nun soll es darum gehen, die Auffälligkeiten zu kategorisieren und detailliert zu analysieren. Dazu erhalten Sie die folgende Merkmalliste, die aus wissenschaftlichen Untersuchungen erstellt worden ist:*
  1. *Schlagen Sie in Ihrem Lehrbuch oder/und einem Literaturlexikon die Fachbegriffe nach und notieren Sie die Definitionen.*
  2. *Ermitteln Sie für die einzelnen Fachbegriffe je ein Beispiel aus dem Text und notieren Sie es.*

---
[1] u. a. Aurnhammer, Fliedl

Im Unterricht werden die Ergebnisse verglichen und ergänzt.

Im Anschluss wird die Redeweise Gustls in einen erweiterten Zusammenhang gestellt. Dazu sollen die Schülerinnen und Schüler ihre Kenntnisse aus dem Baustein 1 hinzuziehen und Bezüge zu Leitthemen der Epoche herstellen. Die Diskussion kann durch folgendes Zitat eingeleitet werden.[1]

> „Es lag nahe, diesen rhetorischen ‚Zerfall' als Symptom psychischer Desintegration zu lesen. Unter Vernachlässigung von Gustls persönlicher Krisensituation konnte man ihn dann als Vertreter eines ‚impressionistischen Menschentyps' deuten, einem sozialpsychologischen Konglomerat[2], dessen Charakteristik von der Forschung immer auch moralisch bewertet worden ist: Sein Bewusstsein zerfällt in momentane Eindrücke, ‚Impressionen', er lebt nur im ‚Augenblick'[3], woraus seine Bindungs- und Verantwortungsscheu resultieren (Polt-Heinzl 1997, S. 81)."

3.3 Wiederholungen und Leitmotivstrukturen

In den beiden folgenden Teilen des Bausteins 3 soll mit der Wiederholungs- und Leitmotivstruktur die Erzähltechnik in den Fokus rücken, die die Novelle „Lieutenant Gustl" besonders charakterisiert: Zu den grundlegenden Merkmalen von Novellen gehört nach W. Freund (s. Baustein 1) eine symbolisch dichte Darstellungsweise. Dieses Merkmal weist Schnitzlers Werk in besonders markanter Form auf. Leitmotive sind die Fixpunkte in dem „Assoziationskarussell", in dem sich Gustl „wie eine Marionette in den waves of subconsciousness dreht" (Lindken 2000, S. 98) Schmidt-Dengler (1996, S. 26) hebt die Motivstruktur als Charakteristikum des *Lieutenant Gustl* hervor. Aus den vereinzelten Erinnerungsdetails ergibt sich „ein weit verzweigtes Netz inhaltlicher Bezüge, die sich allesamt dem Leser mit einem teils größeren, teils geringeren Aufwand an Kombinationen erschließen. Es scheint fast, als hätte Schnitzler den ganzen Motivvorrat, auf dem sein erzählerisches und dramatisches Werk gründet, auf engstem Raum untergebracht; ein kurzer Hinweis genügt, um im Leser alle weiteren Implikationen der jeweils angesprochenen inhaltlichen Momente bewusst zu machen."

Die Schülerinnen und Schüler sollen zunächst die Wiederholungsstruktur des Monologs erfassen und Leitthemen nachweisen. Sie erhalten das **Arbeitsblatt 11** (Assoziationskarussell, S. 62) mit folgenden Aufgaben für die Gruppenarbeit:

> *Untersucht man den inneren Monolog genauer, wird deutlich, dass sich Gustl wie in einem „Assoziationskarussell" dreht, seine Gedanken also immer wieder um dieselben Vorstellungen und Erinnerungen kreisen. Im Folgenden soll es um diese Leitthemen gehen.*
> *1. Wählen Sie aus der Novelle einen Textauszug (ca. 3 Seiten) aus. Tragen Sie in loser Folge alle Themen, die Gustl im Verlauf des Textauszugs anspricht, in die Grafik ein. Markieren Sie die Themen, die mehrfach erwähnt werden.*
> *2. Vergleichen Sie Ihre Ergebnisse mit denen der anderen Gruppen und erstellen Sie einen gemeinsamen Ideenstern.*

---

[1] Weitere Diskussionen zum Thema lassen sich anschließen. „Wortzerfall als Zeichen des Wirklichkeitsverlustes?" Ausgehend von dieser Fragestellung lassen sich auch Bezüge zur Sprachkrise als Merkmal der Epoche herstellen.
[2] Konglomerat: Mischung
[3] Vgl. hierzu auch das Baustein 4.5 zum Augenmotiv

Baustein 3: Erzähltheorie

Die Schülerinnen und Schüler tragen die Ergebnisse zusammen. Das Assoziationskarussell kann folgendermaßen aussehen:

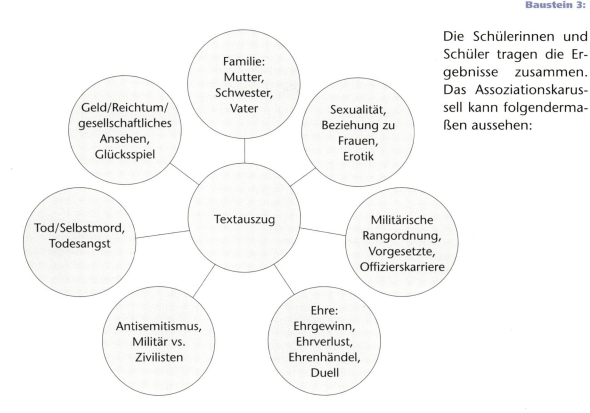

Im Anschluss an die Erarbeitung der Leitthemen erhalten die Schülerinnen und Schüler das **Arbeitsblatt 12** (Funktionen des literarischen Motivs, S. 63) mit einem Auszug aus einem Lexikonartikel zum Begriff „Motiv".

> „**Motiv, literarisches** (mlat. *motivum*: Bewegung, Antrieb) im weitesten Sinne kleinste strukturbildende und bedeutungsvolle Einheit innerhalb eines Textganzen; im engeren Sinne eine durch die kulturelle Tradition ausgeprägte und festumrissene thematische Konstellation (z. B. Inzestmotiv). [...] Mit der Erforschung von literar. ‚Ur-M.en' durch die Brüder Grimm findet die Kategorie des M.s Eingang in die Lit.wissenschaft, wo ab Mitte des 19. Jh.s der Forschungszweig der M.geschichte begründet wird. – Der Begriff des M.s wird auf zwei Ebenen verwendet: bei der immanenten Strukturanalyse von Texten und im Bereich der intertextuellen Beziehungen (Intertextualität und Intertextualitätstheorien). (1) Für die Einsicht in die Struktur von liter. Texten spielt das M. als kleinste bedeutungstragende Einheit eine zentrale Rolle und erfüllt verschiedene Funktionen: Es dient der formalen Gliederung, der semantischen Organisation und der Verflechtung von Themen; es fungiert als inhaltliche Schaltstelle und es erzeugt Spannung; es fördert die Anschaulichkeit; es entfaltet ein Deutungspotenzial (vgl. Daemmrich/Daemmrich 1995)."
>
> Aus: Ansgar Nünning (Hrsg.): Metzler Lexikon Literatur- und Kulturtheorie. Ansätze – Personen – Grundbegriffe. 4., aktualisierte und erweiterte Auflage. S. 515. © 2008 J. B. Metzlersche Verlagsbuchhandlung und Carl Ernst Poeschel Verlag GmbH in Stuttgart

Die Aufgaben lauten:

> 1. *Erarbeiten Sie den Auszug aus dem Lexikon zum Thema „Motiv". Schlagen Sie Ihnen nicht bekannte Begriffe nach und erstellen Sie eine Liste mit den wichtigsten Funktionen des Motivs in literarischen Texten.*
>
> 2. *Überprüfen Sie, ob die Motive in der Novelle „Lieutenant Gustl" diese Funktionen erfüllen.*

Die Überprüfung der Motive hinsichtlich ihrer Funktion (Aufgabe 2) kann zunächst nur auf der Basis der bisherigen Textarbeit und des Arbeitsblattes 11 erfolgen. Daher sind Lösungen auch abweichend von den unten genannten Erwartungen möglich. Die Ideen der Schülerinnen und Schüler werden gesichert (Protokoll), damit sie in den folgenden Arbeitsschritten ergänzt und konkretisiert werden können.

Lösung der Aufgaben 1 und 2:

| **Aufgabe 1:**
 Motive sind bedeutungstragende Einheiten, die eine wichtige Rolle spielen.
 • Sie dienen der formalen Gliederung des Textes.
 • Sie dienen der semantischen Organisation und verflechten die Themen.
 • Sie erzeugen Spannung.
 • Sie fördern die Anschaulichkeit. | **Aufgabe 2:**
 Überprüfung
 • Die Anordnung der Motive vollzieht die Kreisstruktur der Novelle in den Assoziationsschleifen der Rede nach.
 • Die Motivketten bilden semantische Felder, z. B. Familie, Militär, Erotik etc., die wiederum durch Motive verflochten werden. Hier spielen auch Requisiten eine Rolle, z. B. der Säbel, der Militär und Erotik miteinander verbindet, oder das rote Kleid eines „süßen Mädls".
 • Hier ist nicht primär die Handlungsspannung – der Leser ahnt bald, dass die Geschichte nicht auf ein tragisches Ende hinausläuft – gemeint, sondern die Lesespannung, die auf die Kombinationsfähigkeit und Konstruktivität des Lesers zielt.
 • Sie erzeugen Vorstellungen, die die Handlung oder die Figur plastisch werden lassen, z. B. die Aggressivität Gustls durch den Säbel, seine Unreife durch die Mutterbindung etc. Auch hier spielen die Requisiten wieder eine wichtige Rolle. |

3.4 Das Augenmotiv

Um die Dichte des Motivnetzes, von dem Schmidt-Dengler spricht, an einem Beispiel zu verdeutlichen, soll im Folgenden das Leitmotiv „Augen" genauer analysiert werden. Die Augen als zentrales Organ der Wahrnehmung und Erkenntnis haben als literarisches Motiv eine lange literaturgeschichtliche Tradition. Sowohl in der Lyrik als auch in epischen Texten tritt das Augenmotiv in vielen verschiedenen Varianten auf und es ist zu erwarten, dass die Schülerinnen und Schüler Beispiele nennen können.

In der Novelle „Lieutenant Gustl" spielt das Augenmotiv in Kombination mit der Wahrnehmungsfähigkeit bzw. -unfähigkeit Gustls sowie der Erkenntnisproblematik eine führende Rolle.[1] Daher bietet es sich an, die Verwendung des Motivs in der gesamten Novelle zu untersuchen und die Bedeutungsstrukturen des Motivs aufzudecken.

Untersucht man die Verwendung des Augenmotivs im Laufe des Textes, ergeben sich Schwerpunkte, in denen das Motiv besonders häufig auftritt. Z. B. spielt es im ersten Teil der Novelle während Gustls Aufenthalt im Konzertsaal eine besonders wichtige Rolle. Da Gustl das Zuhören schwerfällt – die Musik interessiert ihn nicht besonders und er langweilt sich – wandern seine Augen umher. Er schaut sich im Konzertsaal um und registriert ebenso aufmerksam, ob er von anderen angesehen wird. Hinsichtlich der Blickkontakte lassen sich Unterschiede ausmachen, je nachdem, ob Gustl eine weibliche oder männliche Person ins Auge fasst oder von ihr angeblickt wird. Blicke auf Frauen zu werfen, verbindet sich bei Gustl immer mit dem Gestus des überlegenen Eroberers. Von Männern angesehen zu werden, erzeugt dagegen Unterlegenheitsgefühle, die in aggressiver Manier gekontert werden. Blicke anderer Männer verunsichern ihn und fordern ihn heraus. („Was guckt mich denn der Kerl

---

[1] Bohrer weist auf die Bedeutung des Augenblicks für die Ästhetik der Moderne hin. „Sie basiert auf dieser sich ständig verschiebenden Relevanz der Verbindung von Innen und Außen, die keine feste Identität der Protagonisten mehr zulässt." In: Metzler Lexikon Literatur- und Kulturtheorie (2008), S. 509 f.

dort immer an? [...] Ich möcht' Ihnen raten, ein etwas weniger freches Gesicht zu machen, sonst stell' ich Sie mir nachher im Foyer!" [S. 9, Z. 5]) Allein schon durch seine Blicke glaubt Gustl Menschen in Schach halten zu können, er ist überzeugt, dass „sie alle vor meinem Blick so eine Angst hab'n" (S. 9, Z. 10).

Frauen gegenüber dient der Augenkontakt anderen Zwecken. Wenn Gustl Frauen anschaut, dann immer in eindeutiger Absicht. Er taxiert die Frauen mit einem Blick, klassifiziert sie nach Schönheit („Das Mädel drüben in der Loge ist sehr hübsch" [S. 8, Z. 12]) und Unberührtheit („Ob das lauter anständige Mädeln sind, alle hundert? O jeh!" [S. 8, Z. 31]. „Vorgestern hab' ich mir vorgenommen, das nächste Mal sprech' ich sie an – Kokettiert hat sie genug ... so jung war die – am End' war die gar noch eine Unschuld!" [S. 42, Z. 35 ff.]). Gleichzeitig schätzt er seine Chancen ein, Kontakt zu den Frauen zu bekommen. Blicke auf Frauen sind Eroberungsgesten. Dabei zeigt Gustl ein durchaus großes Selbstbewusstsein, ist auch hier überzeugt von der besonderen Wirkung seiner Augen, die sowohl Männer in die Schranken weisen können als auch Frauen bezirzen, was ihm die „Augerl" machende Steffi bescheinigt: „Du hast die schönsten Augen, die mir je vorgekommen sind!" (S. 9, Z. 10 f.). Blickt eine Frau ihn an, deutet Gustl das immer als Zeichen ihrer sexuellen Bereitschaft („Ah, die ist aber bildschön! Ganz allein? Wie sie mich anlacht. Das wär eine Idee, der geh ich nach!" [S. 15, Z. 13 ff.]). Nach dem Ereignis in der Garderobe des Konzerthauses ändert sich die Funktion des Augenmotivs. Es wird zum Katalysator des öffentlichen Blicks, dem sich Gustl hilflos ausgesetzt sieht. Er fühlt sich nun von lauter Mitwissern umgeben, den Zeugen seiner Schande. („Warum schaut mich denn der Herr dort an der Säule so an? – hat der am End' was gehört? [...] Wie schau ich denn aus? – Merkt man mir was an?" [S. 17, Z. 15 ff.]; s. auch S. 18, Z. 1 f.; S. 19, Z. 11)

In der Phase tiefer Depression im Prater verdüstert sich auch das Bedeutungsfeld des Augenmotivs. In den bedrohlichen Erinnerungen Gustls während seiner nächtlichen Wanderungen tauchen Horrorvisionen an tote und schwer verletzte Kameraden auf. In diesen Geschichten geht es wiederholt um den Verlust der Augen, z. B. infolge eines Duells (S. 23, Z. 24) oder auch des missglückten Selbstmordversuches eines Kameraden („Nur Obacht geben heißt's, gut zielen, dass einem nicht am End' das Malheur passiert, wie dem Kadett-Stellvertreter im vorigen Jahr ... Der arme Teufel, gestorben ist er nicht, aber blind ist er geworden [...] Schrecklich, so herumlaufen wie der – das heißt: herumlaufen kann er nicht, g'führt muss er werden –" [S. 24, Z. 23 ff.]) Erst nach der Ruhephase im Prater, in der Phase der Stabilisierung, gewinnt das Eroberungsmotiv „Auge" wieder an Bedeutung („Ist das ein liebes G'sichtl!"... der kleine Fratz mit den schwarzen Augen, den ich so oft in der Florianigasse treff – was die sagen wird?" [S. 42, Z. 303])

Eine Variante des Augenmotivs ergibt sich durch die Kombination mit den Motiven Nacht/Dunkelheit und Tag/Helligkeit/Licht. Nachdem Gustl nach kurzem Schlaf wieder aufgewacht ist, befindet er sich in völliger Dunkelheit („Ich seh' nichts ..." [S. 32, Z. 21]) und tastet nach Zündhölzern. Es ist drei Uhr morgens. Bei Tagesanbruch wird es heller, („Immer lichter ... man könnt schon lesen ..." [S. 34, Z. 33 f.]), das Licht vertreibt Gustls depressive Stimmung und die düsteren Visionen: „Was, geht schon die Sonne auf? – Das wird heute ein schöner Tag – so ein rechter Frühlingstag." (S. 37, Z. 5) In dieser Textpassage wird das Augenmotiv mehrfach auch durch intertextuelle Bezüge konnotiert (s. Baustein 2 zur symbolischen Bedeutung der Rückkehr Gustls in die Stadt und Baustein 7 „Intertextualität" [Faust, Osterspaziergang; Oratorium, Damaskuserlebnis des Paulus]).

Beim Eintritt in die Kirche erlebt Gustl die Dunkelheit noch einmal als bedrohlich. Sie ruft die mühsam verdrängten Erinnerungen und Todesängste hervor und Gustl kann sich nur durch Flucht ins Freie (Licht) der Panik entziehen (S. 39, Z. 23).

Eine weitere Variante ist das Motiv der „brennenden Augen". Der drohende Tränenausbruch und die hilflosen Versuche Gustls, in solchen Momenten die Fassung zu bewahren, entlarven parodistisch die Diskrepanz zwischen dem Anspruch, sich auch angesichts seines nahen Todes männlich zu verhalten, und der Realität seiner sentimentalen Jämmerlichkeit. Gustl will in allen Lebenslagen heldenhaft sein, denn Weinen ist weibisch. Weinen gesteht er zunächst nur den Frauen (Mutter, Adele und Steffi) zu, („Aber weinen wird's [Steffi] schon – ah ja, weinen wird's ... Überhaupt, weinen werden gar viele Leut' ... Um Gottes willen, die Mama ... [S. 25, Z. 7 ff.]), aber als er an den bevorstehenden Abschied von Mutter und Schwester (S. 34, Z. 22) und an den Abschiedsbrief, den er Klara schreiben will („Ah, ich schreib' ihr lieber gar nicht! ... Nein, da wird mir zum Weinen ... es beißt mich ja schon in den Augen, wenn ich dran denk' ..." [S. 42, Z. 25]) denkt, steigen ihm die Tränen in die Augen. Kaum tritt er in die Kirche ein (Dunkelheit), ergreift ihn wieder eine sentimentale Anwandlung und er kann nur durch die Flucht nach draußen seine Haltung bewahren. („Am liebsten läg' ich da auf dem Steinboden und tät' heulen ... Ah, nein das darf man nicht tun! Aber weinen tut manchmal so gut ..." [S. 39, Z. 7 ff.])

Auch redensartlich findet das Augenmotiv Verwendung. Gustl gebraucht mehrmals die Formulierung „jemand wird Augen machen", wenn er sich vorstellt, wie sein gewaltsames Ende im Kreis seiner Familie und Bekannten aufgenommen wird. Der Ausdruck: „Der/die wird Augen machen" (S. 39, Z. 5; S. 42, Z. 10 f.) bedeutet im Kontext, man werde sich sehr erschrecken und wundern über Gustls Tat, weil man ihn eigentlich gar nicht gekannt hat und ihm ein solches Ende nicht zugetraut hat („– aber was wissen sie denn von mir? – Dass ich meinen Dienst mach' dass ich Karten spiel' und dass ich mit Menscher herumlauf'... aber sonst?" [S. 34, Z. 16]).

Im Anschluss an die Erarbeitung der verschiedenen Funktionen von literarischen Motiven (s. vorhergehender Abschnitt 3.3) können die Schülerinnen und Schüler an dem Beispiel des Augenmotivs ihre bisherigen Ergebnisse noch einmal konkretisieren und in einen größeren Zusammenhang stellen. Sie erkennen sowohl die Funktion des Motivs als bedeutungstragende Einheit als auch die der semantischen Organisation und thematischen Verflechtung.

Die unterrichtliche Arbeit sieht folgende Schritte vor:
- Die Erarbeitung des Motivs kann mit einem Wortfeld zum Thema „Augen" eingeleitet werden. Die Schülerinnen und Schüler sammeln in loser Form Begriffe und Redensarten zum Thema „Augen". Beispiele aus literarischen Texten sollen die Ideensammlung ergänzen.
- Anschließend markieren die Schülerinnen und Schüler die Bereiche des Themas „Augen", die sich mit der Novelle in Verbindung bringen lassen.

Die Aufgaben lauten:

■ *Entwickeln Sie ein Wortfeld zum Begriff „Augen". Fügen Sie auch Begriffe oder Redensarten hinzu, die im weiteren Zusammenhang mit dem Thema „Augen" stehen. In welchen literarischen Texten ist Ihnen das Augenmotiv schon begegnet? Notieren Sie die Beispiele.*

■ *Markieren Sie anschließend die Begriffe, die sich mit der Novelle bzw. der Figur Gustl in Verbindung bringen lassen.*

Nachdem das Wortfeld erarbeitet und Verbindungen zur Novelle diskutiert worden sind, soll eine detaillierte Analyse des Augenmotivs in der Gesamtnovelle durchgeführt werden. Dazu teilt die Lehrperson den Text entsprechend den drei Phasen (S. 7–17; S. 17–32; S. 32–47) auf. Die Schülerinnen und Schüler erhalten folgende Aufträge, die arbeitsteilig als Hausaufgabe oder in Gruppenarbeit erledigt werden können:

1. *Lesen Sie den Textauszug gründlich und markieren Sie alle Textstellen, in denen das Augenmotiv verwendet wird.*
2. *Tragen Sie Ihre Ergebnisse mit den Fundstellen in eine Tabelle ein.*

Die Auswertung der Befunde sollte nach der Präsentation der Tabellen (Lösung siehe Einleitung zu 3.4) in eine zweite arbeitsteilige Gruppenarbeit einmünden.

Die Arbeitsgruppen erhalten folgende Aufgabe:

> ■ *Werten Sie die Befunde aus, indem Sie sich an den folgenden Fragen orientieren:*
> *Gruppe 1 (S. 7 – S. 17, Z. 35)*
> *Im Konzert: Lassen sich Unterschiede erkennen, je nachdem, ob das anschauende oder angeschaute Gegenüber männlich oder weiblich ist? Welche Funktion wird den Augen/den Blicken zugeschrieben?*
> *Gruppe 2 (S. 17, Z. 36 – S. 32, Z. 10)*
> *Auf dem Weg zum Prater und im Prater: In welchen Situationen taucht das Augenmotiv auf? Welche Funktion des Augenmotivs ist dominant? Welche Verbindung zeigt sich zwischen dem Augenmotiv und Gustls unbewussten Ängsten?*
> *Gruppe 3 (S. 32, Z. 11 – S. 46)*
> *Auf dem Weg zurück in die Stadt:*
> *Inwiefern spiegelt das Augenmotiv Gustls innere Verfassung wider? Zeigen sich Zusammenhänge zwischen Augenmotiv und Entwicklung der inneren Handlung?*

Die Analyse kann mit folgendem Tafelbild abgeschlossen werden:

Die Funktionen des Augenmotivs

- Augen sind zentrales Kommunikationsorgan (zur Aufnahme von Beziehungen zu Frauen oder zur Abgrenzung und Verteidigung des sozialen Standes, v. a. gegenüber Männern).
- Augen sind das Organ der Gefühle, des Unbewussten, verdrängter Ängste.
- Augen sind (Selbst)Erkenntnisorgan.
- Augen sind mit dem Leben verbunden, der Verlust der Augen bedeutet Zerstörung der Person/Tod.

⬇

Das Augenmotiv wird in verschiedenen Bedeutungsvarianten verwendet: Es spiegelt die Bewusstseinszustände Gustls in den Phasen seiner nächtlichen Wanderung wider.

Abschließend erhalten die Schülerinnen und Schüler die Gelegenheit, ihre motivanalytischen Ergebnisse aus dem vorhergehenden Arbeitsschritt (3.3, S. 52 f.) noch einmal am Beispiel des Augenmotivs zu konkretisieren.

Die Aufgabe lautet:

> ■ *Überprüfen Sie, inwiefern das Augenmotiv die Funktionen des literarischen Motivs erfüllt.*

Anregungen zur individuellen Weiterarbeit mit dem Augenmotiv:
Das Augenmotiv lässt sich in weiteren Varianten untersuchen. Dazu sollen folgende Anregungen für Zusatzreferate oder Hausaufgaben gegeben werden:

- Der Name von Gustls Schwester lautet „Klara", die „Helle". Im Zusammenhang mit dem Augenmotiv bedeutet er auch „klarsichtig", was sich wiederum auf das Verhältnis Gustls zu seiner Schwester zurückbeziehen lässt. (Gustl fürchtet sich, von Klara durchschaut zu werden [vgl. S. 28, Z. 19]).
- Die Verbindung des Augenmotivs mit der Lichtmetaphorik: Untersucht werden kann der Wechsel von Dunkelheit und Helligkeit im Zusammenhang mit der inneren Handlung.

Untersuchen Sie das Verhältnis Gustls zu Klara und überprüfen Sie, inwieweit der Vorname Klara ein sprechender Name ist und sich symbolisch auf das Verhältnis der Geschwister zueinander beziehen lässt.

Untersuchen Sie die Motive von Licht und Dunkelheit im Verlauf der Handlung und überprüfen Sie den Zusammenhang dieses Leitmotivs mit der inneren Handlung der Novelle.

Notizen

Formen der Rede- und Gedankenwiedergabe

AB 9

1. Lesen Sie den Text (Textausgabe S. 104–106) und füllen Sie anschließend die Tabelle aus.

Formen der Rede- und Gedankenwiedergabe	Erzählerpräsenz	Merkmale	Beispielsatz
erzählte Figurenrede • Erzählerbericht			• Gustl langweilte sich. Er ließ seine Gedanken schweifen. Gerne hätte er einen Blick auf seine Uhr geworfen, aber das erschien ihm zu riskant ...
transponierte Figurenrede • indirekte Rede			• Gustl fragte sich, wie lange denn die Vorstellung noch dauern werde. Er überlegte, ob er nicht einen Blick auf seine Uhr riskieren könnte ...
• erlebte Rede			• Gustl saß im Konzert, er langweilte sich. Wie lange das wohl noch dauerte. Er konnte aber unmöglich auf seine Uhr blicken. Der Nachbar könnte ihn beobachten ...
zitierte Figurenrede • direkte Rede			• „Wie lange dauert das wohl noch?", fragte sich Gustl. „Ich muss einmal auf die Uhr sehen. Aber das schickt sich wohl nicht.", wies er sich selbst zurecht ...
• innerer Monolog			• Wie lange wird denn das noch dauern? Ich muss auf die Uhr schauen ... schickt sich wahrscheinlich nicht in einem so ernsten Konzert. Aber wer sieht's denn? ...

BS 3

Formen der Rede- und Gedankenwiedergabe (Lösung)

Formen der Rede- und Gedankenwiedergabe	Erzählerpräsenz	Merkmale	Beispielsatz
erzählte Figurenrede • Erzählerbericht	distanzierte Wiedergabe der Rede aus Sicht des Erzählers; Erzähler fasst zusammen, ggf. auch wertend oder kommentierend.	Erzähltempus: Präteritum keine wörtliche Wiedergabe des Rede-/Gedankeninhalts	• Gustl langweilte sich. Er ließ seine Gedanken schweifen. Gerne hätte er einen Blick auf seine Uhr geworfen, aber das erschien ihm zu riskant ...
transponierte Figurenrede • indirekte Rede	zurückgenommene, aber erkennbare Erzählerpräsenz	wörtliche Wiedergabe des Rede-/Gedankeninhalts im Konjunktiv 1 mit verba dicendi	• Gustl fragte sich, wie lange denn die Vorstellung noch dauern werde. Er überlegte, ob er nicht einen Blick auf seine Uhr riskieren könnte ...
• erlebte Rede	zurückgenommene Erzählerpräsenz; gleitender Übergang zwischen Erzählerbericht und Redewiedergabe	wörtliche Wiedergabe des Redeinhalts in der 3. Person Präteritum ohne Erwähnung des sprachlichen Akts (verba dicendi, Redezeichen)	• Gustl saß im Konzert, er lanweilte sich. Wie lange das wohl noch dauerte. Er konnte aber unmöglich auf seine Uhr blicken. Der Nachbar könnte ihn beobachten ...
zitierte Figurenrede • direkte Rede	szenischer Dialog, Zurücktreten des Erzählers;	wörliche Wiedergabe in der 1./2. Person Präsens; Redezeichen; verba dicendi	• „Wie lange dauert das wohl noch?", fragte sich Gustl. „Ich muss einmal auf die Uhr sehen. Aber das schickt sich wohl nicht.", wies er sich selbst zurecht ...
• innerer Monolog	Zurücktreten des Erzählers, Innensicht der Figur; Beteiligung des Lesers an den inneren Bewusstseinsvorgängen; beim autonomen inneren Monolog völliges Zurücktreten des Erzählers hinter die Figur; Fokus auf deren Innenleben	wörtliche Redewiedergabe in der 1./2. Person Präsens; ohne Redezeichen und verba dicendi; spontaner, sprunghaft-assoziativer Rede-/Gedankenfluss; Satzbrüche	• Wie lange wird denn das noch dauern? Ich muss auf die Uhr schauen ... schickt sich wahrscheinlich nicht in einem so ernsten Konzert. Aber wer sieht's denn? ...

Merkmalliste zu Syntax und Lexik

■ *Sie haben erste Beobachtungen zu Gustls Sprache gesammelt. Nun soll es darum gehen, die Auffälligkeiten zu kategorisieren und detailliert zu analysieren. Dazu erhalten Sie die folgende Merkmalliste, die aus wissenschaftlichen Untersuchungen erstellt worden ist:*
1. *Schlagen Sie in Ihrem Lehrbuch oder/und einem Literaturlexikon die Fachbegriffe nach und notieren Sie die Definitionen.*
2. *Ermitteln Sie für die einzelnen Fachbegriffe je ein Beispiel aus dem Text und notieren Sie es.*

fachwissenschaftlicher Begriff	Definition	Beispiel
1. Syntax		
Parataxe		
Ellipsen		
Anakoluth		
Aposiopese		
Nominalsätze		
reihende Satzanschlüsse		
Fragesätze		
Ausrufe		
2. Interpunktion		
Auslassungspunkte		
Gedankenstriche		
3. Lexik		
hochsprachlich-umgangssprachliche Wendungen		
dialektale Eigenheiten		
umgangssprachliche Elisionen		
Austriazismen		
militärischer Jargon		

Assoziationskarussell

■ *Untersucht man den inneren Monolog genauer, wird deutlich, dass sich Gustl wie in einem „Assoziationskarussell" dreht, seine Gedanken also immer wieder um dieselben Vorstellungen und Erinnerungen kreisen. Im Folgenden soll es um diese Leitthemen gehen.*

1. *Wählen Sie aus der Novelle einen Textauszug (ca. 3 Seiten) aus. Tragen Sie in loser Folge alle Themen, die Gustl im Verlauf des Textauszugs anspricht, in die Grafik ein. Markieren Sie die Themen, die mehrfach erwähnt werden.*
2. *Vergleichen Sie Ihre Ergebnisse mit denen der anderen Gruppen und erstellen Sie einen gemeinsamen Ideenstern.*

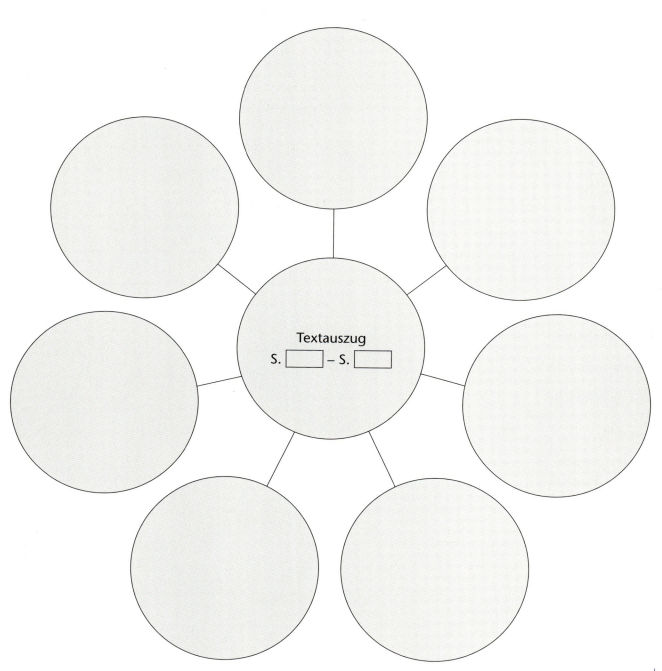

Funktionen des literarischen Motivs

„**Motiv, literarisches** (mlat. *motivum* Bewegung, Antrieb) im weitesten Sinne kleinste strukturbildende und **bedeutungsvolle Einheit** innerhalb eines Textganzen; im engeren Sinne **eine durch die kulturelle Tradition** ausgeprägte und festumrissene thematische Konstellation (z. B. Inzestmotiv). [...] Mit der Erforschung von literar. ‚Ur-M.en' durch die Brüder Grimm findet die Kategorie des M.s Eingang in die Lit.-wissenschaft, wo ab Mitte des 19. Jh.s der Forschungszweig der M.geschichte begründet wird. – Der Begriff des M.s wird auf zwei Ebenen verwendet: bei der immanenten Strukturanalyse von Texten und im Bereich der intertextuellen Beziehungen (Intertextualität und Intertextualitätstheorien). (1) Für die Einsicht in die Struktur von liter. Texten spielt das M. als kleinste bedeutungstragende Einheit eine zentrale Rolle und erfüllt verschiedene Funktionen: Es dient der formalen Gliederung, der semantischen Organisation und der Verflechtung von Themen; es fungiert als inhaltliche Schaltstelle und es erzeugt Spannung; es fördert die Anschaulichkeit; es entfaltet ein Deutungspotenzial (vgl. Daemmrich/Daemmrich 1995)."[1]

Aus: Ansgar Nünning (Hrsg.): Metzler Lexikon Literatur- und Kulturtheorie. Ansätze – Personen – Grundbegriffe, 4., aktualisierte und erweiterte Auflage, S. 515 © 2008 J.B. Metzlersche Verlagsbuchhandlung und Carl Ernst Poeschel Verlag in Stuttgart

1. *Erarbeiten Sie den Auszug aus dem Lexikon zum Thema „Motiv". Schlagen Sie Ihnen nicht bekannte Begriffe nach und erstellen Sie eine Liste mit den wichtigsten Funktionen des Motivs in literarischen Texten.*

2. *Überprüfen Sie, ob die Motive in der Novelle „Lieutenant Gustl" diese Funktionen erfüllen.*

Funktionen des literarischen Motivs	Bezug zur Novelle

Baustein 4
Psychoanalytische Deutung des inneren Monologs

Der Baustein 4 widmet sich der psychoanalytischen Interpretation des inneren Monologs. Besonders deutlich wird die Nähe der Novelle zum psychoanalytischen Diskurs Freuds durch die Erzähltechnik, die Schnitzler zunächst als „Gustl-Technik" bezeichnet hat. Schnitzler wollte auf dem künstlerischen Feld das realisieren, was Freud durch seine psychoanalytische Methode ebenfalls anstrebte, nämlich einen Einblick in die innere Struktur der Menschen zu erlangen. Freud erfand das psychoanalytische Gespräch, Schnitzler die Erzählweise des inneren Monologs und ein neues, spezifisches Ausdruckssystem für die Darstellung des Vorbewussten, das sich von der Sprache des Bewusstseins syntaktisch-stilistisch, aber auch semantisch unterscheiden musste. Er wollte hinter das Bewusstsein dringen und in „jenes Trübe und wirre Reich des Vor-Bewussten" gelangen, „in dem Worte und Gedankenfetzen in jähen und übergangslosen Wendungen ihr Wesen treiben, ehe der Gedanke sie zu Wort kommen lässt" (Politzer 1962, S. 41 ff.).

Schon während der Erarbeitung der Ortssymbolik haben die Schülerinnen und Schüler die innere Entwicklung Gustls als zentrales Movens der Handlung erkannt und einen psychoanalytischen Blick auf die Figur gerichtet. Sie sollen in diesem Teil des Bausteins diesen Weg weiter verfolgen und sich zunächst die biografischen Fakten vergegenwärtigen. Schnitzler und Freud waren sich ja nicht nur durch Herkunft und Zugehörigkeit zu ihrer Religion nahe, sondern auch durch Studienrichtung und Berufsinteressen, sodass Widerspiegelungen der Ideen beider in ihren Werken trotz äußerer Distanzierung zu erwarten sind.

Den Einstieg in die Arbeit bilden daher die beiden Briefe Freuds an Schnitzler (Textausgabe S. 101 ff.). In ihnen erfahren die Schülerinnen und Schüler einiges über das ambivalente Verhältnis der beiden Männer (s. auch Textausgabe S. 48 ff.). Beide jungen Männer hatten nahezu identische Voraussetzungen hinsichtlich ihrer medizinischen Ausbildung und ihrer professionellen Vorstellungen. Beide wandten sich besonders den Problemen der psychischen Struktur des Menschen zu und gewannen während ihrer Studien viele übereinstimmende Erkenntnisse. Einig waren sie sich auch in der Ablehnung der traditionellen Methoden der Medizin, die für seelische Krankheiten kein geeignetes Therapiekonzept hatte. Dennoch haben sie die persönliche Nähe zueinander nicht gesucht und ihr brieflicher Kontakt blieb begrenzt. Freud machte dafür eine Art „Doppelgängerscheu" verantwortlich. Dieser Begriff wurde zu einem geflügelten Wort. Die Schnitzler-Interpretin Dagmar Lorenz erklärt die Scheu Freuds mit dem besonderen Rechtfertigungsdruck, dem er sich gegenüber seinen Kollegen ausgesetzt sah. Es sei verständlich, so Lorenz, dass aus Rechtfertigungsdruck das Bedürfnis nach Abgrenzung der eigenen Arbeiten von literarischer Produktion entstanden sei. Das erkläre möglicherweise, warum Freud gerade jene Literatur abgelehnt habe, die psychoanalytische Erkenntnisse bewusst verarbeitete. Zu dieser Ablehnung könne auch Freuds konservativ-klassizistisches Kunstverständnis beigetragen haben, doch lasse beispielsweise das Verhältnis Freuds zu Arthur Schnitzler darauf schließen, dass die äußere Distanzierung voneinander von beiden Seiten betrieben worden sei. (Lorenz 2007, S. 124)

Bei der Konzipierung des Bausteins soll nur das für die Interpretation der Novelle notwendige Theoriewissen zur Psychoanalyse (Instanzenmodell und Abwehrmechanismen) vermittelt werden. Dazu dienen die Einführungstexte zu Beginn der Bausteine 4.2 und 4.3. Neben der instruktiven Vermittlung durch die Lehrperson auf der Grundlage dieses Materials lassen sich aber noch zwei andere Varianten realisieren, die einen größeren Spielraum für die selbstständige Arbeit der Schülerinnen und Schüler bieten.

- Es ist zu erwarten, dass Grundlagen zur Psychoanalyse durch andere Fächer (Philosophie, Pädagogik, Religion) bereits vermittelt wurden. In diesem Fall können die Schülerinnen und Schüler die Einführungsphase auch selbstständig gestalten (Expertenrunde).
- Die Schülerinnen und Schüler erhalten die Informationstexte und recherchieren selbstständig weiter.

Als Basis für die Weiterarbeit aber sollen alle nach der Einstiegsphase über Kenntnisse zu dem Instanzenmodell und der Theorie der Abwehr verfügen.

Der Baustein gliedert sich in folgende Schritte:
- Schnitzler und Freud (Textausgabe, S. 99 ff.)
- das Instanzenmodell (Expertenrunde auf der Basis eigenen Materials)
- Angst und Abwehr (Expertenrunde auf der Basis eigenen Materials)
- Anwendung des Modells auf die Interpretation des inneren Monologs

4.1 Schnitzler und Freud

Im ersten Teil des Bausteins sollen sich die Schülerinnen und Schüler intensiver mit dem Verhältnis von Freud und Schnitzler befassen. Nicht zufällig hat man in Schnitzler das Alter Ego Freuds gesehen und nicht zufällig hat Freud an Schnitzler bewundert, „dass Sie durch Intuition – eigentlich aber in Folge feiner Selbstwahrnehmung – alles das wissen, was ich in mühseliger Arbeit an anderen Menschen aufgedeckt habe" (Textausgabe S. 103). Dennoch hat Freud Schnitzlers Nähe nicht gesucht und auch umgekehrt blieb Schnitzler distanziert. Erste persönliche Begegnungen fanden erst in den 1920er-Jahren statt, führten aber zu keinem engeren Verhältnis (vgl. Lorenz 125, S. 125). Auf Freuds Geständnis, er habe Schnitzler aus einer Art „Doppelgängerscheu" gemieden, reagiert Schnitzler ironisch mit der „flapsigen" Bemerkung: „I'm the double of professor Freud". Dennoch ist die Bedeutung der Theorien Freuds für die Novelle „Lieutenant Gustl", die 1900, in demselben Jahr wie Freuds „Traumdeutung", erschien, groß. Die Analyse der Novelle wird daher auf die psychoanalytischen Grundlagen eingehen müssen.

Die Korrespondenz Freuds und Schnitzlers zeigt sehr anschaulich, welche gegenseitigen (Vor-)Urteile das Verhältnis geprägt haben. Besonders aufschlussreich ist eines der beiden Glückwunschschreiben Freuds an Schnitzler, der Brief vom 14. Mai 1922, in dem eine interessante Mischung von Anziehung und Ablehnung deutlich wird. Er soll daher genau untersucht werden.

Den Einstieg in die Arbeit bildet eine Wiederholungsphase: Die Schülerinnen und Schüler sollen ihre Kenntnisse aus dem Baustein 1, besonders aus dem Kapitel zur Biografie Schnitzlers auffrischen (Curriculum Vitae) sowie die Textauszüge (Textausgabe S. 99 ff.) und die beiden Briefe gründlich lesen. Sollte genügend Zeit und Interesse vorhanden sein, kann die Einleitungsphase auch durch ein Referat zu Freud erweitert werden.

Baustein 4: Psychoanalytische Deutung des inneren Monologs

Lektürebegleitend erhalten die Schülerinnen und Schüler folgende Aufgaben:

- *Ermitteln Sie aus den Texten (Textausgabe S. 99 ff. und S. 101 ff.) Informationen zu den Gemeinsamkeiten zwischen Freud und Schnitzler. Ordnen Sie Ihre Ergebnisse tabellarisch nach:*
  - *Herkunft*
  - *Ausbildung/Studium*
  - *Beruflichen Interessen*
  - *Künstlerischen Interessen*

- *Untersuchen Sie die beiden Briefe Freuds an Schnitzler (S. 101 ff.). Notieren Sie, wie Freud Schnitzler und seine Arbeit charakterisiert und wie er sich selbst im Verhältnis zu Schnitzler einschätzt.*

Die Ergebnisse können in folgendem Tafelbild gesichert werden:

Freud und Schnitzler: ein spannungsreiches Verhältnis

Freud bewundert an Schnitzler:

- die Intuition des Künstlers
- die feine Selbstwahrnehmung
- die geheimen Kenntnisse, die er sich durch „mühselige Erforschung" erwerben musste
- die psychologische Tiefenforschung

Brief vom 14. Mai 1922

- Freud unterzieht Schnitzler einer Analyse.
- Er sieht in Schnitzler sein Alter Ego.
- Er findet in Schnitzlers Werk: die Widerspiegelung seiner eigenen Interessen und Erkenntnisse, z. B. das pessimistische Menschenbild, die Kräfte des Unbewussten, die Triebnatur, die Zersetzung der kulturell-konventionellen Sicherheiten, die Polarität von Leben und Sterben (Eros und Thanatos).

Nach dieser Vorarbeit erhalten die Schülerinnen und Schüler den Auftrag, die Ergebnisse der Textarbeit zusammenzufassen.

- *Analysieren Sie den Brief Freuds an Schnitzler:*
  - *Geben Sie den Aufbau des Textes wieder.*
  - *Arbeiten Sie heraus, welches Bild Freud von Schnitzler entwirft.*
  - *Bewerten Sie den Brief abschließend in seiner Funktion als Glückwunschbrief.*

Die Beurteilung des Briefes als Glückwunschschreiben wird ergeben, dass Schnitzler den Brief des Gratulanten sicherlich mit zwiespältigen Gefühlen gelesen hat. Folgende Begründungen können angeführt werden:
- Freud verhält sich sehr egozentrisch.
- Er gebraucht Schnitzler als Spiegel seiner eigenen Interessen.
- Er nutzt die Gelegenheit, sich selbst ins rechte Licht zu rücken.
- Er kann inhaltliche Differenzen zu Schnitzler auf diesem Wege überbrücken.

Der Aufbau des Briefes

S. 102, Z. 3–14	Einleitung: Anlass des Schreibens Blick auf eigenes Lebensalter und -ende (Metapher: Leben als Theater, ironisch) Captatio benevolentiae („törichtes Tun" anderen Gratulanten überlassen) Fokussierung auf Intention: das Geständnis
S. 102, Z. 15–22	Überleitung zum Anliegen des Briefes: Darstellung seines Verhältnisses zu Schnitzler (Geständnis)
S. 103, Z. 1–23	Begründung der Frage, warum er den Kontakt zu Schnitzler nicht gesucht hat: „Doppelgängerscheu" wegen der großen Ähnlichkeiten hinsichtlich ihres Menschenbildes und ihrer gesellschaftlichen Intentionen, d. h. • Determinismus und Skepsis (Pessimismus) • Ergriffensein von der Triebnatur des Menschen • Zersetzung der kulturell-konventionellen Sicherheiten • Haften an Polarität von Leben/Lieben und Sterben (Eros und Thanatos)
S. 103, Z. 24–35	Fazit: Lob Schnitzlers als „psychologischen Tiefenforschers", Gruß und Entschuldigung in eigener Sache

Die Schülerinnen und Schüler haben neue Erkenntnisse bzgl. des Verhältnisses von Schnitzler und Freud gewonnen. Allerdings ist die Darstellung einseitig auf die Perspektive Freuds begrenzt. Daher ist es wichtig, die andere Seite, Schnitzlers Sicht der Dinge, ebenfalls zu beleuchten. Die Schülerinnen und Schüler werden anhand eines kurzen Auszugs aus Dagmar Lorenz' Untersuchung darüber informiert.

Schnitzler war in einzelnen Fragen, z. B. in der Frage der individuellen Verantwortlichkeit, durchaus anderer Ansicht als Freud, der sein Menschenbild als deterministisch und pessimistisch bezeichnet (Brief vom 14. Mai 1922, s. o.). Literaturwissenschaftliche Untersuchungen bestätigen diese Differenz. Dagmar Lorenz z. B. fasst ihre Ergebnisse wie folgt zusammen: „Allerdings ist es Schnitzler nicht darum zu tun, eventuelle Erkenntnisse in einer Sphäre jenseits der Grenze des Bewusstseins zu gewinnen. Für Schnitzler ist das Feld der dichterischen Tätigkeit nicht das Unbewusste, sondern das, was er – in Konkurrenz zu Freuds Modell der Psyche wie Pfohlmann meint […] – als „halbbewusst" oder „mittelbewusst" bezeichnet. […] Den Psychoanalytikern wirft Schnitzler vor, dass sie die Macht des Unbewussten überschätzten und damit die Verantwortlichkeit und Autonomie des Individuums negierten […]." (Lorenz 2007, S. 126)

Die Differenzen zwischen den beiden Männern, auf die Dagmar Lorenz hinweist, haben Auswirkungen auf die Beurteilung der Figur Gustl, z. B. in der Frage seiner persönlichen Verantwortung und Schuld. Folglich lässt sich diese These Lorenz' gewinnbringend in der Abschlussdiskussion des Bausteins 5 erörtern.

Der Frage der Passung von Freuds psychoanalytischem Modell und der Novelle wird im folgenden Teil des Bausteins 4 weiter nachgegangen.

Baustein 4: Psychoanalytische Deutung des inneren Monologs

4.2 Das Instanzenmodell

Wenn keine selbstständige Erarbeitung (Expertenrunde) geplant ist, kann mit dem folgenden Material gearbeitet werden.
Die Schülerinnen und Schüler erhalten das **Arbeitsblatt 13**, S. 78, mit folgendem Auftrag:

■ *Lesen Sie den Text und übertragen Sie das Modell in die Grafik.*

Timotheus Schwake: Drei psychische Instanzen (Informationstext)

Zentrales Element der Theorie Freuds ist sein Strukturmodell der psychischen Persönlichkeit. Vereinfacht dargestellt geht Freud von drei wesentlichen Instanzen aus, welche die Persönlichkeit prägen. Es handelt sich dabei um Triebe (ES), die bewusste Persönlichkeit (ICH) sowie das Gewissen (ÜBER-ICH).

Das nach dem Lustprinzip funktionierende ES versteht Freud als angeboren, es ist das früheste psychische System. Vereinfacht gesagt ist es das menschliche Unbewusste, welches bei Freud v.a. aus Sexualtrieb sowie aus verdrängten Erlebnissen, Wahrnehmungen und Wünschen besteht. Insbesondere die triebhaften Wünsche werden aufgrund ihres anstößigen Charakters oder der von ihnen ausgehenden Bedrohung verdrängt. Neben dem Sexualtrieb (Eros) wird das ES von Todes- und Gewalttrieben (Thanatos) beherrscht. Wesentlich ist, dass das ES als Sitz des Trieblebens der unbewusste Teil der Seele ist.

Die vom unbewussten ES geäußerten Triebwünsche können in einer Kultur nicht realisiert, sondern müssen unterdrückt werden. Dieser Prozess wird durch das sog. ÜBER-ICH hervorgerufen, welches im Laufe der kindlichen Entwicklung als ein Gegenpart zum ES entsteht. Gesellschaftliche, anerzogene und verinnerlichte (meist elterliche) Normen und Forderungen führen zu einer Zensur der Triebwünsche durch das ÜBER-ICH. Als das Gewissen des Menschen spricht es Verbote, moralische Gesetze und Tabus aus, ohne die eine Kultur niemals dauerhaft existieren könnte, zu zerstörerisch wären die unzensierten Einflüsse des ES.

Mit der Kategorie des ICH meint Freud die bewusste Persönlichkeit, den Führer durch die Realität. Als Kontaktstelle zur Außenwelt, die nach dem Realitätsprinzip funktioniert, ist es Aufgabe des ICH, zwischen ES, ÜBER-ICH und Außenwelt zu vermitteln. Dabei befindet es sich dauerhaft im Konflikt sowohl mit den Ansprüchen des ES, den Befehlen des ÜBER-ICH als auch den Forderungen der Realität. Infolgedessen muss sich das ICH verändern bzw. anpassen. Anders als es das Menschenbild der Aufklärung suggeriert, ist für Freud die Autonomie des ICH nur relativ, es gibt kaum eine Willensfreiheit. Denn indem es versucht, die triebhaften Wünsche des ES und die Ge- und Verbote des ÜBER-ICH an die Außenwelt anzupassen und mit den tatsächlichen Lebensmöglichkeiten in Einklang zu bringen, ist es selbst stetig der Gefahr eines neurotischen Konflikts ausgesetzt. Ob man eine normale oder eine neurotisch-gestörte Persönlichkeit ausbildet, ist für Freud von der Art und Weise abhängig, wie erfolgreich das Ich diesen Kampf oder Balanceakt meistert.

Nach: Timotheus Schwake: Drei psychische Instanzen. In: ders.: E. T. A. Hoffmann, Der Sandmann. Paderborn: Schöningh Verlag 2006, S. 62 (= Reihe EinFach Deutsch)

Lösung der Aufgabe[1]

[1] Grafik nach: http://de.wikipedia.org/wiki/Drei-Instanzen-Modell (Stand 2.7.2009)

4.3 Angst und Abwehr

Die Schülerinnen und Schüler sollen sich mit der Theorie der Abwehrmechanismen vertraut machen und einige der über zwanzig verschiedenen Strategien, die von Anna Freud, der Tochter Sigmund Freuds, entwickelt wurden, kennenlernen. Mit diesem Instrumentarium werden sie in Baustein 4.4 einen exemplarischen Textauszug aus der Novelle erarbeiten.

Für diesen Bereich der psychoanalytischen Theorie gilt gleichfalls, dass eine ausführlichere und/oder selbstständigere Behandlung je nach Interesse und Vorwissen der Schülerinnen und Schüler möglich ist. Wenn das nicht geplant ist, kann mit dem folgenden Material gearbeitet werden.

Die Lehrperson führt das Thema auf der Grundlage des Informationstextes und der Grafik auf **Arbeitsblatt 14** (Abwehrmechanismen, S. 79) ein. Die Schülerinnen und Schüler erhalten eine Kopie der Grafik.

> **Angst und Abwehr (Informationstext)**
>
> Dem Ich als der zum Handeln gezwungenen Instanz stehen verschiedene Mechanismen der Abwehr von Triebimpulsen, aber auch von Ängsten zur Verfügung. Ängste entstehen, psychoanalytisch gesprochen, aus den konflikthaften Interaktionen der drei Instanzen. Die Psychoanalyse unterscheidet verschiedene Formen von Ängsten: Realangst (Es vs. Ich), Über-Ich-Angst (Über-Ich vs. Ich) und neurotische Angst (Es vs. Über-Ich). Alle drei Formen, v.a. aber die neurotische Angst, lassen sich bei Gustl nachweisen.
>
> Unter Abwehrmechanismen versteht die Psychoanalyse weitgehend unbewusst ablaufende Reaktionen, die das Ich zur Abwehr unerwünschter Impulse des Es oder des Über-Ich einsetzt. Abwehrmechanismen sind zunächst nicht dysfunktional. Sie dienen als Schutzschilde zur Bewältigung der Konflikte zwischen den drei Instanzen. Die Abwehr gehört zur Ich-Funktion, meistens ist sie Bestandteil der in der konkreten Situation bestmöglichen inneren Konfliktlösung und damit Grundlage der Fähigkeit zur Selbststeuerung.
>
> Je nach Grad der Bewältigung des Konflikts unterscheidet die Psychoanalyse aber zwischen reifen und unreifen Abwehrmechanismen. Dysfunktional sind insbesondere sogenannte primäre oder unreife Abwehrmechanismen wie Spaltung und Verleugnung, außerdem interpersonale Abwehrmechanismen, die andere Menschen zur Stabilisierung des eigenen psychischen Gleichgewichts benutzen und damit die betreffende Beziehung belasten (projektive Identifikation).

Gustls Abwehrmechanismen gehören zur zweiten Kategorie, den unreifen Mechanismen. Bei ihm finden sich z. B.:

- Verdrängung (z. B. unerwünschte Es-Impulse und negative Affekte) werden ins Unbewusste verdrängt.
- Regression (ein unbewusster Rückzug auf eine frühere Entwicklungsstufe)
- Verleugnung (ein äußerer Realitätsausschnitt wird als nicht existent verleugnet)
- Identifikation (Verhalten, Normen und Werte einer anderen – meist höhergestellten – Person werden verinnerlicht)
- Reaktionsbildung (Gefühle werden durch entgegengesetzte Gefühle niedergehalten.)
- Isolierung (Unterbrechung der Verbindung von Gedanken oder Verhalten durch Gedankenpausen, Formeln, Rituale)

Der Instruktion folgt eine mündliche Sicherung, in der sich die Schülerinnen und Schüler in Partnerarbeit über eigene Erfahrungen austauschen und das neue Wissen anwenden.

Die Aufgabe lautet:

> ■ *Erinnern Sie sich an eine Situation, in der Sie einen inneren Konflikt abgewehrt haben. Erzählen Sie Ihrem Partner davon. Besprechen Sie anschließend mit Ihrem Partner, welchen Abwehrmechanismus Sie eingesetzt haben.*

Die Schülerinnen und Schüler stellen ihre Ergebnisse vor.

4.4 Anwendung der Modelle

Gustls Monolog lässt sich als hervorragendes Beispiel eines psychoanalytischen Diskurses lesen. Untersucht man den Monolog mit dem Freud'schen Instrumentarium, ergibt sich folgende Diagnose: Gustls Bewusstsein, seine Ich-Instanz, wird von zwei Seiten bedrängt. Von unten, dem Bereich des Unbewussten (Schnitzler würde sagen, des Vorbewusstseins), dringt nackte Todesangst auf ihn ein. Mühsam verdrängte Erinnerungen kommen zutage, Ereignisse im Zusammenhang mit seiner Kindheit und seiner Familie, ehemaligen Freundinnen, die er im Stich gelassen hat, an Spielschulden, an Kameraden etc. Gleichzeitig bedrängt ihn das Über-Ich, die moralische Instanz des Ehrenkodex, die ihn zum Vollzug des Selbstmordes treibt. Beiden Instanzen ist sein Ich hilflos ausgeliefert. Es ist zu schwach, eine Lösung des Konflikts herbeizuführen, sodass ihm nur die Flucht in Scheinlösungen bleibt. Bisher hat Gustl noch keine erwachsene Identität ausgebildet. Er befindet sich freudianisch gesprochen noch im Zustand eines (triebgesteuerten) Kindes.
Große Teile des Monologs sind von den Abwehrmechanismen bestimmt. Es finden sich fast alle Arten von Abwehr. Zu den wichtigsten Strategien gehören die Selbstanreden und die Witze bzw. Lachreflexe. Gustl tritt mit sich selbst in einen Dialog, um den Konflikt zu rationalisieren. Er „personalisiert" die Über-Ich-Instanz und spaltet sie von sich ab (Rationalisierung, Identifikation, Isolierung). In den Lachreflexen äußern sich z. B. die Mechanismen Reaktionsbildung, Verleugnung, Verdrängung.

Nachdem die Schülerinnen und Schüler in Baustein 4.2 sich mit den Theorien Freuds vertraut gemacht haben, sollen sie nun die Gelegenheit bekommen, die literaturpsychologische Methode bei der Interpretation des Textes anzuwenden.
Einleitend lassen sich in einem kurzen Brainstorming Ideen für die Auswahl passender Textstellen sammeln. Die Ideensammlung geschieht aus zwei Motiven: Erstens lässt sich klären, ob die Theorien verstanden wurden, zweitens lässt die Aufgabe Spielraum für eigene Vorschläge der Schülerinnen und Schüler bei der Textauswahl. Diese Vorschläge können gesammelt und für weitere Übungen (Hausaufgabe) genutzt werden.

Die Schülerinnen und Schüler erhalten folgenden Impuls:

> ■ *Sie haben sich mit Freuds Theorien vertraut gemacht. Ihre Kenntnisse sollen Sie nun bei der Interpretation der Novelle anwenden.*
> - *An welchen Stellen der Handlung wird ein Konflikt zwischen den drei Instanzen Über-Ich, Ich und Es besonders deutlich?*
> - *Welche Abwehrmechanismen wendet Gustl an?*

Nach Sichtung und Besprechung der Ergebnisse leitet die Lehrperson zu den folgenden Untersuchungsschwerpunkten über:

- Die Episode in der Kirche (Instanzenmodell)
- Selbstanreden Gustls (Instanz und Abwehr)
- Witze (Instanz und Abwehr)

4.4.1 Die Episode in der Kirche

In den folgenden Arbeitsschritten wird die Psychoanalyse exemplarisch als Instrument der Interpretation genutzt. Zunächst soll das Verfahren an der Episode in der Kirche erprobt werden (S. 38, Z. 19 bis S. 40, Z. 11).
Die Wahl ist auf diesen Handlungsabschnitt gefallen, weil sich in ihm wie in kaum einem anderen Teil der Novelle das konflikthafte Agieren der drei Instanzen beobachten lässt. Gustl befindet sich bereits auf dem Rückweg aus dem Prater (Rückkehr in seine alte Lebenssituation), als er Orgelmusik aus der Kirche hört und nach einigem Zögern auch eintritt. Schon vor dem Betreten der Kirche kündigt sich der Konflikt an. Mit dem Eintritt in die Kirche bricht er aus.

Die Analyse der Episode nimmt Ergebnisse des Bausteins 2 wieder auf und führt sie weiter. Die Schülerinnen und Schüler wissen, dass die drei Bauwerke Kirche, Nordbahnhof und Tegetthoffssäule gesellschaftliche Institutionen repräsentieren und symbolisch Gustls allmähliche Rückkehr in die Normalität seines alten Lebens flankieren.
Die detaillierte Analyse der Ereignisse außerhalb und innerhalb der Kirche ergänzt dieses Ergebnis durch die These, dass kurz vor dem Schluss der Novelle noch einmal die gesamte Konfliktentwicklung wie in einem Brennglas gebündelt wird. In Analogie zur Gesamthandlung gliedert sich die Episode in der Kirche ebenfalls in drei Phasen: konfliktauslösendes Moment, Ausbruch des Konflikts und (versuchte) Lösung bzw. Bewältigung. Stützen lässt sich die These durch die Motivverknüpfung: Konzerthaus und Kirche sind als die beiden Innenräume (im Freud'schen Sinne als Orte des inneren Geschehens) durch das Musikmotiv eng verbunden. Eine Analogie zwischen Kirche und Prater wird explizit in der Selbstanrede Gustls hergestellt: „Setzen wir uns – aber nicht wieder einschlafen wie im Prater!" (S. 39, Z. 9f.); ebenso durch die Wiederaufnahme des Amerikamotivs (S. 40, Z. 3).[1]

Die Episode lässt sich sowohl handlungs- als auch raumbezogen strukturieren. Dazu sollen die Schülerinnen und Schüler zunächst die Episode als Ganzes erfassen und Handlungsphasen und Raumstruktur identifizieren. Sie markieren die Handlungsabschnitte entsprechend dem Novellenschema (Plotstruktur) und benennen Teilüberschriften (Konfliktauslösung – Ausbruch des Konflikts und Höhepunkt – Abklingen und Lösung des Konflikts).
Die Schülerinnen und Schüler erhalten das **Arbeitsblatt 15** (Die Episode in der Kirche, S. 80f.), das in entsprechender Größe (s. Lösung zu Arbeitsblatt 15) kopiert werden muss, und folgende Aufgaben:

> *Analysieren Sie den Textauszug S. 38, Z. 19 bis S. 40, Z. 11. Markieren Sie die Phasen der Handlung und tragen Sie Seiten- und Zeilenzahl in die Tabelle ein. Notieren Sie die wichtigsten inhaltlichen Aspekte.*
>
> *Geben Sie der Episode einen Titel und versehen Sie auch die Phasen mit einem Untertitel. Füllen Sie abschließend die Spalte „Handlungsort" aus.*
>
> *Formulieren Sie eine These bzgl. des Zusammenhangs der drei Spalten.*

---

[1] Eine weitere Verknüpfung der Episode mit dem Konzert geschieht durch die Lichtmetaphorik. Durch den Prätext der Paulusgeschichte kommt es zu einer Analogie des Geschehens in der Kirche mit dem Lichterlebnis des Saulus in Damaskus. Im Gegensatz dazu findet aber bei Gustl keine „Erleuchtung" und Umkehr statt (s. Baustein 8 „Intertextualität").

Baustein 4: Psychoanalytische Deutung des inneren Monologs

Nachdem die Ergebnisse der Aufgaben verglichen und ergänzt worden sind, wird die vierte Spalte „Kommentierung aus psychoanalytischer Sicht" erarbeitet.

- *Analysieren Sie die Gedanken und das Verhalten Gustls, indem Sie die Freud'sche Theorie anwenden. Folgende Fragen können Ihnen dabei helfen:*
  - *Welche Instanzen lassen sich identifizieren? Wie interagieren sie?*
  - *Welche Abwehrmechanismen setzt Gustl ein?*
  - *Wie ist das Ergebnis am Schluss der Episode zu bewerten? Hat Gustl eine Lösung gefunden?*

Die Gruppen tragen ihre Ergebnisse vor. Wörtlich identische Lösungen sind nicht zu erwarten, denn nicht in allen Fällen ist eine eindeutige Zuordnung zu den Freud'schen Kategorien möglich. Dazu ist der Assoziationsstrom zu komplex. Grundlegend aber soll festgehalten werden, dass in der zweiten Phase (in der Kirche) die Dynamik des Konflikts zwischen Über-Ich und Es zunimmt. (Interessant ist die Überlegung, warum gerade die Kirche der Ort ist, an dem die inneren Konflikte so virulent zum Ausbruch kommen. Die Rolle, die der Prätext des Oratoriums in diesem Zusammenhang spielt, wird im Baustein 7, S. 137f. näher erläutert.) Auch die Zuordnung der Abwehrmechanismen wird (und soll) diskutiert werden, denn auch hier sind eindeutige Lösungen nicht angestrebt. Als Ergebnis soll aber festgehalten werden, dass Gustl zwar manchmal zu sich selbst Distanz einnimmt (S. 40, Z. 2ff.) und Konsequenzen ins Auge fassen will (Rationalisierung), dass es ihm aber nicht gelingt, zu einer konkreten Lösung seines Konflikts zu kommen. Er kann sich mit den in sein Bewusstsein dringenden Erkenntnissen nicht auseinandersetzen. Eine Konfliktlösung überfordert ihn intellektuell und moralisch.

Zu den Lösungen der Aufgaben vgl. **Arbeitsblatt 15** (Lösung, S. 81).

Die Ergebnisse der Analyse können in folgendem Tafelbild zusammengefasst werden:

Die Episode in der Kirche

- Es und Über-Ich bedrängen Gustls Ich und lösen existenzielle Ängste aus.
- Er ist den Angstattacken schutzlos ausgeliefert und verfällt in Stadien der Regression (Kindheit, naive Religiosität).
- Er kann sich nur durch Flucht vor dem Konflikt retten.
- Beim Versuch, die Kontrolle zu bewahren, spielt das Über-Ich eine wichtige Rolle.
- Bedrohliche, sein bisheriges Leben infrage stellende Einsichten wehrt er ab bzw. verdrängt er.
- Er gelangt zu keiner intellektuellen Klärung seines Konflikts und mithin zu keiner Lösung.

Gustl zeigt ein beschränktes Bewusstsein. Er ist intellektuell und moralisch überfordert.

4.4.2 Abwehrmechanismen: Die Selbstanreden Gustls

In den ersten Äußerungen der Schülerinnen und Schüler zum Monolog Gustls (Baustein 3) sind folgende Auffälligkeiten genannt worden:
- eine starke Segmentierung
- die Häufung von Fragen und Ausrufen

- die Selbstansprachen und -ermahnungen
- die Witze (auffällige Zahl von Bewusstseinsregungen, die mit einem „Haha" angekündigt oder beschlossen werden)

Die folgenden Arbeitsphasen sollen sich den beiden letztgenannten Merkmalen zuwenden. Es geht um die Selbstermahnungen und -anreden und um die Stellen des Monologs, in denen Gustl in Lachen ausbricht. In ihnen zeigen sich der Konflikt und die Abwehrmechanismen besonders deutlich und sie tragen wesentlich zum satirischen Charakter der Novelle bei.[1]

Die Selbstanreden entstehen aus dem Konflikt zwischen dem Wunsch nach Verhinderung des Selbstmordes (Es: Lebenstrieb/Eros) und dem Zwang zur Wiederherstellung der Ehre (Über-Ich: Ehrenkodex). Gustl tritt sich selbst gegenüber, er spaltet gewissermaßen seine Persönlichkeit in einen ängstlichen, schwachen und einen starken, entschlossenen Gustl. Dieses Ich wendet sich an ihn in verschiedenen Rollen, einmal herrisch-befehlend, einmal im Jargon des Offiziersstandes (explizit Major Lederer [s. Nr. 9]), einmal in altersklugen Gemeinplätzen oder im Ton eines Erziehers. Indem Schnitzler die verschiedenen Instanzen personalisiert und in ihrer je eigenen Art sprechen lässt, erzeugt er ein hohes Maß an Komik. Gleichzeitig entlarvt er seinen Protagonisten. Gustl ist den Über-Ich-Stimmen hilflos ausgeliefert, sie können ihn ermahnen, ihn lächerlich machen, mit ihm wie mit einem Kind schimpfen, ihm drohen. Gustl stellt sich nicht dem Konflikt, sondern lenkt ab oder duckt sich weg.

Übersicht über die Selbstanreden im Gesamttext:

1. Also, hast's gehört, Gustl: -- aus, aus, abgeschlossen mit dem Leben! Punktum und Streusand drauf! (S. 22, Z. 5 ff.)
2. Gustl, Gustl, mir scheint, Du glaubst noch immer nicht recht dran? Komm' nur zur Besinnung ... es gibt nichts anderes ... wenn Du auch Dein Gehirn zermarterst, es gibt nichts anderes! (S. 23, Z. 9 ff.)
3. An Zuhaus wird nicht gedacht, Gustl, verstanden? – nicht mit dem allerleisesten Gedanken ..." (S. 25, Z. 11 ff.)
4. [...] ... langsamer, langsamer, Gustl, versäumst nichts, hast gar nichts mehr zu tun – gar nichts, aber absolut nichts mehr! (S. 25, Z. 23 ff.)
5. Wie? Zähneklappern? Oho! – Na, lassen wir's nur ein bissl klappern ... Herr Lieutenant, Sie sind jetzt allein, brauchen niemandem einen Pflanz vorzumachen ... (S. 26, Z. 2 ff.)
6. Ah ... so! ... also jetzt Verstand zusammennehmen, Gustl! ... letzte Verfügungen treffen. Also morgen früh wird Schluss gemacht ... (S. 26, Z. 28 ff.)
7. Schau, Gustl. Du bist doch extra da herunter in den Prater gegangen, mitten in der Nacht, wo Dich keine Menschenseele stört – jetzt kannst Du Dir alles ruhig überlegen ... das ist ja lauter Unsinn mit Amerika und quittieren, und Du bist ja viel zu dumm, um was anderes anzufangen – und wenn Du hundert Jahre alt wirst, und Du denkst dran, dass Dir einer hat den Säbel zerbrechen wollen und Dich einen dummen Buben g'heißen, und Du bist dag'standen und hast nichts tun können – (S. 31, Z. 2 ff.)
8. Na, Gustl, hätt'st schon noch warten [auf Adele] können – war doch die Einzige, die Dich gern gehabt hat. (S. 34, Z. 1 ff.)
9. Ah was, kommst Du jetzt mit solchen Sachen [gemeint ist, dass es Gustl manchmal vor sich selbst graust] Gustl? Fehlt nur noch, dass Du zum Weinen anfängst ... pfui, Teufel! – Ordentlichen Schritt ... so! Ob man zu einem Rendezvous geht oder auf Posten oder in die Schlacht... wer hat das nur gesagt? ... ah ja, der Major Lederer, in der Kantin' ... wie man von dem Wingleder erzählt hat, der so blass geworden ist vor seinem ersten Duell – und gespieben hat ... Ja: ob man zu einem Rendezvous geht oder in den sichern Tod, am Gang und am G'sicht lasst sich das der richtige Offizier nicht anerkennen! – Also, Gustl! – der Major Lederer hat's g'sagt! Ha! – (S. 34, Z. 21 ff.)

---

[1] Vgl. Jürgen Zenke (1976), S. 80. Zenke macht die verhinderte Selbstfindung Gustls zum Thema seiner Untersuchung „Verfehlte Selbstfindung als Satire: Arthur Schnitzlers ‚Leutnant Gustl'".

Baustein 4: Psychoanalytische Deutung des inneren Monologs

10. Ja, Gustl, merkst D' was? – der [Bäckermeister] ist es, der Dich umbringt! Aber so glatt soll's ihm doch nicht ausgeh'n (S. 35, Z. 24 ff.)
11. Ja, wart, Du glaubst, dass so was geheim bleiben kann? – Du irrst Dich – aufgeschrieben wird's zum ewigen Gedächtnis, und dann möchte ich sehen, ob Du Dich noch ins Kaffeehaus traust! (S. 36, Z. 7 ff.)
12. Aber Gustl, sei doch aufrichtig mit Dir selber: – Angst hast Du – Angst, weil Du's noch nie probiert hast … aber da hilft Dir ja nichts, die Angst hat noch keinem was geholfen, jeder muss es einmal durchmachen, der eine früher, der andere später, und Du kommst halt früher dran … Viel wert bist Du ja nie gewesen, so benimm Dich wenigstens anständig zu guter Letzt, das verlang ich von Dir! (S. 37, Z. 14 ff.)
13. Kannst Du Dir denn überhaupt vorstellen, Gustl, dass Du Dir die Uniform auszieht und durchgehst? Und der verfluchte Hund lacht sich den Buckel voll – und der Kopetzky selbst möchte' Dir nicht mehr die Hand geben … (S. 40, Z. 7 ff.)
14. Ja, Gustl! Was Du heute kannst besorgen, das verschiebe nicht auf morgen! (S. 43, S. 3 f.)

Die Selbstanreden setzen auf dem Weg in den Prater ein und unterbrechen den Monolog immer wieder bis kurz vor dem Eintritt in das Kaffeehaus. Sie sind Teil der Bewältigungsbemühungen Gustls. Die erste Selbstanrede erfolgt vor der Aspernbrücke: „Also, hast's gehört, Gustl: – aus, aus, abgeschlossen mit dem Leben! Punktum und Streusand drauf!" (S. 22, Z. 5 ff.). Hier herrscht eine übergeordnete Instanz Gustl in barschem Ton an (s. auch Nr. 3, 6, 9, 12), verstärkt noch durch einen Gemeinplatz. Auch die letzte Ansprache besteht aus einer Redensart („Ja, Gustl! Was Du heute kannst besorgen, das verschiebe nicht auf morgen!" [S. 43, Z. 3]).

Dennoch gibt es einige Selbstanreden, die einen minimalen Spielraum zum Nachdenken und zur Selbstanalyse öffnen.[1] Gustl ermahnt sich wiederholt, zur Ruhe zu kommen, um die „Geschichte" zu überdenken. In einem Moment der Klarsicht, als er erwägt, den Dienst zu quittieren und nach Amerika auszuwandern (S. 29, Z. 5 ff.), erkennt er, dass er nicht in der Lage ist, seine Situation zu ändern: „Das ist ja lauter Unsinn mit Amerika und quittieren, und Du bist ja viel zu dumm, um was anderes anzufangen – […]" (S. 31, Z. 5 ff.).

Die Arbeit an diesem Teil des Bausteins setzt voraus, dass die im Text verstreuten Zitate gesammelt und in einer übersichtlichen Form dokumentiert werden. Es handelt sich um 14 Textstellen von unterschiedlicher Länge, die allerdings für die Analyse in ihrem Wortlaut aufgeschrieben werden müssen. Daher ist es sinnvoll, den Suchauftrag auf zwei Textabschnitte zu verteilen (S. 17–32 und S. 32–46).

Die Schülerinnen und Schüler erhalten folgenden Auftrag:

> *Suchen Sie alle Stellen, in denen sich Gustl an sich selbst wendet (Selbstanrede). Tragen Sie die Zitate und Textstellen übersichtlich in eine Tabelle ein.*

Die Schülerinnen und Schüler tragen ihre tabellarischen Ergebnisse zusammen. Auswertung und Weiterführung werden durch folgende Aufträge eingeleitet.

> *Lesen Sie alle Zitate im Zusammenhang. Klären Sie mithilfe des Instanzenmodells (Arbeitsblatt 13), welche Instanz zu Gustl spricht, und überlegen Sie, welche Person hinter dieser Instanz stehen könnte.*

---

[1] Vgl. dazu Konstanze Fliedl, die in Bezug auf die Protagonistin Therese aus der Erzählung *Der Sohn. Aus den Papieren eines Arztes* (1892) schreibt: „Weil Therese […] diese Verdrängung aber selbst wieder rückgängig macht, ist sie ein literarisches Fallbeispiel für jene Verantwortung für das Nicht-Bewusste, die Schnitzler – im Gegensatz zu Freud – immer bewahrt wissen wollte." Konstanze Fliedl: Arthur Schnitzler. Stuttgart 2005 (reclam), S. 222

■ *Ziehen Sie Schlussfolgerungen aus Ihren Ergebnissen. Überlegen Sie, welche Funktion die Anreden bzgl. des Konflikts Gustls haben und ob sie zur Konfliktlösung beitragen.*

Die Ergebnisse können in folgendem Tafelbild gesichert werden:

Abwehr durch Selbstanreden

Konfliktsituation und Abwehr

- Es (Lebenstrieb) und Über-Ich (Ehre) stehen in Konflikt.
- In den Selbstanreden spricht die Stimme des Über-Ich (Offizierskorps).
- Das Über-Ich will die Vollstreckung des Selbstmords (Wiederherstellung der Ehre).
- Die Selbstansprachen wehren Todesangst ab, z. B. durch Diskreditierung des Ich (Feigheit).
- Das Über-Ich lässt Besinnung und Bewältigung des Konflikts nicht zu.

Die Selbstanreden führen zur momentanen Distanzierung, die Gustl aus Ich-Schwäche nicht nutzen kann. Gustls Bewusstsein bleibt auf die Schein-Alternative Leben in Schande vs. Tod in Ehren fixiert.

4.4.3 Witze als Abwehr

In Gustls Monolog häufen sich witzige Wortspielereien und Lachreflexe. Auch in dieser Hinsicht zeigt sich Gustl als ein getreues Abbild Freud'scher Theorien.
Freud, der sich intensiv mit dem Witz befasst hat, nutzte ihn auch als Therapie-Instrument. Der Witz ermöglicht, nach Freud, „die Befriedigung eines Triebes (des lüsternen und feindseligen) gegen ein im Wege stehendes Hindernis, er umgeht dieses Hindernis und schöpft somit Lust aus einer durch das Hindernis unzugänglich gewordenen Lustquelle" (Freud, in: Anz 1998, S. 177).
In seiner Monografie „Literatur und Lust. Glück und Unglück beim Lesen" hat Thomas Anz den Zusammenhang zwischen Lachen und Befreiung von Zwang auch in historischer Perspektive näher untersucht. Seine Ausführungen können zu einer tiefergehenden Klärung des Phänomens in Gustls Monolog führen. Sie seien daher kurz zitiert.
Anz fasst zusammen: „Norbert Elias[1] hat im Anschluss an Freud die These vertreten, dass das menschliche Subjekt im Prozess seiner Zivilisierung eine ‚Selbstzwangapparatur' in seinem eigenen Innern installiert habe. […] Mit der Neuzeit erst bilden sich die subjektgeschichtlichen Voraussetzungen für Freuds Lachtheorie heraus. In seinen wortspielerischen Unsinnselementen ist der Witz eine lustvolle Befreiung von der Zwanghaftigkeit, mit der das rationale Ich alles Sprechen und Schreiben auf seine sprachliche Korrektheit und logische Sinnhaftigkeit hin kritisch kontrolliert. Zugleich können im Akt des Lachens sexuelle und aggressive Wünsche ihre Befreiung von jenem Zensurdruck genießen, den das moralisch zivilisierte Über-Ich fortwährend auf sie ausübt." […] Freud, so Anz weiter, habe im Zusammenhang mit dem Witz die Begriffe „Ersparungslust" und „Aufwandsersparnis" geprägt. „Nach dieser Erklärung wird Lust dann empfunden, wenn ein anstrengender, dauerhaft geleisteter Auf-

---

[1] Norbert Elias (1897–1990), bekannter Soziologe

wand an psychischer Energie mehr oder weniger plötzlich ‚überflüssig' bzw. ‚gespart' wird, z. B. der Aufwand an logischer Denk- und sprachlich korrekter Formulierungsarbeit, der Aufwand zur Unterdrückung verbotener Wünsche oder der belastende ‚Affektaufwand' etwa des Mitleids, der Angst und der Scham.

Die Theorie der Aufwandsersparnis hat weniger den Energiehaushalt des Es im Blick als vielmehr den des Ich und des Über-Ich. Diese müssen viel Kraft aufwenden, um die aus den Tiefen des Subjekts hervorflutenden Ströme moral- und rationalitätswidriger Impulse einzudämmen. Wenn ihnen plötzlich etwas von diesem Aufwand erspart bleibt, ist das erleichternd. Schon die Kürze von Witzen verweist darauf, dass mit wenig Formulierungsaufwand große Effekte erzielt werden sollen. So sind es denn auch vor allem sprachliche Verdichtungen, die Freud an den Witztechniken beschreibt. […]

‚Modifikation bekannter Redensarten, Anspielung auf Zitate' rechnet Freud zu jenen Techniken des Witzes, denen gemeinsam ist, dass jedes Mal etwas Bekanntes wiedergefunden wird […]. Bei Witzen mit Wortspielen besteht nach Freud ‚die Technik darin, unsere psychische Einstellung auf den Wortklang anstatt auf den Sinn des Wortes zu richten.' Das entspreche der Neigung des Kindes, ‚hinter gleichem oder ähnlichem Wortlaut gleichen Sinn zu suchen, die zur Quelle vieler von den Erwachsenen belachter Irrtümer wird. […] Die Witzeslust aus solchem ‚Kurzschluss' scheint auch umso größer zu sein, je fremder die beiden durch das gleiche Wort in Verbindung gebrachten Vorstellungskreise einander sind, je weiter ab sie voneinander liegen, je größer also die Ersparung an Gedankenweg durch das technische Mittel des Witzes ausfällt. Merken wir an, dass sich der Witz hier eines Mittels der Verknüpfung bedient, welches vom ernsthaften Denken verworfen und sorgfältig vermieden wird.'" (Anz 1998, S. 176 ff.)

Im ersten Erarbeitungsschritt sollen sich die Schülerinnen und Schüler einen Überblick über die Witz-Stellen verschaffen und ihre Verteilung in der Gesamthandlung überprüfen.

Dazu erhalten sie folgende Aufträge:

- *Sammeln Sie alle Stellen des Monologs, in denen Gustl einen Witz macht. (Sie werden mit einem „Haha" angekündigt oder beendet.) Tragen Sie die Stellen im Wortlaut und mit einer Stellenangabe in eine Tabelle ein.*

- *Überprüfen Sie die Verteilung der Witze im Text. Was stellen Sie fest?*

Lösung der Aufgabe 1:

> 1. Ja, aber wo soll ich denn hin? Hab' ich nicht zum Leidinger wollen? Haha, unter Menschen mich niedersetzen … ich glaub', ein jeder müsst mir's ansehen … (S. 19, Z. 8 ff.)
> 2. Haha, der Tod ist ja kein Kinderspiel ... wer hat das nur neulich gesagt? ... Aber das ist ja ganz egal … (S. 20, Z. 18 ff.)
> 3. Wie schreiben sie nur immer'? …"Die Motive sind in Dunkel gehüllt … Haha! … „An seinem Sarge trauern" … (S. 21, Z. 4 ff.)
> 4. […] vielleicht bin ich verrückt gewesen, und es ist alles gar nicht wahr'? … Nicht wahr, haha, nicht wahr! – Ich hör's ja noch … (S. 22, Z. 15 ff.)
> 5. Haha, wenn das ganze Bataillon ausrückt, oder die ganze Garnison, und sie feuern zwanzig Salven ab, davon wach ich doch nimmer auf! (S. 23, Z. 21 ff.)
> 6. Meiner Seel', mir ist gerade so, als wenn ich einen Rausch hätt'. Haha! Ein schöner Rausch, ein Mordsrausch! Ein Selbstmordrausch! – Ha! Witze mach' ich, das ist sehr gut! (S. 24, Z. 11 ff.)
> 7. Zwar ruhig werd' ich's jetzt bald haben, so ruhig, als ich's mir nur wünschen kann. Haha! – (S. 25, Z. 20 ff.)
> 8. Also morgen früh wird Schluss gemacht … morgen früh um sieben Uhr … sieben Uhr ist eine schöne Stund'. Haha! – also um acht, wenn die Schul' anfängt, ist alles vorbei … (S. 26, Z. 30 ff.)
> 9. – jetzt kommt ein langer Urlaub mit Karenz der Gebühren – haha! (S. 30, Z. 8 f.)
> 10. Ob sie mich nach Graz überführen? Haha! Da werden die Würmer in Graz eine Freud haben! (S. 31, Z. 19 ff.)

11. meine letzten Straßenkehrer – ha! Ich muss immer lachen, wenn ich dran denk' ... das versteh ich gar nicht ... ob das bei allen Leuten so ist, wenn sie's [dass sie sich umbringen werden] einmal ganz sicher wissen? (S. 35, Z. 3ff.)
12. Na, jetzt wird er [ein Passant] schön nach Haus gehen und sich niederlegen – ich auch! – Haha! Jetzt wird's ernst Gustl, ja! (S. 43, Z. 5f.)
13. Ah, da liegen ja Zeitungen ... schon heutige Zeitungen? ... Ob schon was drinsteht? ... Was denn? – Mir scheint, ich will nachsehn, ob drinsteht, dass ich mich umgebracht hab'! Haha! (S. 43, Z. 29ff.)

Die Ergebnisse werden vorgetragen. Die Häufung der Lachreflexe in der ersten und zweiten Handlungsphase (Weg vom Konzerthaus zum Prater und Aufenthalt im Prater = Bewältigungsphase) belegt den Abwehrcharakter des Lachens. Gustl versucht sich unbewusst von der Todesangst zu entlasten. Kurzfristig hat sein Lachanfall eine befreiende, kathartische Wirkung, ähnlich dem Weinen und dem „Abzittern" der Angst (Anz).

Um die Lachreflexe genauer zu analysieren, sollen die Schülerinnen und Schüler sich mit dem Textauszug aus der Untersuchung von Thomas Anz befassen (**Arbeitsblatt 16**, Thomas Anz: Lachlust, S. 82)
Sie erhalten folgende Aufgaben:

- *Stellen Sie die verschiedenen Techniken des Witzes zusammen und ordnen Sie Gustls Witze den Kategorien zu. Erklären Sie sie mit der Definition Freuds.*
- *Erläutern Sie die Funktion des Witzes nach Freud und überprüfen Sie diese bezogen auf Gustls Situation.*
- *Beurteilen Sie abschließend, wie die Witze auf die Rezipienten wirken.*

Die Ergebnisse lassen sich in folgendem Tafelbild darstellen:

Gustls Witze

Psychische Funktion:
Die Lachreflexe (Witze) sind Ausdruck verdrängter Ängste (Unbewusste). Sie bestehen häufig aus semantischen Doppeldeutigkeiten und Wortspielen.

Situative Komik:
Sie beziehen sich überwiegend auf Gustls Selbstmord,
sie enthalten Vorstellungen über die Wirkung seines Todes auf Familie u. Bekannte,
auf die Bekanntgabe seines Todes und
die Umstände seiner Beerdigung.

Ambivalente Wirkung der Witze auf den Leser:
Entlarvung von Gustls Ich-Schwäche (Resignation, Selbstmitleid)
Das Lachen wird ständig durch die „Entbindung peinlicher Affekte" erstickt.[1]

---

[1] Das unterscheidet den Galgenhumor Gustls von dem echten Galgenhumor, den Freud meint. Vgl. Zenke (1976), S. 74.

Das Instanzenmodell

Nach Timotheus Schwake: Drei psychische Instanzen (Informationstext)

Zentrales Element der Theorie Freuds ist sein Strukturmodell der psychischen Persönlichkeit. Vereinfacht dargestellt geht Freud von drei wesentlichen Instanzen aus, welche die Persönlichkeit prägen. Es handelt sich dabei um Triebe (ES), die bewusste Persönlichkeit (ICH) sowie das Gewissen (ÜBER-ICH).

Das nach dem Lustprinzip funktionierende ES versteht Freud als angeboren, es ist das früheste psychische Sytem. Vereinfacht gesagt ist es das menschliche Unbewusste, welches bei Freud v.a. aus Sexualtrieb sowie aus verdrängten Erlebnissen, Wahrnehmungen und Wünschen besteht. Insbesondere die triebhaften Wünsche werden aufgrund ihres anstößigen Charakters oder der von ihnen ausgehenden Bedrohung verdrängt. Neben dem Sexualtrieb (Eros) wird das ES von Todes- und Gewalttrieben (Thanatos) beherrscht. Wesentlich ist, dass das ES als Sitz des Trieblebens der unbewusste Teil der Seele ist.

Die vom unbewussten ES geäußerten Triebwünsche können in einer Kultur nicht realisiert, sondern müssen unterdrückt werden. Dieser Prozess wird durch das sog. ÜBER-ICH hervorgerufen, welches im Laufe der kindlichen Entwicklung als ein Gegenpart zum ES entsteht. Gesellschaftliche, anerzogene und verinnerlichte (meist elterliche) Normen und Forderungen führen zu einer Zensur der Triebwünsche durch das ÜBER-ICH. Als das Gewissen des Menschen spricht es Verbote, moralische Gesetze und Tabus aus, ohne die eine Kultur niemals dauerhaft existieren könnte, zu zerstörerisch wären die unzensierten Einflüsse des ES.

Mit der Kategorie des ICH meint Freud die bewusste Persönlichkeit, den Führer durch die Realität. Als Kontaktstelle zur Außenwelt, die nach dem Realitätsprinzip funktioniert, ist es Aufgabe des ICH, zwischen ES, ÜBER-ICH und Außenwelt zu vermitteln, Dabei befindet es sich dauerhaft im Konflikt mit den Ansprüchen des ES, den Befehlen des ÜBER-ICH als auch den Forderungen der Realität. Infolgedessen muss sich das ICH verändern bzw. anpassen. Anders als es das Menschenbild der Aufklärung suggeriert, ist für Freud die Autonomie des ICH nur relativ, es gibt kaum eine Willensfreiheit. Denn indem es versucht, die triebhaften Wünsche des ES und die Ge- und Verbote des ÜBER-ICH an die Außenwelt anzupassen und mit den tatsächlichen Lebensmöglichkeiten in Einklang zu bringen, ist es selbst stetig der Gefahr eines neurotischen Konflikts ausgesetzt. Ob man eine normale oder eine neurotisch-gestörte Persönlichkeit ausbildet, ist für Freud von der Art und Weise abhängig, wie erfolgreich das Ich diesen Kampf oder Balanceakt meistert.[1]

■ Lesen Sie den Text und übertragen Sie das Modell in die Grafik.

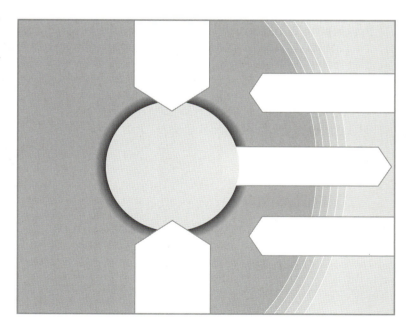

---

[1] Nach: Timotheus Schwake: Drei psychische Instanzen. In: ders.: E.T.A. Hoffmann, Der Sandmann. Paderborn: Schöningh Verlag 2006, S. 62

Abwehrmechanismen

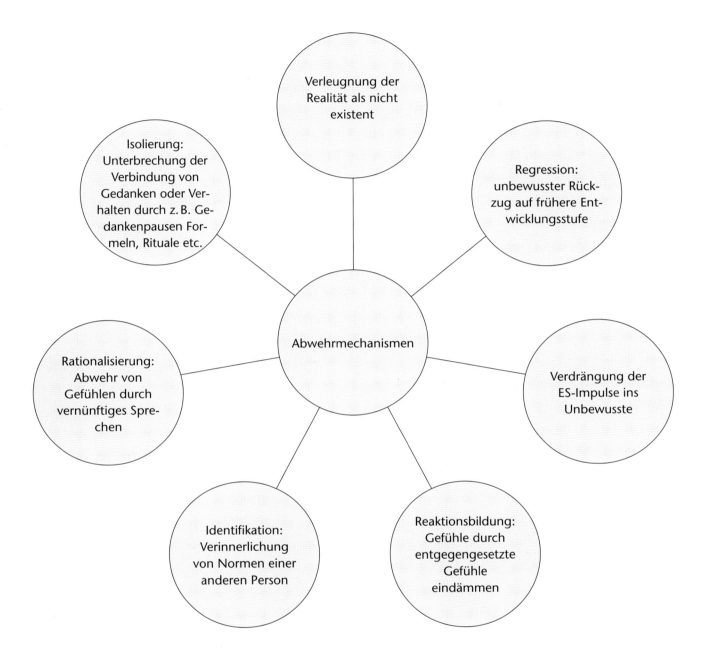

Die Episode in der Kirche

	Inhalt	Raumstruktur	Kommentierung aus psychoanalytischer Sicht
Phase 1			
Phase 2			
Phase 3			

1. *Analysieren Sie den Textauszug S. 38, Z. 19 bis S. 40, Z. 11. Markieren Sie die Phasen der Handlung und tragen Sie Seiten- und Zeilenzahl in die Tabelle ein. Notieren Sie die wichtigsten inhaltlichen Aspekte.*
2. *Geben Sie der Episode einen Titel und versehen Sie auch die Phasen mit einem Untertitel. Füllen Sie abschließend die Spalte „Handlungsort" aus.*
3. *Formulieren Sie eine These bzgl. des Zusammenhangs der drei Spalten.*

Die Episode in der Kirche – (Lösung)

Handlungsstruktur	Inhalt	Raumstruktur	Kommentierung aus psychoanalytischer Sicht
Phase 1 (S. 38, Z. 19–29): Entstehung/Auslösung der Konfliktsituation	Orgelmusik (akustischer Reiz) → Erinnerung an frühere Kirchenbesuche → Wunsch einzutreten, Hoffnung auf Hilfe gegen die Angst („... am End' ist doch was dran" [Z. 24f.])	außerhalb der Kirche	→ sinnliche Wahrnehmung löst verdrängte Erinnerungen (Vorbewusstsein) aus → Vorbewusstsein dringt ins Bewusstsein, bedroht die Ich-Identität, löst (Todes-)Ängste aus, die wiederum Abwehrmechanismen mobilisieren → Rationalisierung („Schaden kann's ja nicht.")
Phase 2 (S. 39, Z. 1–23): Ausbruch des Konflikts	Orgelmusik und Gesang (akustischer Reiz) → Erinnerung an das Geschehen im Konzertsaal → erste Angstattacke (körperliches Symptom: Schwindel = Verlust des Bewusstseins), Angst vor Selbstmord und vor den Folgen (den Selbstmörder erwartet ewige Verdammnis) → (unbewusstes) dreimaliges Anrufen Gottes =>zur Beichte gehen, Befreiung von Schuld → Wunsch, Emotionen freien Lauf zu lassen (heulen) → Selbstermahnung, um Fassung zu behalten (sich setzen) → erneuter Angstanfall (Zittern der Hände) → Selbstdistanzierung: Abscheu vor sich selbst → Wunsch, beten zu können → Selbstdistanzierung (Sterben macht blöd) → dritte Panikattacke, ausgelöst durch die Melodie → Erinnerung an den Abend, (unbewusster) Hilferuf („Heiliger Himmel") → Flucht → Selbstermahnung	in der Kirche	(Gesang → Oratorium) Erinnerung an Verpflichtung zum Selbstmord: verstärkte Angstgefühle (körperliche Symptome) → Forderung des Über-Ich nach Wiederherstellen der Ehre (Selbstmord) gerät in → Konflikt mit dem im Unbewussten (Kindheit) verankerten „religiösen" Über-Ich (ewige Verdammnis des Selbstmörders) → Schuldgefühl (Wunsch zu beichten) Abwehrmechanismen: → Rationalisierung → Verdrängung → Verleugnung → Vermeidung (Flucht) → Identifikation → Regression → Isolierung
Phase 3 (S. 39, Z. 24 – S. 40, Z. 11): (scheinbare) Konfliktlösung	→ allmähliches Abklingen der Panik („Ah, es kommt immer näher ... wenn es lieber schon vorbei wär'!) Rückkehr der Lebenslust (Kaffeetrinken, Rauchen) → Vergleich mit anderen Todeskandidaten → Ansatz von Selbstdistanzierung durch Erwägen einer Alternative (Krempel hinschmeißen, nach Amerika gehen) → Rückbesinnung auf den Ehrenkodex	außerhalb der Kirche	Schluss: Sieg des Über-Ich über das Es (Libido/Lebenstrieb: Hunger, Lust auf Rauchen): Abwehr des Unbewussten und (scheinbare) Lösung des Konflikts durch Identifikation mit dem Über-Ich (bewusste Einbeziehung der Forderung des Ehrenkodex und Uminterpretation der Realität: „Ich muss! Ich muss! Nein, ich will!") Gustl gelangt zum wiederholten Mal zur totalen Identifizierung mit dem Ehrenkodex. Erneute Abwehr des Fluchtgedankens (Uniform ausziehen und durchgehen, vgl. S. 40, Z. 7 f.)

Thomas Anz: Lachlust

In seiner Monografie „Literatur und Lust. Glück und Unglück beim Lesen" hat Thomas Anz den Zusammenhang zwischen Lachen und Befreiung von Zwang auch in historischer Perspektive näher untersucht. Seine Ausführungen können zu einer tiefergehenden Klärung des Phänomens in Gustls Monolog führen. Sie seien daher kurz zitiert.

Anz fasst zusammen:

„Norbert Elias[1] hat im Anschluss an Freud die These vertreten, dass das menschliche Subjekt im Prozess seiner Zivilisierung eine ‚Selbstzwangapparatur' in seinem eigenen Innern installiert habe. [...] Mit der Neuzeit erst bilden sich die subjektgeschichtlichen Voraussetzungen für Freuds Lachtheorie heraus. In seinen wortspielerischen Unsinnselementen ist der Witz eine lustvolle Befreiung von der Zwanghaftigkeit, mit der das rationale Ich alles Sprechen und Schreiben auf seine sprachliche Korrektheit und logische Sinnhaftigkeit hin kritisch kontrolliert. Zugleich können im Akt des Lachens sexuelle und aggressive Wünsche ihre Befreiung von jenem Zensurdruck genießen, den das moralisch zivilisierte Über-Ich fortwährend auf sie ausübt." [...]

Freud, so Anz weiter, habe im Zusammenhang mit dem Witz die Begriffe „Ersparungslust" und „Aufwandsersparnis" geprägt.

„Nach dieser Erklärung wird Lust dann empfunden, wenn ein anstrengender, dauerhaft geleisteter Aufwand an psychischer Energie mehr oder weniger plötzlich ‚überflüssig' bzw. ‚gespart' wird, z. B. der Aufwand an logischer Denk- und sprachlich korrekter Formulierungsarbeit, der Aufwand zur Unterdrückung verbotener Wünsche oder der belastende ‚Affektaufwand', etwa des Mitleids, der Angst und der Scham.

Die Theorie der Aufwandsersparnis hat weniger den Energiehaushalt des Es im Blick als vielmehr den des Ich und des Über-Ich. Diese müssen viel Kraft aufwenden, um die aus den Tiefen des Subjekts hervorflutenden Ströme moral- und rationalitätswidriger Impulse einzudämmen. Wenn ihnen plötzlich etwas von diesem Aufwand erspart bleibt, ist das erleichternd. Schon die Kürze von Witzen verweist darauf, dass mit wenig Formulierungsaufwand große Effekte erzielt werden sollen. So sind es denn auch vor allem sprachliche Verdichtungen, die Freud an den Witztechniken beschreibt. [...]

‚Modifikation bekannter Redensarten, Anspielung auf Zitate' rechnet Freud zu jenen Techniken des Witzes, denen gemeinsam ist, dass jedes Mal etwas Bekanntes wiedergefunden wird [...]. Bei Witzen mit Wortspielen besteht nach Freud ‚die Technik darin, unsere psychische Einstellung auf den Wortklang anstatt auf den Sinn des Wortes zu richten.' Das entspreche der Neigung des Kindes, ‚hinter gleichem oder ähnlichem Wortlaut gleichen Sinn zu suchen, die zur Quelle vieler von den Erwachsenen belachter Irrtümer wird. [...] Die Witzeslust aus solchem ‚Kurzschluss' scheint auch umso größer zu sein, je fremder die beiden durch das gleiche Wort in Verbindung gebrachten Vorstellungskreise einander sind, je weiter ab sie voneinander liegen, je größer also die Ersparung an Gedankenweg durch das technische Mittel des Witzes ausfällt. Merken wir an, dass sich der Witz hier eines Mittels der Verknüpfung bedient, welches vom ernsthaften Denken verworfen und sorgfältig vermieden wird.'"

Nach: Thomas Anz: Lachlust. In: Literatur und Lust. Glück und Unglück beim Lesen. München: C. H. Beck 1998, S. 176 ff.

---
[1] Norbert Elias (1897–1990), bekannter Soziologe

---

1. Stellen Sie die verschiedenen Techniken des Witzes zusammen und ordnen Sie Gustls Witze den Kategorien zu. Erklären Sie sie mit der Definition Freuds.

2. Erläutern Sie die Funktion des Witzes nach Freud und überprüfen Sie diese bezogen auf Gustls Situation.

3. Beurteilen Sie abschließend, wie die Witze auf die Rezipienten wirken.

Baustein 5

Die Figurenkonzeption

> „Schnitzlers Buch erschöpfte sich [...] nicht nur in der bloß historischen Dokumentation eines habsburgischen Subaltern-Offiziers, den es nach 1918 ohnehin nicht mehr gab. Die Modernität seiner ‚Studie' besteht darin, die avanciertesten Techniken der Introspektion auf ein so mittelmäßiges und deshalb so typisches Individuum angewandt zu haben. Gustl, in seiner banalen, aber gefährlichen Durchschnittlichkeit, *ist* ein Repräsentant des 20. Jahrhunderts geworden. Die Möglichkeit zur Analyse dieses Typs hätte die Literatur von Beginn an geboten." (Fliedl 2007, S. 99)

In diesem Baustein wird es darum gehen, die Elemente der von Fliedl postulierten „banalen, aber gefährlichen Durchschnittlichkeit" zu erarbeiten und in einem zweiten Schritt deren Repräsentanz für das 20. Jahrhundert zu überprüfen. Dies kann im Anschluss an die Analyse der „avanciertesten Techniken der Introspektion" geschehen (s. Baustein 3), die Bausteine können jedoch auch in umgekehrter Reihenfolge erarbeitet werden.
Als Einstieg in den Baustein eignet sich das obige Zitat von Konstanze Fliedl, mit dem ggf. auf die zuvor erarbeitete „Technik der Introspektion" zurückgegriffen werden kann, das aber vor allem dazu anregt, der Frage nachzugehen, inwiefern Gustl als „mittelmäßig" bezeichnet werden kann und warum diese Mittelmäßigkeit gefährlich und repräsentativ für das 20. Jahrhundert sein soll.
Im ersten Teil des Bausteins werden die Schülerinnen und Schüler sich zunächst, geleitet durch eine Deutungshypothese oder textimmanent, mit den Facetten der Gustl'schen Persönlichkeit, die bereits in der Exposition (Konzert) entfaltet werden, befassen. Die erhobenen Befunde können durch Recherchen der Schülerinnen und Schüler und im Rückgriff auf die entsprechenden Zusatztexte, etwa zum Antisemitismus (Textausgabe, S. 84 ff.) und zum „süßen Mädel" **Zusatzmaterial 3**, S. 142, ergänzt und vertieft werden.
Dass Schnitzler mit seiner Konzeption der Gustl-Figur einerseits geistesgeschichtliche Strömungen der Wende vom 19. zum 20. Jahrhundert spiegelt, andererseits bereits den Typus des von Theodor W. Adorno untersuchten und beschriebenen „autoritären Charakters" präsentiert, wird den Schülerinnen und Schülern anhand entsprechenden Textmaterials und des intertextuellen Vergleichs deutlich.

Aufbau des Bausteins:
- Gustls defizitärer Charakter – Identität durch Abwehr:
    - Die autoritäre Unterwürfigkeit
    - Das gespaltene Verhältnis zur eigenen Herkunft
    - Die Abwehr gegen Außenstehende: Zivilisten, Frauen, Juden
- Abwehr als Reaktion auf die Krise der Jahrhundertwende und als Modernekritik (Misogynie und Antisemitismus)
- Der autoritäre Charakter – Vergleich mit Adornos Merkmalen einer faschistischen Disposition; die Banalität des Bösen (Hannah Arendt)

5.1 Die Konzeption der Gustl-Figur als defizitärer Charakter – Identität durch Abwehr

Konstanze Fliedl (2007, S. 85 – 91) stellt in folgendem Textauszug die wesentlichen Facetten des Charakters Gustls einleuchtend dar, nämlich die Obrigkeitshörigkeit und die Abwehr gegen Zivilisten, vor allem gegen Frauen und Juden. Zu ergänzen wäre Gustls ambivalente Haltung gegenüber seiner Familie, die sich einerseits in der Abwehr der eigenen Herkunft, personifiziert im Vater und stellvertretend im Onkel, ausdrückt, die andererseits durch die (ödipale) Bindung an die Mutter und die Nähe zur Schwester gekennzeichnet ist.

„Viele Interpreten haben Gustl [...] sympathisch oder zumindest harmlos gefunden – und sie hätten sich dabei auf seinen Autor berufen können, der auf eine Anfrage hin mitteilte, sein Gustl sei ‚ein ganz netter, nur durch Standesvorurteile verwirrter Bursch [...], der mit den Jahren gewiss ein tüchtiger und anständiger Offizier werden dürfte.‘[1] Selbst wenn man Schnitzlers Ironie überhören sollte, wird man Gustls Ansichten nicht immer zustimmen wollen, zumal da sie allesamt auf die Stärkung durch die Obrigkeit angewiesen sind. Verhaltensvorbilder sind Regimentskameraden und Vorgesetzte, wobei deren Rang keine unerhebliche Rolle spielt: ‚Jetzt heißt's nur mehr, im letzten Moment sich anständig benehmen, ein Mann sein, ein Offizier sein, sodass der Oberst sagt: Er ist ein braver Kerl gewesen, wir werden ihm ein treues Angedenken bewahren!‘ [...] Gustl wollen dabei allerdings nur programmatische Sätze einfallen, keine Taten, während die Tat*sachen* sich daneben eher kläglich ausnehmen: ‚Ob man zu einem Rendezvous geht oder auf Posten oder in die Schlacht ... wer hat das nur gesagt? ...ah ja, der Major Lederer, in der Kantin', wie man von dem Wingleder erzählt hat, der so blass geworden ist vor seinem ersten Duell – und gespieben hat ...Ja: ob man zu einem Rendezvous geht oder in den sichern Tod, am Gang und am G'sicht lasst sich das der richtige Offizier nicht anerkennen!‘ [...] Oberst und Major, die ranghöheren Chargen sind Gustl Gewährsleute seiner Lebens- bzw. Todesphilosophie und Garanten tapferer Männlichkeit. Zu ihnen steht er in sehr viel größerer innerer Nähe als zu seinen Geliebten, wobei auch unbewusste homoerotische Momente eine Rolle spielen. Offensichtlich hat die Ordnung der Welt nach Dienstgraden unbedingt etwas Verführerisches. Die gehorsame Befolgung des Dienstreglements ermöglicht ein beträchtliches Quantum an Verhaltenssicherheit auch in kniffligen Lebenslagen; darüber hinaus verspricht sie den Aufstieg in der Hierarchie. Gustls Position ist dabei noch relativ prekär: Als Leutnant ist er zwar den Unteroffizieren (Kadetten, Feldwebeln, Zugführern und Korporalen) sowie den Gefreiten vorgesetzt; als ‚subalterner‘ Offizier befindet er sich andererseits am untersten Ende der Rangleiter und hat Oberleutnants und Hauptleute (‚Ober-Officiere‘), Majore, Oberstleutnants und Oberste (‚Stabs-Officiere‘) und schließlich – unerreichbar fern – die Generalität über sich. Aber gerade deshalb wirkt auf Gustl in besonderer Weise das, was Elias Canetti die ‚Disziplin der *Beförderung*‘ genannt hat: Jeder Befehl setzt sich im Empfänger als ‚Befehlsstachel‘ fest. Die einzige Möglichkeit, solche autoritären Widerhaken loszuwerden, ist die Weitergabe nach unten, in einer identischen Situation, in dem gleichen Ton, mit demselben Kommando. Die aufsteigende Charge gehorcht daher nicht nur der Disziplin des Befehls, sondern vielmehr diesem geheimen Mechanismus der ‚Verwertung von gespeicherten Befehlsstacheln‘.[2] Daher entwickelt Gustl, auf der niedrigsten Stufe der Offizierskarriere, einen Überschuss an Loyalität; die Überzeugungen seines Standes hat er verlässlich internalisiert. Diese Überzeugungen beruhen nun großteils auf der Herstellung einer Identität durch Abwehr.
In mentalitätstypischer Weise richtet sich diese Abwehr generell gegen Außenstehende – also Zivilisten; aggressiv verstärkt trifft sie aber zwei Gruppen: Frauen und Juden. Die Konvergenz von Misogynie und Antisemitismus ist dabei symptomatisch; [...] Was Gustls Freundinnen betrifft, so bringt er es an einer Stelle zur wohl kürzesten Liebesgeschichte der deutschen Literatur: ‚Im Volksgarten hab' ich einmal eine angesprochen – ein rotes Kleid hat sie angehabt – in der Strozzigasse hat sie gewohnt – nachher hat sie der Rochlitz übernommen ...‘ [...]. Schlichter lässt sich die totale Verdinglichung der namenlosen Partnerin nicht mehr sagen. Das Liebesleben wird

---

[1] Brief an Theodor v. Sosnosky, „Unveröffentlichte Schnitzler-Briefe über die ‚Leutnant-Gustl'-Affäre. Eine Sensation vor dreißig Jahren", in: *Neues Wiener Journal,* 26.10.1931, S. 4
[2] Elias Canetti, Masse und Macht, Hamburg 1960, S. 361 f.

ökonomisiert, das Liebesobjekt als Ware gehandelt (auch der Typus des ‚süßen Mädels', den Schnitzler kreiert hatte, ist diesen Bedingungen geschuldet). Gustls gegenwärtiges Verhältnis liegt insofern kostengünstig, als seine Geliebte durch eine finanzielle Zweckliaison versorgt ist: ‚Freilich, das mit der Steffi ist bequemer – wenn man nur gelegentlich engagiert ist und ein anderer hat die ganzen Unannehmlichkeiten, und ich hab' nur das Vergnügen ...' [...]. Auf dem Liebesmarkt ist das Angebot hoch, die einzelnen Exemplare sind daher inflationär entwertet und ohne Zögern austauschbar: ‚Ob so ein Mensch Steffi oder Kunigunde heißt, bleibt sich gleich' [...]. Gustls Misogynie wirkt dabei nicht einmal besonders bösartig, sondern eher resignierend – eine bloße Begleiterscheinung der Liebe in Zeiten der Durchkapitalisierung.

Radikaler geht Gustl dann mit dem zweiten Abwehr-Objekt um, mit ‚dem Juden'. Auf seine antisemitischen Reflexe ist Verlass. Gleich zu Beginn, im (geistlichen) Konzert, fühlt er sich durch die Anwesenheit jüdischer Zuhörer gestört: ‚Es ist doch fabelhaft, da sind auch die Hälfte Juden ... nicht einmal ein Oratorium kann man mehr in Ruhe genießen ...' [...]. Die besondere Ironie dieser Passage ist im Datum bzw. im betreffenden musikalischen Aufführungskalender versteckt. Später nennt Gustl nämlich den Handlungstag: Es ist der 4. April [1900] [...]. Was an diesem Abend im Wiener Musikvereinssaal auf dem Programm stand, lässt sich eruieren: Es war das Oratorium *Paulus*, opus 36 von Felix Mendelssohn-Bartholdy – eben jenem Felix Mendelssohn-Bartholdy, der ein Enkel des berühmten jüdischen Aufklärers Moses Mendelssohn gewesen ist. Gustls Affekte entsprechen exakt den Projektionsmechanismen der Angstabwehr: In Steffis Liebhaber vermutet er einen Juden (und einen Reserveleutnant) aus sexueller (und militärischer) Konkurrenz. Die Xenophobie steigert sich dort, wo das Feindbild in den eigenen Reihen zu finden ist, wo man ‚noch immer so viel Juden' zu Offizieren macht – das lässt Gustl ‚auf'n ganzen Antisemitismus' pfeifen [...]. Dass Gustl die erfolgreiche populistische Strategie der Christlich-Sozialen, mit der es Parteiführer Karl Lueger 1897 endlich zum Wiener Bürgermeister gebracht hatte, noch zu schwach findet, lässt vermuten, dass seine Disposition gegen Außenseiter durchaus militante Züge annehmen könnte, wenn ihn sein Kollektiv nur ließe.

Sowohl seines Respekts als auch seines Ressentiments wegen konnte man Gustl mit einem Typus in Verbindung bringen, der ein halbes Jahrhundert später von Theodor W. Adorno als ‚autoritärer Charakter' beschrieben worden ist.[1] Dessen Merkmale begegnen allesamt schon bei Gustl, die ‚autoritäre Unterwürfigkeit' beispielsweise, mit der er Mitglieder seiner Eigengruppe (wie Major und Oberst) idealisiert, oder die ‚autoritäre Aggression' gegen Außenstehende, die an den übernommenen Werten Kritik üben (wie der Rechtsanwalt, der Zweifel am hehren Patriotismus der Offiziere anmeldet und deshalb von Gustl zum Duell gefordert wird). Neben der ‚Konventionalität' und der ‚Anti-Intrazeption', der Abwehr von Gefühlen, ist dann auch noch die Projektivität charakteristisch, also die leicht paranoide Vorstellung, es gebe eine Verschwörung – entweder gegen einen selbst oder gegen die Eigengruppe (so vermutet Gustl sofort, der Bäckermeister würde den Vorfall herumerzählen). Schnitzlers Leutnant ist daher nur ein typisches Exemplar einer kollektiven Befindlichkeit, deren Vertreter nach dem Bild der Autorität geformt sind – und formen wollen. Darin liegt die Dialektik des ‚autoritären Charakters': dass er sowohl Subjekt als auch Objekt der autoritativen Gewalt sein kann. Unter entsprechend günstigen Umständen braucht er seine Aggressionen nicht mehr zu zügeln. Dass Gustl sich nach einem Krieg sehnt, der es ihm erlauben würde, die Kontrolle seiner Affekte auszusetzen, ist daher nur logisch. Als charmanter Wiener Zeitgenosse kann Gustl daher wohl nicht mehr durchgehen; auch bei ihm gibt es Indizien dafür, dass Banalität und Brutalität sich verschwistern können.[2] Schnitzlers erzählerische Leistung besteht darin, den autoritären Charakter Gustls an der Schwelle seines eigenen Bewusstseins charakterisiert, ihn mit dem Inneren Monolog demaskiert zu haben. In den verschiedenen totalitären Spielarten sollte dieser Typus im 20. Jahrhundert viel ‚moderner' werden."

Konstanze Fliedl: Auszüge aus dem Nachwort zu Arthur Schnitzler, Lieutenant Gustl. Stuttgart: Reclam 2007, S. 85–91 (gek.) © Philipp Reclam jun. GmbH & W., Stuttgart

---

[1] Vgl. Theodor W. Adorno, Studien zum autoritären Charakter [The Authoritarian Personality, 1950], übers. Von Milli Weinbrenner, Frankfurt a. M. 1995

[2] Fliedl spielt hier auf den von Hannah Arendt geprägten Begriff der „Banalität des Bösen" an. Hannah Arendt war 1961 Prozessbeobachterin im Prozess gegen den ehemaligen SS-Obersturmbannführer Adolf Eichmann in Jerusalem, der einer der Hauptverantwortlichen für die „Endlösung" der Juden in Europa gewesen war. Ihren Prozessbericht betitelte sie mit „Eichmann in Jerusalem. Ein Bericht von der Banalität des Bösen". Sie arbeitet darin heraus, wie die größeren und kleineren Verantwortlichen der Judenvernichtung als vollkommen normale Menschen ihre „Arbeit" im Vernichtungsapparat verrichteten und das Verbrechen, an dem sie beteiligt waren, vollständig verdrängten.

Baustein 5: Die Figurenkonzeption

Zur Erarbeitung der Figurenkonzeption werden zwei alternative Vorgehensmöglichkeiten vorgeschlagen.

5.1.1 Die Erarbeitung durch die Schülerinnen und Schüler im Anschluss an eine vorgegebene Deutungshypothese (Gruppenarbeitsphase von etwa einer Woche)

5.1.2 Die Erarbeitung auf der Grundlage einer textbezogenen Datenerhebung

5.1.1 Erarbeitung im Anschluss an eine Deutungshypothese

Nach der Erarbeitung der Kreisbewegung Gustls sowie durch die Vertrautheit mit der Technik des inneren Monologs und seiner psychoanalytischen Implikationen sollten die Schülerinnen und Schüler hinreichend im Text „verhakt" sein, um ihre textanalytischen Kompetenzen in Verbindung mit textexternen Recherchen anwenden und üben zu können. Gleichzeitig üben sie den Umgang mit Sekundärliteratur, und zwar in der Weise, dass sie dort vorgestellte Hypothesen bzw. Forschungsergebnisse am Text überprüfen und verifizieren oder falsifizieren müssen.

Der Einstieg in den Baustein sollte entsprechend mit dem **Arbeitsblatt 17** (Identität durch Abwehr, Textauszug aus Fliedl, S. 98) erfolgen. Das Verständnis wird durch die Grafik zu Gustls Identität (**Arbeitsblatt 18**, S. 99) sichergestellt (Lösung zu **Arbeitsblatt 18**, S. 100). Die Befassung mit dem Sekundärtext und die Konkretisierung der Grafik können gegebenenfalls als Hausaufgabe erledigt werden.

Die Aufgabe lautet:

■ *Vervollständigen Sie die Grafik zu Gustls „Identität durch Abwehr" (Arbeitsblatt 18) auf der Grundlage von Arbeitsblatt 17 mit dem Textauszug von Konstanze Fliedl: Worauf beruht Gustls Identität (Mitte), inwiefern ist sie durch „Abwehr" definiert? Überprüfen Sie bei der Textarbeit, inwiefern der vierte Außenkreis auf die Familie bezogen werden kann.*

Damit sind Kategorisierungskriterien für eine genauere Untersuchung von Gustls Charakter gegeben und ein Klärungsbedarf:

■ *Ist die Feststellung einer „Identität durch Abwehr" gerechtfertigt? Inwiefern kann man von einem defizitären Charakter sprechen?*

Die Schülerinnen und Schüler befassen sich nun in Gruppen mit einem der folgenden fünf Bereiche. Dass es dabei zu Überschneidungen kommt (Zivilisten/Akademiker und Juden, Zivilisten und Frauen, Akademiker als (Reserve-)Offiziere und Offiziersidentität) ist im Sinne einer fundierten Anschlusskommunikation nicht schädlich.

Die Arbeitsaufträge sind als Kopiervorlage auf den **Arbeitsblättern 19–23** (S. 101 ff.) zu finden.

Gruppe 1

■ *Überprüfen Sie die These Fliedls, Gustl stelle seine Identität durch Abwehr her, indem Sie sein Verhältnis zu „Zivilisten" untersuchen.*
Stellen Sie entsprechende Textaussagen zusammen und werten Sie sie unter dem gegebenen Aspekt aus. Achten Sie bei Ihrer Untersuchung auch auf die Nennung von Namen zur konkreten Darstellung von Personen.

■ *Recherchieren Sie zum Verhältnis von Zivilgesellschaft und Militär in der k. u. k.-Monarchie um 1900 und erklären Sie damit Ihre textimmanent erhobenen Befunde.*

Gruppe 2

- *Überprüfen Sie die These Fliedls, Gustl stelle seine Identität durch Abwehr her, indem Sie sein Verhältnis zu Frauen untersuchen.*
  Stellen Sie entsprechende Textaussagen zusammen und werten Sie sie unter dem gegebenen Aspekt aus. Achten Sie bei Ihrer Untersuchung auch auf die Nennung von Namen zur konkreten Darstellung der Personen.

- *Recherchieren Sie zu dem von Schnitzler kreierten Typus des „süßen Mädels" (u.a. auch unter Verwendung der Zusatzmaterialien 3 und des Anhangs der Textausgabe, S. 76 ff.) und nutzen Sie Ihre Rechercheergebnisse zur Kategorisierung und Erklärung der Frauengestalten und Gustls Verhältnisses zu ihnen.*

Gruppe 3

- *Überprüfen Sie die These Fliedls, Gustl stelle seine Identität durch Abwehr her, indem Sie sein Verhältnis zu Juden untersuchen.*
  Stellen Sie entsprechende Textaussagen zusammen und werten Sie sie unter dem gegebenen Aspekt aus.

- *Recherchieren Sie zum Antisemitismus in Wien um die Jahrhundertwende 1900 (u.a. im Anhang der Textausgabe, S. 84 ff.) und nutzen Sie Ihre Rechercheergebnisse zur Erklärung Ihrer textimmanenten Befunde.*

Gruppe 4

- *Überprüfen Sie die These Fliedls, Gustl stelle seine Identität durch Abwehr her, indem Sie sein Verhältnis zu seiner Familie untersuchen.*
  Stellen Sie entsprechende Textaussagen zusammen und werten Sie sie unter dem gegebenen Aspekt aus.

- *Recherchieren Sie zum Begriff der „ödipalen Bindung" und nutzen Sie die Rechercheergebnisse zur Klärung seines Verhältnisses zur Mutter und seiner Identitätsproblematik.*

Gruppe 5

- *Überprüfen Sie die These Fliedls, Gustl sei auf die Stärkung seiner Identität durch die Obrigkeit angewiesen.*
  Stellen Sie Textaussagen zu seinem Verhältnis zu Regimentskameraden und Vorgesetzten zusammen und werten Sie sie unter dem gegebenen Aspekt aus.

- *Fertigen Sie eine Liste aller genannten Militärangehörigen an und diskutieren Sie die Quantität und Qualität der Nennungen (Namen, Dienstgrad, Bedeutung für Gustl) im Kontext der Novelle. Vergleichen Sie diese Nennungen mit den übrigen Namensnennungen (Frauen, Juden, Zivile; holen Sie dazu Informationen von den anderen Gruppen ein) und ziehen Sie aus dem Vergleich Schlüsse bezogen auf die Identitätsproblematik.*

Für alle Gruppen:

- *Nutzen Sie Ihre Kenntnisse aus den zuvor erarbeiteten Bausteinen.*

- *Achten Sie bei der Organisation Ihrer Arbeit zu Textanalyse und Recherche auf eine Einbeziehung aller Gruppenmitglieder: Alle Arbeitsergebnisse müssen diskutiert werden und anschließend von allen Gruppenmitgliedern vertreten werden können.*

- *Sorgen Sie während der Arbeit für eine angemessene Einbeziehung und Verteilung von Hausaufgaben.*

■ *Halten Sie Ihre Ergebnisse strukturiert in einem Handout fest und belegen Sie sie. (Die Textuntersuchung bildet die Grundlage Ihrer Arbeit und muss Ihren Zuhörern übersichtlich und am Text nachvollziehbar vermittelt werden!)*

■ *Bereiten Sie sich als Gruppe auf die Präsentation der Ergebnisse vor. Nutzen Sie Möglichkeiten der Veranschaulichung/Visualisierung und der Einbeziehung Ihrer Zuhörer, wo das möglich ist.*

Auswertung

Bei der Auswertung der Gruppenarbeit im Anschluss an die Präsentationen sollte die Fragestellung (s.o.: Ist die Feststellung einer Identität durch Abwehr gerechtfertigt? Kann man bei Gustl von einem defizitären Charakter sprechen?) präsent sein und es sollte darauf geachtet werden, dass eine Verknüpfung der Ergebnisse erfolgt.

Zu einer solchen Verknüpfung sind die Schülerinnen und Schüler mit dem Vergleich der Namensnennungen schon im jeweiligen Arbeitsauftrag angeregt worden.

Weitere **Impulse** für Verknüpfungen können sein:

■ *Sehen Sie Ähnlichkeiten in Gustls Verhältnis zu Frauen und Juden? Ist sein Verhalten und sind seine Ansichten zu ihnen konsistent?*

■ *Vergleichen Sie Gustls Verhältnis zu Frauen und zu seinen Kameraden und Vorgesetzten: Wo sind Ihren Beobachtungen nach stärkere Bindungen vorhanden? Beziehen Sie Ihre Ergebnisse zu den Namensnennungen mit in Ihre Überlegungen ein. Welche Schlüsse können Sie aus Gustls Bindungsverhalten ziehen?*

■ *Gibt es einen Zusammenhang zwischen Gustls familiären Beziehungen und seiner Identifizierung mit dem militärischen System?*

■ *Warum gibt Schnitzler seiner Figur den militärischen Rang eines „Leutnants"? (Denotative Bedeutung des französischen Wortes „lieu-tenant")*

Eine Orientierung für die Auswertung ist mit dem oben stehenden Textauszug von Konstanze Fliedl zu den Facetten von Gustls Charakter gegeben. Darüber hinaus kann sich die Lehrperson an den Ergebnissen zu der Alternative B „Die Erarbeitung des defizitären Charakters auf der Grundlage einer textbezogenen Datenerhebung" (s.u.) orientieren.

Die Überschneidungen der Ergebnisse, die gegenseitige Bedingtheit der Befunde liegen auf der Hand. Die Gustl-Figur ist von Schnitzler konzipiert als defizitärer Charakter, der seine Defizite durch aggressiv ausgedrückte Abwehr zu kompensieren sucht. Nuber (2002, S. 430) bezeichnet ihn deshalb als „identitäts- und substanzloses Subjekt". Und Lorenz (2007, S. 145) stellt fest: „Die Rollenidentität als ‚Leutnant' dominiert die individuelle Identität des Helden – und zwar sozusagen exemplarisch, bedeutet das französische Lexem ‚Lieutenant' doch wörtlich ‚Platzhalter', ‚Stellvertreter'. Insofern steht die Figur des Leutnant Gustl nicht für eine individuelle Problematik, sondern ihr eignet eine gewisse Repräsentanz [...]."

Die Ergebnisse lassen sich infolgender Weise sichern (Tafelbild der Folie):

Gustl als defizitärer Charakter – Identität durch Abwehr

Was kennzeichnet die Gustl-Figur?

- Ausgeprägtes sexuelles Interesse bei gleichzeitiger Distanz zu den sexuellen „Objekten", Bindungsunfähigkeit;
- Misogynie und Antisemitismus (als Begleiterscheinung der „Durchkapitalisierung" der Lebensverhältnisse);
- Selbstverortung im männlich bestimmten sozialen Umfeld des militärischen Apparats, unbewusste homoerotische Neigungen Gustls;
- Gustl als Zwischenglied autoritärer Befehlsstrukturen (zwischen Macht- und Minderwertigkeitsgefühlen), Selbstdefinition über die militärische Rolle, aggressive Durchsetzung nach außen;
- familiäre Beziehung gekennzeichnet durch Spannung zwischen männlichen Familienmitgliedern (Gustl versus Vater und Onkel, auch wegen materieller Situation) und ödipaler Bindung an die Mutter bzw. Nähe zur Schwester;
- Minderwertigkeitsgefühle bzw. intellektuelle und moralische Überforderung wegen mangelnder Begabung, Ausbildung, Bildung und materieller Ausstattung, kompensiert im Militärapparat;
- Selbstaufwertung durch Abgrenzung von der Zivilgesellschaft;
- Neidgefühle gegenüber materiell und intellektuell Erfolgreichen werden fokussiert auf „die Juden".

Ist Konstanze Fliedls Feststellung einer Identität durch Abwehr gerechtfertigt? Kann man von einem defizitären Charakter sprechen?

Defizitärer Charakter
- Kompensation durch aggressiv ausgedrückte Abwehr
- Rollenidentität statt individueller Identität („lieutenant" bedeutet Stellvertreter)

5.1.2 Erarbeitung auf der Grundlage einer textbezogenen Datenerhebung

Eine Alternative zum Einstieg mit einer Deutungshypothese (s.o.) besteht in der Analyse der Exposition (Darstellung des Konzertbesuchs, S. 7 – 14, Z. 32).
Nach einem Einstiegsgespräch zur Entfaltung der Eindrücke von Gustls Persönlichkeit, die die Schülerinnen und Schüler auf der Grundlage der bisher erarbeiteten Bausteine erlangt haben, können die Lernenden sicher schon Facetten seiner Persönlichkeit benennen, die im vorliegenden Baustein einer genaueren Untersuchung unterzogen werden sollen.
Die Schülerinnen und Schüler erhalten mit dem **Arbeitsblatt 24, S. 106** folgende Aufgabe, die wegen der Datenmenge auch arbeitsteilig vergeben werden kann, wenn auf der Grundlage des Einstiegsgesprächs bereits Kategorien entwickelt wurden.

> ■ *Die „unerhörte Begebenheit", nämlich Gustls Auseinandersetzung mit dem Bäckermeister, die Gustls inneren Konflikt auslöst und die Handlung der Novelle bestimmt, findet erst am Ende von Gustls Konzertbesuch statt. Die Darstellung*

des Konzerts selbst kann deshalb als Exposition betrachtet werden, die den Leser über Ort und Zeit, vor allem aber über Gustl selbst orientiert.
Welche Facetten hat seine Persönlichkeit, welches Gesamtbild ergibt sich daraus?
- *Lesen Sie die Seiten 7 bis 14, Z. 32 und untersuchen Sie, worüber Gustl während des Konzerts nachdenkt und wie er sich verhält.*
- *Finden Sie Kategorien, mit denen sich Ihre Beobachtungen ordnen lassen, und versuchen Sie, ein vorläufiges Fazit zu ziehen, das sich im weiteren Verlauf der Novelle zu überprüfen lohnt. Nutzen Sie zur Darstellung Ihrer Ergebnisse das Arbeitsblatt 24 „Facetten der Persönlichkeit Gustls".*

Bei der Untersuchung können sich die unten stehenden Kategorien und Befunde ergeben, die in etwas plakativerer Form als Lösung zum **Arbeitsblatt 24** (S. 106) aufgeführt sind. Ein Abgleich und eine Vereinheitlichung der Kategorisierungsvorschläge der Schülerinnen und Schüler sollte in der Auswertung der Präsentationen vorgenommen werden.

Deplatziertheit und Angst vor deren Aufdeckung, Widerspruch zwischen Scheinen und Sein
Gustl fühlt sich unwohl, er ist am falschen Ort, langweilt sich: „Mir kommt vor, ich sitz' schon drei Stunden in dem Konzert. Ich bin's halt nicht gewohnt ..."/„Wenn ich denke, dass ich hergekommen bin, um mich zu zerstreuen..." (S. 7)
Er fühlt sich wegen seiner Deplatziertheit angestarrt: „Was guckt mich denn der Kerl dort immer an? Mir scheint, der merkt, dass ich mich langweil' und nicht herg'hör ..." (S. 9).
Er diszipliniert sich und will sich nicht „genieren" müssen: „Ich muss auf die Uhr schauen ... schickt sich wahrscheinlich nicht in einem so ernsten Konzert." (S. 7).
Obwohl das Konzert für Gustl kein Genuss ist („Der Ballert ist eigentlich schuld, dass ich in das blöde Konzert hab' geh'n müssen ...", S. 10), bewertet er den Konzertgang positiv als kulturelles Ereignis, das sein Renommee hebt: „Es ist wirklich wahr, man sollt' öfter in Konzerte gehen ... Wunderschön ist's g'wesen, werd' ich dem Kopetzky sagen ..." (S. 10)

Frauen als Sexualobjekte und „Beute"
Gustl interessiert sich eher für die Sängerinnen als für die Musik: „Mindestens hundert Jungfrauen" (S. 8) „Ob das lauter anständige Mädeln sind, alle hundert?" (S. 8)
Gustl hat Erfahrungen mit den Wiener Tanzsängerinnen, erinnert sich an ein Verhältnis, weiß aber den Namen der Frau bezeichnenderweise nicht mehr.
Seine Geliebte Steffi „teilt" er sich mit einem vermögenden Herrn aus dem Bankgeschäft, der sich eine Mätresse leisten kann. Es ist ihm sehr daran gelegen, dass dieser Herr nicht hinter seine Liebschaft mit Steffi kommt, weil er sie dann „am Hals" hätte und die Kosten für sie tragen müsste (S. 14).
Im Zusammenhang mit Ferien bei seinem Onkel erinnert er sich an ein Verhältnis, das er dort hatte. Auch an den Namen dieser Frau (Etelka) kann er sich kaum erinnern, weiß jedoch noch, dass für die Nächte, die er mit ihr zugebracht hat, keine sprachliche Verständigung nötig war (S. 10 f.).
Er kokettiert mit einem Mädchen aus einer Loge (S. 8 und 14), sieht eine andere, die „auch sehr nett" (S. 14) zu sein scheint, und bedauert, zur genaueren Betrachtung keinen Operngucker dabei zu haben. Er hofft, dass „die Kleine" vor ihm „sich nur einmal umdreh'n möcht" (S. 14). Das Heiraten ist für ihn lediglich unter dem Aspekt interessant, dass er dann „immer gleich ein hübsches Weiberl zu Haus vorrätig" (S. 14) hätte.
Beim Hinausgehen fällt ihm eine „elegante Person" auf, von der er meint, angeschaut zu werden, und mit der er schon „möcht" (S. 14).
Beim Ausgang fühlt er sich von einer „bildschön[en]" Frau angezogen, von der er glaubt, sie sei allein und lache ihn an, und der er sofort für ein nächtliches Abenteuer nachgehen will (S. 15).

Neben diesen potenziellen Eroberungen beschäftigt Gustl sich in Gedanken mit der bildhübschen Frau Mannheimer, die er offensichtlich – auch wegen des gehobenen Lebensstils – bewundert (S. 10).

Ressentiments gegen „Zivile"
Gustl unterscheidet die Besucher des Konzerts deutlich nach Militärangehörigen und Zivilen. Er freut sich über die Anwesenheit eines Majors und empfindet die Zivilen grundsätzlich als Feinde, denen er nicht traut oder gegen die er sich wehren muss.
So fragt er sich, ob das Konzert dem neben ihm „wie verrückt" klatschenden Herrn wirklich gefallen habe, glaubt, dass der ihn auffressen werde, wenn er ihn in seiner Andacht stört (S. 8), fühlt sich von einem „Kerl dort" angestarrt und fordert ihn innerlich schon zum Duell heraus (S. 9).
Er fühlt sich nach dem Konzert von dem Herrn neben sich eingeschränkt, fordert aggressiv, vorbeigelassen zu werden, bezeichnet den Garderobier als „Blödist[en]", ärgert sich über den Bäckermeister vor sich und beleidigt ihn.
Der Doktor, mit dem er sich am kommenden Tag duellieren will, ist für ihn ein „Rechtsverdreher" und ein „Sozialist" (S. 12). Gustl ist der Auffassung, dass die Zivilen die Armeeangehörigen nicht verstehen können, dass sie zu dumm dazu sind, weil sie „ihr Lebtag nichts getan [haben], als hinter Büchern gesessen […] (S. 13).

Ressentiments gegen Juden
Gustl fühlt sich überall von Juden umgeben und den Juden gegenüber benachteiligt. In seinen Gedanken reproduziert er rassistische Klischees. Er glaubt, dass der Mann, der seine Geliebte Steffi aushält, ein Jude sein muss, weil er „in einer Bank" ist und einen schwarzen Schnurrbart hat (S. 9). Er hat Vorbehalte gegen Juden in der Armee und vor allem gegen ihre Beförderung in den Offiziersrang. Die Mannheimers, bei denen er eingeladen war und den Doktor zum Duell gefordert hat, sind nur akzeptabel, weil sie getaufte Juden sind, denen man es nicht anmerkt – „besonders […] der Frau, so blond, bildhübsch die Figur …" (S. 10). Die elegante Person mit den Brillanten, die er nach dem Konzert vorbeipassieren lässt, hält er wegen ihrer Nase für eine Jüdin und er erregt sich, dass „da […] auch die Hälfte Juden" seien und er nicht einmal mehr ein Oratorium „in Ruhe genießen" könne (S. 14/15), weiß aber nicht, dass eben dieses Oratorium von einem Juden komponiert wurde.

Identifizierung mit dem Militärapparat
Gustl gewinnt seinen Selbstwert durch den „Rock" (S. 13) und seine Selbstbestätigung durch das Duell. Er erinnert sich an sein erstes Duell mit Oberstleutnant Bisanz und bereitet sich innerlich auf das Duell mit dem Doktor am nächsten Tag vor.
Seine Ehrfurcht vor Autoritäten wird deutlich, wenn er sich an Seine Hoheit (Kaiser Franz Joseph I.) erinnert (S. 13) und sich auf den Obersten beruft (S. 12 und 13).
Er selbst möchte auch noch aufsteigen („Wird mir überhaupt nützen, die Sache."/S. 12) und er würde sich zu gerne im Feld beweisen („ich hätt' was drum gegeben, wenn's plötzlich Ernst gewesen wär'…", S. 13).
Dass die Truppe und seine Kameraden seine soziale Heimat sind, wird an der Fülle von Namensnennungen deutlich: Benedek, Kopetzky, Ballert, Doschinsky, Müller, Mirovic, Brunnthaler, Fließ.

Gespaltenes Verhältnis zu Familie und Herkunft
Gustls Verhältnis zu seiner Familie ist gespalten, insgesamt eher distanziert. Seine Bindung an Mutter und Schwester ist deutlich intensiver als an den Vater, den er nur zusammen mit „der Mama" erwähnt, und zwar in negativer Weise als verantwortlich für die Kränkung der Mutter durch seine Pensionierung (S. 11). Um die Mutter sorgt er sich („Schlecht hat sie ausg'seh'n heuer zu Weihnachten …", S. 11).

Gustl schätzt seinen Onkel einerseits wegen dessen Geldes (das die Eltern nicht haben!), fühlt sich andererseits aber benachteiligt und wirft ihm vor, dass er ihm keine regelmäßige Unterstützung zukommen lasse. Er befindet, „der hat Geld wie Mist" (S. 10), sodass er Gustls Spielschulden bezahlen und seiner Schwester Klara eine Mitgift geben könne, wenn sie noch heiraten sollte.

Mitfühlend und zuversichtlich geht er davon aus, dass Klara, obwohl schon 28 Jahre alt, „schon noch einen Mann kriegen" werde (S. 11).

Die Abhängigkeit von den materiellen Möglichkeiten des Onkels wird deutlich, wenn er überlegt, im Sommer zwei Wochen zum Onkel zu fahren, während er für die Eltern nur eine Woche übrig hat.

Eventuell finden die Schülerinnen und Schüler andere Oberbegriffe oder sie fächern weiter auf. Das vorgesehene **Arbeitsblatt 24** (S. 106f.) gibt hinreichend Möglichkeit, die entsprechenden Ideen umzusetzen.

In der Anschlusskommunikation zur Auswertung der Ergebnisse sollen die Befunde unter dem Aspekt ihrer Aussage über die Persönlichkeit Gustls verknüpft werden.

- Die Lehrperson kann dafür folgenden Impuls geben:

> *Sie haben viele Beobachtungen zu Gustls Gedanken und Verhalten zusammengetragen. Was sagen diese Beobachtungen über Gustls Persönlichkeiten aus: Wie definiert er sich – auch im Verhältnis zu anderen? Welche Defizite hat er?*

Dabei wird sich herauskristallisieren, dass Gustl sich überwiegend abgrenzt und die Abgrenzung sich vor allem gegenüber den „Zivilen" und den Juden aggressiv artikuliert. Gustl definiert sich nur in einem Bereich positiv: dem militärischen. Dieser ist durch autoritäre Abhängigkeiten bestimmt, die keinen Raum für die Entwicklung einer Persönlichkeit lassen, bei Gustl vielmehr „einen Überschuss an Loyalität" erzeugen (Fliedl, S. 88). Hinzu kommt ein ausgeprägtes sexuelles Interesse bei gleichzeitiger Distanz zu den sexuellen „Objekten". Darüber hinaus ist er durch Defizite bestimmt: kein Geld, keine seinem Ehrgeiz angemessene Schulbildung und Bildung, keine seinen Wünschen angemessene Herkunft. Sein Konzertbesuch zeigt, dass er bereit ist, sich selbst zu verleugnen für die Kompensation dieser Defizite.

Insofern liegt die Schlussfolgerung nahe, von einem **defizitären Charakter** und **einer Identität durch Abwehr** zu sprechen.

Die Ergebnisse dieses Gesprächs können in folgendem Tafelbild zusammengefasst werden:

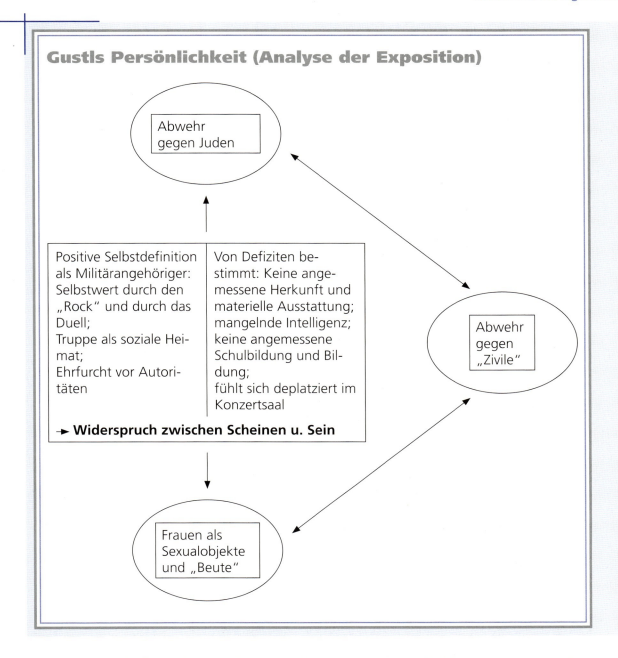

Das Ergebnis der Expositionsanalyse muss in einem weiteren Schritt am gesamten Text überprüft werden. Bei diesem Arbeitsschritt kann man sich an den Gruppenarbeitsaufträgen oben und deren Auswertung (Alternative A) orientieren.

Zum Abschluss dieses Teilbausteins und zur Überleitung auf den nächsten Teil ist an die Einstiegsfrage zu erinnern:

> ■ *Inwiefern kann eine wie oben beschriebene Charaktermaske ohne moralische und intellektuelle Urteilsfähigkeit als gefährlich bezeichnet werden und als repräsentativ für das 20. Jahrhundert gelten?*

5.2 Sexualität, Misogynie und Antisemitismus

Der Frage der Repräsentativität soll zunächst im Kontext der Wiener Moderne nachgegangen werden.

Lorenz (2007, S. 146) stellt fest, dass gerade am Beispiel des „identitäts- und substanzlosen Subjektes" (s.o.) „die moderne Problematik der Entfremdung von Ich und Welt offenbar" werde.

Das Ich des Leutnants sei „unfähig, sich der Außenwelt gegenüber als autonome Instanz zu behaupten." Gustl sei „den äußeren gesellschaftlichen Zwängen völlig ausgeliefert, ohne dass diese Selbst-Verdinglichung vom Ich durchschaut würde […]."

Lorenz weist nach, dass diese Wahrnehmung des gesellschaftlichen Menschen nicht nur für Schnitzler zutrifft, sondern als Phänomen der Jahrhundertwende betrachtet werden kann, das sich sowohl in der Psychoanalyse als auch in der Literatur manifestiere. „Aus dem Verhältnis zwischen einem stets labilen ‚Selbstbild', einem Fremdbild, das dem Ich von außen übergestülpt wird, und einer ebenso fragwürdigen Rolle, die es vor Anderen und Seinesgleichen spielt, resultieren die prekären Rollenspiele in den Texten der Wiener Moderne."

Solche „Rollenspiele" bzw. Rollenkrisen hatten nach Lorenz (2007, S. 149/50) einen gesellschaftlichen Hintergrund. Die veränderte Sicht auf Identitäten sei in der zeitgenössischen Kultur- und Literaturkritik ebenso nachzuweisen wie in den Wissenschaftsdiskursen.

„So beispielsweise zeigt sich, dass religiöse und soziale Argumentationsmuster hinsichtlich der Verankerung des Individuums in Kultur und Gesellschaft zurückgedrängt werden zugunsten ‚naturalisierender, über den Körper verlaufender Erklärungen': ‚Der Körper in der Moderne wurde zum Angelpunkt für Konstruktionen von Identität und Alterität entlang verschiedener, mitunter auch ineinander verschränkter Kategorien wie Geschlecht, ‚Rasse', Religion, Klasse oder Nation' (Fraisl/Zettelbauer/Rabelhofer 2004, S. 257)."

In dem genannten Zusammenhang führt Lorenz drei wesentliche Diskurse an, die sich auch in der Gustl-Figur kristallisieren (s. **Arbeitsblatt 25**, S. 108):
- der Diskurs um Männlichkeit und Weiblichkeit
- der Diskurs um Gesundheit und Krankheit
- der Rassediskurs mit der Zuspitzung auf den Antisemitismus

Das Arbeitsblatt zu den drei genannten Diskursen kann als Textgrundlage für ein Schülerreferat genutzt oder von allen Lernenden in einer Hausaufgabe vorbereitet werden.
Um die Frage nach der Repräsentativität der zu Gustls Persönlichkeit erhobenen Befunde zu beantworten, müssten die Schülerinnen und Schüler diese rekapitulieren und auf die „naturalisierenden" Diskurselemente hin befragen. Sie erhalten folgenden Arbeitsauftrag:

> ■ *Erarbeiten Sie die drei „naturalisierenden" Erklärungsmuster, die sich zu Beginn der Moderne als Antwort auf die Krise der Gesellschaft entwickelten, auf der Grundlage von Arbeitsblatt 25.*
>
> ■ *Sichten Sie Ihre Befunde zu Gustls Persönlichkeit unter diesen drei Erklärungsmustern und diskutieren Sie die Relevanz dieser Kategorien für die Konzeption der Gustl-Figur.*

In der Diskussion sollte deutlich werden, dass die Diskurse sich wechselseitig bedingen; dass Gustl in seinem Verhältnis zu Frauen einerseits ein Vertreter der „antimodernen Defensivhaltung" ist (die Armee ist per se eine „Männerbund-Formation"!), andererseits aber in seinen unbewussten homoerotische Neigungen als Beispiel für die „Grenzüberschreitungen" in der

Geschlechterwahrnehmung gelten kann, die wiederum im öffentlichen Diskurs und zumal im militärischen Kontext tabuisiert waren (s. Lorenz: Abweichung, Degeneration, Krankheit). Diese Widersprüchlichkeit trägt erheblich zur Komik der Figur bei.

Dass Gustl ein potenzierter Antisemit ist, haben die Schülerinnen und Schüler bereits nachgewiesen („potenziert", weil ihm der vorhandene politische Antisemitismus nicht ausreicht; vgl. seinen Gedanken im Konzert: „Überhaupt, dass sie noch immer so viel Juden zu Offizieren machen – da pfeif ich auf'n ganzen Antisemitismus!", S. 9). Sie können den Zusammenhang zwischen Antisemitismus und Modernekritik bzw. Dekadenzvorwurf, den der Text von Lorenz nahelegt, insofern konkretisieren, als Gustl in seiner intellektuellen Begrenztheit seine minderen Chancen in seinem gesellschaftlichen und „beruflichen" Umfeld diffus auf „die Juden" zurückführt: „Die Juden" machen sich in der Armee breit und dürfen Offiziere werden, „die Juden" beherrschen das gesellschaftliche Leben, haben die bessere Ausbildung, das Geld usw.

Es bietet sich an, dieses Gespräch protokollieren und anschließend im Sinne einer Erörterung verschriftlichen zu lassen:

> ■ *Inwiefern ist die Gustl-Figur ein Beispiel für die im Zuge des gesellschaftlichen Umbruchs um 1900 entstehenden Rollenkrisen? Erörtern Sie diese Frage unter Bezug auf die in Arbeitsblatt 25 dargestellten Erklärungsmuster zur Identitätsbestimmung.*

5.3 Exkurs: Das „süße Mädel"

Ergänzt werden können die Befunde zur „Männlichkeit und Weiblichkeit" bzw. zu Gustls Verhältnis zu Frauen durch das von Schnitzler im Besonderen kreierte Bild des „süßen Mädels", das auch Schnitzlers eigenes Verhältnis zu Frauen in seiner Jugend charakterisiert. (s. **Zusatzmaterial 3**, S. 142 ff.)

„Bei Schnitzler fungiert das ,süße Mädel' zugleich als Sozialcharakter und männliche Wunschprojektion, die fast immer als Gegenbild zu anderen Frauen auftaucht." (Lorenz, S. 154) Der gesellschaftliche Hintergrund für das „süße Mädel" als Geliebte lässt sich so zusammenfassen:

„Für den jungen Herrn der Stadt, dem die Maitresse zu kostspielig oder auch zu langweilig ist, der durch eine Prostituierte seine Gesundheit gefährdet sieht, dem die Beziehung zu einer verheirateten Frau zu riskant ist, der aber seinerseits die standesgemäße junge Dame noch nicht heiraten kann oder will, empfiehlt sich das ,süße Mädel' als Geliebte." (Janz/Laermann 1977, S. 44)

Das „süße Mädel" ist ein Mädchen aus der Vorstadt-Welt, es ist Modistin bzw. Näherin oder Handwerkertochter und für den sozial höher gestellten „jungen Herrn" deshalb attraktiv, weil es eine „natürliche Authentizität des Liebesgefühls" suggeriert (Lorenz, S. 155).

Gustl bedient sich zwar der „süßen Mädel" und hält unentwegt nach ihnen Ausschau, interessanterweise ist er aber fest liiert mit der „Maitresse" eines anderen, befindet sich also in einer Art „Schmarotzerstatus", der ihn vor kostspieligen Ausgaben bewahrt („Freilich, das mit der Steffi ist bequemer – wenn man nur gelegentlich engagiert ist und ein anderer hat die ganzen Unannehmlichkeiten, und ich hab' nur das Vergnügen", S. 34).

Einerseits ist nachzuweisen, dass auf ihn die von Janz und Laermann genannten Gründe für das „süße Mädel" als Geliebte zutreffen (vgl. die oben zitierte Aussage zu Steffi, seine grauenvolle Erfahrung mit einer Prostituierten in Przemysl [vgl. S. 23], seine Erfahrungen mit der Frau seines Hauptmanns, seine unerfüllten Wünsche nach einer Frau wie der Frau Mannheimer [S. 27] und seine ständige Jagd nach den Objekten seiner Begierde in seiner Erinnerung und auf dem morgendlichen Weg).

Andererseits liegt der Witz der Figur gerade darin, dass Gustl die Maitresse zwar zu kostspielig ist, er sich aber mit der Position des zweiten Geliebten der Maitresse eines anderen begnügt, zu dem er durchaus in Konkurrenz steht. (Vgl. seinen Ärger über die „ewige Abschreiberei von der Steffi" [S. 9] oder seinen Wunsch, sie für sich alleine zu haben und ein „süßes Mädel" aus ihr zu machen: „Wenn die Steffi mir allein g'hören möchte', ich ließ sie Modistin werden oder sowas ..." [S. 37/38]. An Letzterem wird deutlich, dass das „süße Mädel" für ihn durchaus in Lorenz' Sinne Wunschprojektion ist.)

Darüber hinaus ist es durchaus fraglich, ob Gustl tatsächlich als „der junge Herr der Stadt" gelten kann, der sich bis zur standesgemäßen Eheschließung an die „süßen Mädel" hält. Seine bescheidene Herkunft schließt eine solche Eheschließung eigentlich aus (nicht umsonst ist seine Schwester – man muss vermuten: in Ermangelung einer angemessenen Mitgift – noch unverheiratet). Nur sein „Rock" verleitet ihn dazu, auf ein „junges Mädel aus guter Familie mit Kaution" (S. 42) zu hoffen. (Vgl. auch Baustein 6.3.3: Die Bedeutung des Säbels)

Der „Exkurs" zum „süßen Mädel" bietet sich als besondere Lernleistung an: Ein(e) oder zwei Schüler oder Schülerinnen übernehmen die Vorstellung des Konzepts vom ‚süßen Mädel' und die Überprüfung seiner Verwirklichung in der Novelle. Materialgrundlage können die entsprechenden Auszüge aus Schnitzlers Jugenderinnerungen (s. **Zusatzmaterial 3**, S. 142 ff.) und eigene Recherchen sein. Die Aufgabe wird erleichtert, wenn man das oben stehende Zitat von Janz/Laermann als Einstieg vorgibt.
Der Auftrag lautet:

- *Recherchieren Sie zum Typus des „süßen Mädels" bei Schnitzler. Überprüfen Sie dessen Verwirklichung in der Novelle „Lieutenant Gustl": Welche Frauenfiguren würden Sie diesem Typus zuordnen, welche würden Sie als Gegenfiguren ansehen? In welchem Verhältnis steht Gustl zu ihnen?*

- *Regen Sie auf der Grundlage Ihrer Präsentation und der Erarbeitung der Gustl-Figur eine Diskussion zur Bewertung von Gustls Verhältnis zum „süßen Mädel" an und geben Sie dafür ggf. Impulse vor.*

Die Aufgabe ist in erweiterter Form auch für eine Facharbeit geeignet (**Zusatzmaterial 9**, S. 155). Dann wäre mindestens ein weiterer Text von Schnitzler zugrunde zu legen, etwa der „Reigen", und ein intertextueller Vergleich anzuregen. Auch ein Vergleich mit den in Fontanes Romanen dargestellten Verhältnissen im preußischen Berlin (s. **Zusatzmaterial 4 und 5**, S. 145 ff.) wäre lohnend:

- *Verwirklicht Fontane mit der Konzeption der Lene-Figur in „Irrungen, Wirrungen" den Typus des Schnitzler'schen „süßen Mädels"?*

5.4 Gustl als Prototyp des autoritären Charakters

Gustl wurde oben als identitäts- und substanzloses Subjekt gekennzeichnet bzw. als Figur, deren Rollenidentität im hierarchisch organisierten militärischen Apparat die individuelle Identität dominiert, wenn nicht ersetzt, und die ihre Defizite durch Abwehr kompensiert. Darüber hinaus konnte gezeigt werden, dass sich in dem Figurenkonzept die kulturellen und wissenschaftlichen Diskurse um 1900 kristallisieren.
Im Folgenden soll abschließend die Gustl-Figur auf ihre Repräsentativität für das 20. Jahrhundert mit Bezug auf die Entwicklung zum Faschismus befragt werden.
Dies soll mithilfe der von Adorno entwickelten Kategorien des „Autoritarismus" geschehen. Die Schülerinnen und Schüler werden auf dem **Arbeitsblatt 26** (S. 110) über Adornos Un-

tersuchung informiert. Sie bekommen die Aufgabe, die Figur Gustl auf autoritäre Züge hin zu überprüfen und seine faschistische Disposition anhand der angegebenen Kategorien nachzuweisen. Sie stellen die Ergebnisse der Überprüfung in einer Tabelle (**Arbeitsblatt 27**, S. 112) dar.

> *Überprüfen Sie die Gustl-Figur anhand der Variablen des Autoritarismus. Stützen Sie sich auf Ihre Arbeitsergebnisse zu Gustls Charakter und belegen Sie damit Ihre Untersuchungsergebnisse.*
>
> *Nutzen Sie für die Darstellung die Tabelle auf dem Arbeitsblatt 27.*

Mögliche Befunde zu diesem Auftrag sind in der Lösung zu **Arbeitsblatt 27** (S. 128) aufgeführt.

Nach der Präsentation und dem Abgleich der Ergebnisse können die Untersuchungen zum Figurenkonzept Gustls mit einer Diskussion zur These Fliedls, dass Gustl in seiner banalen, aber gefährlichen Durchschnittlichkeit ein Repräsentant des 20. Jahrhunderts geworden sei, abgeschlossen werden. Als ergänzendes Material zur Vorbereitung dieser Diskussion und zur Unterfütterung der „banalen, aber gefährlichen Durchschnittlichkeit" Gustls eignen sich Aussagen Hannah Arendts zur „Banalität des Bösen", die sie unter anderem aus ihrer Beobachtung des Prozesses gegen Adolf Eichmann in Jerusalem gewann (s. **Arbeitsblatt 28**, S. 114).

Die Schülerinnen und Schüler erhalten folgenden Arbeitsauftrag:

> *Sie sind zu Beginn Ihrer Beschäftigung mit Gustls Charakter mit der Behauptung Konstanze Fliedls konfrontiert worden, Gustl sei „in seiner banalen, aber gefährlichen Durchschnittlichkeit [...] ein Repräsentant des 20. Jahrhunderts geworden." Diskutieren Sie diese Behauptung auf der Grundlage Ihrer Untersuchungsergebnisse zum autoritären Charakter Gustls und Ihrer Kenntnisse zur historisch-politischen Entwicklung des 20. Jahrhunderts. Nutzen Sie zur Vorbereitung der Diskussion auch Arbeitsblatt 28 mit Hannah Arendts Aussagen zur „Banalität des Bösen".*

Die Überprüfung der Gustl-Figur anhand der Variablen des Autoritarismus (Adorno) hat eine starke Übereinstimmung Gustls mit den charakterlichen Dispositionen eines für den Faschismus anfälligen autoritären Charakters verdeutlicht. Adorno macht darauf aufmerksam, dass die Variablen sich häufig überschneiden, in ihrer Gesamtheit eine Ich-Schwäche sichtbar machen und in deutlicher Relation zum Ethnozentrismus stehen.

All dies trifft auf die Gustl-Figur zu. Man kann also mit Fliedl durchaus folgern, dass Gustl anfällig für die faschistische Diktatur gewesen wäre und damit ein früher Repräsentant des erst beginnenden 20. Jahrhunderts ist.

Hannah Arendts Untersuchungen zu Eichmann, in denen sie das „Banale" des Verbrechens gegenüber dem dämonisch überhöhten Bösen betont, unterstützen diesen Befund. Auch Gustl stellt sich niemals wirklich vor, „was er eigentlich anstellt[..]". Seine vorbewussten Abschweifungen von seinem bevorstehenden Ende belegen dieses mangelnde Vorstellungsvermögen ebenso wie seine völlige Gedankenlosigkeit bezogen auf die mögliche Tötung oder Verletzung anderer im Duell. Mit der Unfähigkeit, über das nachzudenken, was er tut oder vorhat zu tun, und der völligen Weigerung des bewussten Erinnerns erweist Gustl sich als der von Arendt beschriebene Niemand, der unfähig ist, sich als Jemand zu konstituieren.

Frappierende Übereinstimmungen zwischen Verhaltensweisen Eichmanns und Gustls, die deutlich komische Elemente enthalten, ergeben sich bezogen auf das Verhältnis beider zum eigenen Ende: Der Rückzug auf sentimentale Floskeln und Klischees, das Vergessen, dass es sich um den eigenen Tod bzw. bei Gustl um das eigene Begräbnis handelt (vgl. am Ende der Novelle seine Erwartung, die Nachricht seines eigenen Todes in der Zeitung lesen zu können).

Konstanze Fliedl: Identität durch Abwehr (Auszug)

Eine Interpretin des „Lieutenant Gustl" von Arthur Schnitzler, Konstanze Fliedl, macht darauf aufmerksam, dass Gustls Ansichten „allesamt auf die Stärkung durch die Obrigkeit angewiesen" seien.

„Verhaltensvorbilder sind Regimentskameraden und Vorgesetzte, wobei deren Rang keine unerhebliche Rolle spielt. [...] Oberst und Major, die ranghöheren Chargen, sind Gustl Gewährsleute seiner Lebens- bzw. Todesphilosophie und Garanten tapferer Männlichkeit. Zu ihnen steht er in sehr viel größerer innerer Nähe als zu seinen Geliebten, wobei auch unbewusste homoerotische Momente eine Rolle spielen. Offensichtlich hat die Ordnung der Welt nach Dienstgraden unbedingt etwas Verführerisches. Die gehorsame Befolgung des Dienstreglements ermöglicht ein beträchtliches Quantum an Verhaltenssicherheit auch in kniffligen Lebenslagen; darüber hinaus verspricht sie den Aufstieg in der Hierarchie. Gustls Position ist dabei noch relativ prekär: Als Leutnant ist er zwar den Unteroffizieren (Kadetten, Feldwebeln, Zugführern und Korporalen) sowie den Gefreiten vorgesetzt; als ‚subalterner' Offizier befindet er sich andererseits am untersten Ende der Rangleiter und hat Oberleutnants und Hauptleute (‚Ober-Officiere'), Majore, Oberstleutnants und Oberste (‚Stabs-Officiere') und schließlich – unerreichbar fern – die Generalität über sich. Aber gerade deshalb wirkt auf Gustl in besonderer Weise das, was Elias Canetti die ‚Disziplin der *Beförderung*' genannt hat: Jeder Befehl setzt sich im Empfänger als ‚Befehlsstachel' fest. Die einzige Möglichkeit, solche autoritären Widerhaken loszuwerden, ist die Weitergabe nach unten, in einer identischen Situation, in dem gleichen Ton, mit demselben Kommando. Die aufsteigende Charge gehorcht daher nicht nur der Disziplin des Befehls, sondern vielmehr diesem geheimen Mechanismus der ‚Verwertung von gespeicherten Befehlsstacheln'.[1] Daher entwickelt Gustl, auf der niedrigsten Stufe der Offizierskarriere, einen Überschuss an Loyalität; die Überzeugungen seines Standes hat er verlässlich internalisiert. Diese Überzeugungen beruhen nun großteils auf der Herstellung einer Identität durch Abwehr.

In mentalitätstypischer Weise richtet sich diese Abwehr generell gegen Außenstehende – also Zivilisten; aggressiv verstärkt trifft sie aber zwei Gruppen: Frauen und Juden."

Aus: Konstanze Fliedl: Auszüge aus dem Nachwort zu Arthur Schnitzler, Lieutenant Gustl. Stuttgart: Reclam 2007, S. 85–88 (gek.) © Philipp Reclam jun. GmbH & Co., Stuttgart

---

[1] Elias Canetti, Masse und Macht, Hamburg 1960, S. 361 f.

Grafik zu Gustls Identität durch Abwehr (nach Konstanze Fliedl)

■ *Vervollständigen Sie die Grafik zu Gustls „Identität durch Abwehr" auf der Grundlage des Textauszugs von Konstanze Fliedl: Worauf beruht Gustls Identität (Mitte), inwiefern ist sie durch „Abwehr" definiert?*
Überprüfen Sie bei der Textarbeit, inwiefern der vierte Außenkreis auf die Familie bezogen werden kann.

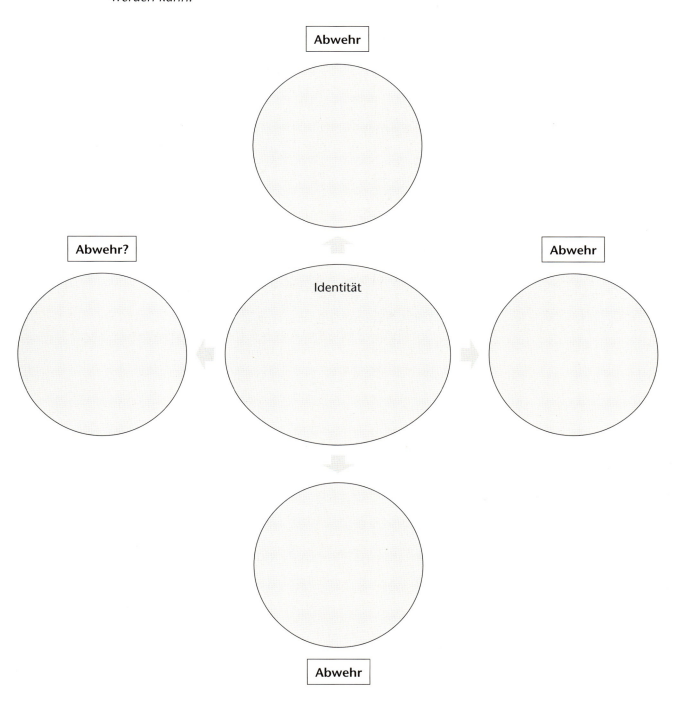

Die Identität durch Abwehr
(nach Konstanze Fliedl) – (Lösung)

Vervollständigen Sie die Grafik zu Gustls „Identität durch Abwehr" auf der Grundlage des Textauszugs von Konstanze Fliedl: Worauf beruht Gustls Identität (Mitte), inwiefern ist sie durch „Abwehr" definiert? Überprüfen Sie bei der Textarbeit, inwiefern der vierte Außenkreis auf die Familie bezogen werden kann.

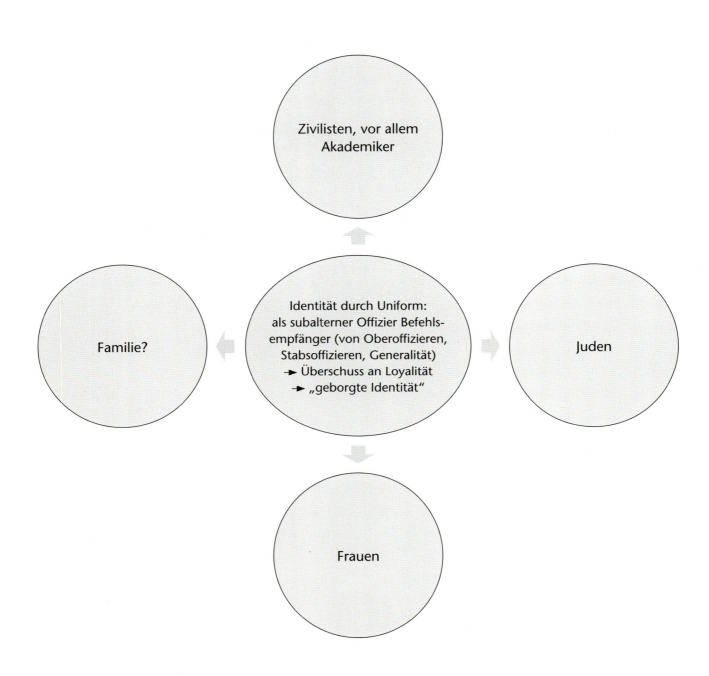

Gruppenarbeit 1 – Arbeitsaufträge

Leitende Fragestellung:
Ist die Feststellung einer „Identität durch Abwehr" gerechtfertigt?
Inwiefern kann man bei Gustl von einem defizitären Charakter sprechen?

Gruppe 1:

- Überprüfen Sie die These Fliedls, Gustl stelle seine Identität durch Abwehr her, indem sie sein Verhältnis zu „Zivilisten" untersuchen.
Stellen Sie entsprechende Textaussagen zusammen und werten Sie sie unter dem gegebenen Aspekt aus. Achten Sie bei Ihrer Untersuchung auch auf die Nennung von Namen zur konkreten Darstellung von Personen.
Recherchieren Sie zum Verhältnis von Zivilgesellschaft und Militär in der k. u. k.-Monarchie um 1900 und erklären Sie damit Ihre textimmanent erhobenen Befunde.

Für alle Gruppen:

- Nutzen Sie Ihre Kenntnisse aus den zuvor erarbeiteten Bausteinen.
- Achten Sie bei der Organisation Ihrer Arbeit zu Textanalyse und Recherche auf eine Einbeziehung aller Gruppenmitglieder: Alle Arbeitsergebnisse müssen diskutiert werden und anschließend von allen Gruppenmitgliedern vertreten werden können.
- Sorgen Sie während der Arbeit für eine angemessene Einbeziehung und Verteilung von Hausaufgaben.
- Halten Sie Ihre Ergebnisse strukturiert in einem Handout fest und belegen Sie sie. (Die Textuntersuchung bildet die Grundlage Ihrer Arbeit und muss Ihren Zuhörern übersichtlich und am Text nachvollziehbar vermittelt werden!)
- Bereiten Sie sich als Gruppe auf die Präsentation der Ergebnisse vor. Nutzen Sie Möglichkeiten der Veranschaulichung/Visualisierung und der Einbeziehung Ihrer Zuhörer, wo das möglich ist.

Gruppenarbeit 2 – Arbeitsaufträge

Leitende Fragestellung:
Ist die Feststellung einer „Identität durch Abwehr" gerechtfertigt?
Inwiefern kann man bei Gustl von einem defizitären Charakter sprechen?

Gruppe 2:

- Überprüfen Sie die These Fliedls, Gustl stelle seine Identität durch Abwehr her, indem Sie sein Verhältnis zu Frauen untersuchen.
Stellen Sie entsprechende Textaussagen zusammen und werten Sie sie unter dem gegebenen Aspekt aus. Achten Sie bei Ihrer Untersuchung auch auf die Nennung von Namen zur konkreten Darstellung der Personen.
Recherchieren Sie zu dem von Schnitzler kreierten Typus des „süßen Mädels" (u. a. auch unter Verwendung des Zusatzmaterials und des Anhangs der Textausgabe, S. 76 ff.) und nutzen Sie Ihre Rechercheergebnisse zur Kategorisierung und Erklärung der Frauengestalten und des Verhältnisses Gustls zu ihnen.

Für alle Gruppen:

- Nutzen Sie Ihre Kenntnisse aus den zuvor erarbeiteten Bausteinen.
- Achten Sie bei der Organisation Ihrer Arbeit zu Textanalyse und Recherche auf eine Einbeziehung aller Gruppenmitglieder: Alle Arbeitsergebnisse müssen diskutiert werden und anschließend von allen Gruppenmitgliedern vertreten werden können.
- Sorgen Sie während der Arbeit für eine angemessene Einbeziehung und Verteilung von Hausaufgaben.
- Halten Sie Ihre Ergebnisse strukturiert in einem Handout fest und belegen Sie sie. (Die Textuntersuchung bildet die Grundlage Ihrer Arbeit und muss Ihren Zuhörern übersichtlich und am Text nachvollziehbar vermittelt werden!)
- Bereiten Sie sich als Gruppe auf die Präsentation der Ergebnisse vor. Nutzen Sie Möglichkeiten der Veranschaulichung/Visualisierung und der Einbeziehung Ihrer Zuhörer, wo das möglich ist.

Gruppenarbeit 3 – Arbeitsaufträge

Leitende Fragestellung:
Ist die Feststellung einer „Identität durch Abwehr" gerechtfertigt?
Inwiefern kann man bei Gustl von einem defizitären Charakter sprechen?

Gruppe 3:

- Überprüfen Sie die These Fliedls, Gustl stelle seine Identität durch Abwehr her, indem Sie sein Verhältnis zu Juden untersuchen.
Stellen Sie entsprechende Textaussagen zusammen und werten Sie sie unter dem gegebenen Aspekt aus.
Recherchieren Sie zum Antisemitismus in Wien um die Jahrhundertwende 1900 (u. a. im Anhang der Textausgabe, S. 84 ff.) und nutzen Sie Ihre Rechercheergebnisse zur Erklärung Ihrer textimmanenten Befunde.

Für alle Gruppen:

- Nutzen Sie Ihre Kenntnisse aus den zuvor erarbeiteten Bausteinen.
- Achten Sie bei der Organisation Ihrer Arbeit zu Textanalyse und Recherche auf eine Einbeziehung aller Gruppenmitglieder: Alle Arbeitsergebnisse müssen diskutiert werden und anschließend von allen Gruppenmitgliedern vertreten werden können.
- Sorgen Sie während der Arbeit für eine angemessene Einbeziehung und Verteilung von Hausaufgaben.
- Halten Sie Ihre Ergebnisse strukturiert in einem Handout fest und belegen Sie sie. (Die Textuntersuchung bildet die Grundlage Ihrer Arbeit und muss Ihren Zuhörern übersichtlich und am Text nachvollziehbar vermittelt werden!)
- Bereiten Sie sich als Gruppe auf die Präsentation der Ergebnisse vor. Nutzen Sie Möglichkeiten der Veranschaulichung/Visualisierung und der Einbeziehung Ihrer Zuhörer, wo das möglich ist.

Gruppenarbeit 4 – Arbeitsaufträge

Leitende Fragestellung:
Ist die Feststellung einer „Identität durch Abwehr" gerechtfertigt?
Inwiefern kann man bei Gustl von einem defizitären Charakter sprechen?

Gruppe 4:

■ *Überprüfen Sie die These Fliedls, Gustl stelle seine Identität durch Abwehr her, indem Sie sein Verhältnis zu seiner Familie untersuchen.*
Stellen Sie entsprechende Textaussagen zusammen und werten Sie sie unter dem gegebenen Aspekt aus.
Recherchieren Sie zum Begriff der „ödipalen Bindung" und nutzen Sie die Rechercheergebnisse zur Klärung seines Verhältnisses zur Mutter und seiner Identitätsproblematik.

Für alle Gruppen:

- *Nutzen Sie Ihre Kenntnisse aus den zuvor erarbeiteten Bausteinen.*
- *Achten Sie bei der Organisation Ihrer Arbeit zu Textanalyse und Recherche auf eine Einbeziehung aller Gruppenmitglieder: Alle Arbeitsergebnisse müssen diskutiert werden und anschließend von allen Gruppenmitgliedern vertreten werden können.*
- *Sorgen Sie während der Arbeit für eine angemessene Einbeziehung und Verteilung von Hausaufgaben.*
- *Halten Sie Ihre Ergebnisse strukturiert in einem Handout fest und belegen Sie sie. (Die Textuntersuchung bildet die Grundlage Ihrer Arbeit und muss Ihren Zuhörern übersichtlich und am Text nachvollziehbar vermittelt werden!)*
- *Bereiten Sie sich als Gruppe auf die Präsentation der Ergebnisse vor. Nutzen Sie Möglichkeiten der Veranschaulichung/Visualisierung und der Einbeziehung Ihrer Zuhörer, wo das möglich ist.*

Gruppenarbeit 5 – Arbeitsaufträge

Leitende Fragestellung:
Ist die Feststellung einer „Identität durch Abwehr" gerechtfertigt?
Inwiefern kann man bei Gustl von einem defizitären Charakter sprechen?

Gruppe 5:

■ Überprüfen Sie die These Fliedls, Gustl sei auf die Stärkung seiner Identität durch die Obrigkeit angewiesen.
Stellen Sie Textaussagen zu seinem Verhältnis zu Regimentskameraden und Vorgesetzten zusammen und werten Sie sie unter dem gegebenen Aspekt aus.
Fertigen Sie eine Liste aller genannten Militärangehörigen an und diskutieren Sie die Quantität und Qualität der Nennungen (Namen, Dienstgrad, Bedeutung für Gustl) im Kontext der Novelle. Vergleichen Sie diese Nennungen mit den übrigen Namensnennungen (Frauen, Juden, Zivile; holen Sie dazu Informationen von den anderen Gruppen ein) und ziehen Sie aus dem Vergleich Schlüsse bezogen auf die Identitätsproblematik.

Für alle Gruppen:

- Nutzen Sie Ihre Kenntnisse aus den zuvor erarbeiteten Bausteinen.
- Achten Sie bei der Organisation Ihrer Arbeit zu Textanalyse und Recherche auf eine Einbeziehung aller Gruppenmitglieder: Alle Arbeitsergebnisse müssen diskutiert werden und anschließend von allen Gruppenmitgliedern vertreten werden können.
- Sorgen Sie während der Arbeit für eine angemessene Einbeziehung und Verteilung von Hausaufgaben.
- Halten Sie Ihre Ergebnisse strukturiert in einem Handout fest und belegen Sie sie. (Die Textuntersuchung bildet die Grundlage Ihrer Arbeit und muss Ihren Zuhörern übersichtlich und am Text nachvollziehbar vermittelt werden.)
- Bereiten Sie sich als Gruppe auf die Präsentation der Ergebnisse vor. Nutzen Sie Möglichkeiten der Veranschaulichung/Visualisierung und der Einbeziehung Ihrer Zuhörer, wo das möglich ist.

Facetten der Persönlichkeit Gustls
(Analyse der Exposition, S. 7–14, Z. 32)

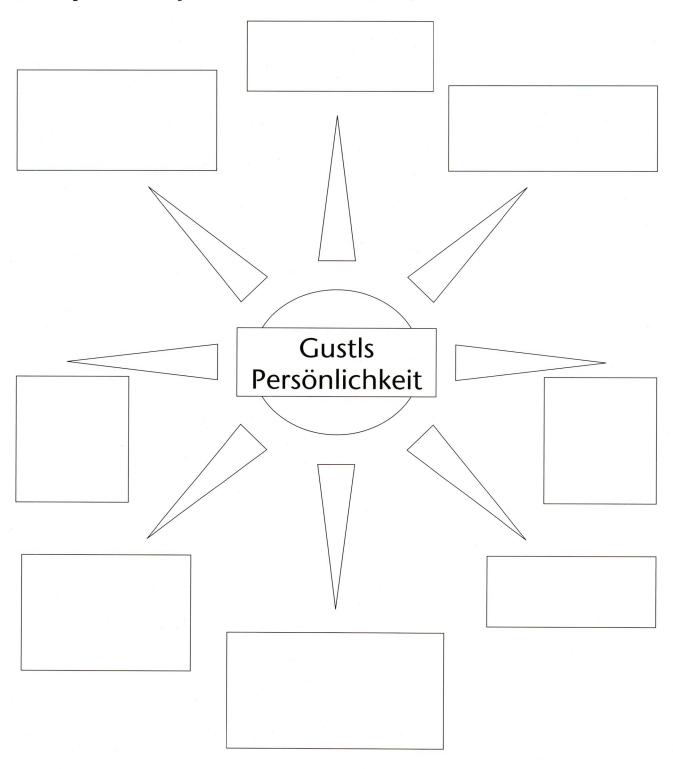

■ Untersuchen Sie, woran Gustl während des Konzerts denkt und wie er sich verhält. Finden Sie Kategorien, mit denen sich Ihre Beobachtungen ordnen lassen. Tragen Sie anschließend die Kategorien in obigem Stern ein und ergänzen Sie in Stichpunkten Ihre Beobachtungen dazu.
Versuchen Sie ein vorläufiges Fazit Ihrer Befunde zu ziehen.

Facetten der Persönlichkeit Gustls – (Lösung)
(Analyse der Exposition, S. 7–14, Z. 32)

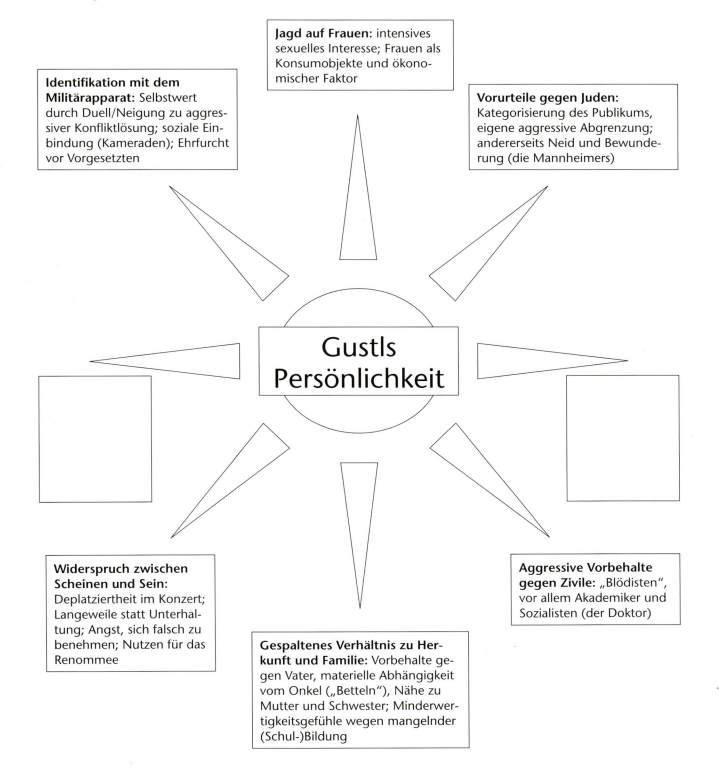

Sexualität, Misogynie und Antisemitismus

Die von Schnitzler konzipierte Figur kann als Beispiel für die Auseinandersetzung mit der Identitätsproblematik zu Beginn der Moderne bezeichnet werden. Die Krise der von der Gesellschaft zugewiesenen Rollen äußerte sich auch in Literatur und Wissenschaft (Biologie, Medizin, Physik, Philosophie).
So wurde das Sprechen und Schreiben über Identitäten auf der Grundlage veränderter Kategorien vollzogen. Da das Individuum aus seiner Verankerung in Gesellschaft und Kultur gerissen war, schienen auch religiöse und soziale Beschreibungskategorien zunehmend unbrauchbar. Sie wurden ersetzt durch naturalisierende, d. h. auf den Körper bezogene Kategorien. „Der Körper wurde zum Angelpunkt für Konstruktionen von Identität und Alterität entlang verschiedener, mitunter auch miteinander verschränkter Kategorien wie Geschlecht, ‚Rasse', Religion, Klasse oder Nation."[1]

Im Folgenden werden drei Erklärungsmuster dargestellt, die die wissenschaftliche und kulturelle Auseinandersetzung um 1900 in Wien bestimmten:

1. Männlichkeit und Weiblichkeit

„Die Jahre um 1900 sind gekennzeichnet durch eine Krise der Vorstellungen über Geschlecht, Sexualität und Männlichkeit […]. Dem In-Frage-Stellen tradierter Geschlechterbestimmungen und Geschlechterbeziehungen auf der einen Seite (ausgelöst beispielsweise durch die entstehende Frauenbewegung und Aktivitäten wie Gründung des ‚Vereins der Schriftstellerinnen und Künstlerinnen in Wien' im Jahr 1885) entspricht zugleich die Tendenz zur Normerhaltung oder gar zur Radikalisierung patriarchalischer Legitimierung als einer antimodernen Defensivhaltung, die sich beispielsweise in der Gründung von Männerbund-Formationen ausdrückt […]. In dieser Optik werden die Begriffe ‚männlich' und ‚weiblich' mit den Gegensatzpaaren Kultur und Natur, Differenziertheit und Undifferenziertheit, Vernunft und Gefühl, Aktivität und Passivität, Geist und Körper, Öffentlichkeit und Privatheit konnotiert. Die Frau, mit Natur, Tierhaftigkeit und Undifferenziertheit assoziiert, wird mit ihrer Sexualität identifiziert (umgekehrt wird Sexualität generell mit dem Weiblichen assoziiert), während der Mann als Verkörperung des Individuellen, Ausdifferenzierten und der Ratio idealerweise als Beherrscher seiner Sexualität erscheint […].
Doch im Fin de Siècle erscheint die traditionelle Männlichkeit von mehreren Seiten bedroht […]. Nicht nur Frauen zweifeln zunehmend die ihnen zugewiesene Rolle an, es vollziehen sich auch Grenzüberschreitungen hinsichtlich der Wahrnehmung von Geschlechtsidentitäten. Es treten immer mehr ‚weibische Männer' und ‚unweibliche Frauen' auf den Plan […]: Nicht zufällig finden sich zahlreiche Gestaltungen der Androgynität sowohl in der bildenden Kunst als auch in der Literatur dieser Jahre.

2. Gesundheit und Krankheit

„Die Verunsicherung der Geschlechterordnung lässt ein Bedürfnis nach wissenschaftlich legitimierter Eindeutigkeit entstehen. In diesem Zusammenhang kann auch die vermehrte Herausbildung von Wissenschaftszweigen interpretiert werden, die sich mit der Sexualität befassen. Geschlechter-Konzepte werden mit medizinischen Termini belegt. Die wissenschaftlichen Bemühungen kreisen um die Markierung von Differenz, um die Festlegung von Normalität und Abweichung, um Degeneration und sexuelle Orientierung (Homosexualität), Krankheit und Männlichkeit. Es kommt zur Moralisierung der Medizin und zur Verwissenschaftlichung moralischer Einstellungen […].

Das Konzept der Hysterie kann in diesem Zusammenhang […] als paradigmatisch betrachtet werden; als Projektionsfläche für das abgespaltene, als bedrohlich empfundene Andere. Dieses ‚Andere' erscheint sozusagen gebündelt im ‚Weib' und im ‚Juden' […]."

---

[1] Fraisl/Zettelbauer/Rabelhofer: Der weibliche Körper als Ort von Identitätskonstruktionen in der Moderne (1986), zitiert nach Dagmar Lorenz, Wiener Moderne, Stuttgart und Weimar (Metzler) 2007, S. 149/50

3. „Rasse" und Antisemitismus

„Ähnlich wie der Geschlechterdiskurs, so kann auch der ‚Rasse'-Diskurs – als Ensemble antisemitischer Zuschreibungen – als Abwehrmechanismus gedeutet werden [...]. Im modernen antisemitischen Diskurs wird eine jüdische Andersheit konstruiert, indem sie mit den ‚Attributen der Abstraktheit, Unfassbarkeit, Universalität und Mobilität' belegt wird: Attribute, die auch die zeitgenössische Kritik an den modernen Produktions- und Warenaustauschprozessen anführt (Kernmayer/Hödl/Ernst, 2004, S. 295). In der zeitgenössischen Modernekritik stehen [...] diese Phänomene für die Moderne an sich. [...] In weiten Kreisen des ‚mainstreams' der Kulturkritik [...] wird das Stereotyp des Juden zudem weiblich konnotiert und in den Zusammenhang einer pathologisierten Dekadenz gestellt [...]."

Auszüge aus: Dagmar Lorenz: Wiener Moderne. 2., aktualisierte und überarbeitete Auflage, S. 149–151 © 2007 J.B. Metzlersche Verlagsbuchhandlung und Carl Ernst Poeschel Verlag GmbH in Stuttgart, S. 150–152

- Erarbeiten Sie die drei Erklärungsmuster, die sich zu Beginn der Moderne als Antwort auf die Krise der Gesellschaft entwickelten.

- Sichten Sie Ihre Befunde zu Gustls Persönlichkeit unter diesen drei Erklärungsmustern und diskutieren Sie die Relevanz dieser Kategorien für die Konzeption der Gustl-Figur.

Der autoritäre Charakter Gustls – Vergleich mit Adornos Variablen des Autoritarismus

Theodor W. Adorno emigrierte mit seinem Institut für Sozialforschung in den Vierzigerjahren in die USA und untersuchte, unterstützt durch das „American Jewish Committee", die Genese des Vorurteils und insbesondere des Antisemitismus. Die Ergebnisse dieser Studien wurden 1949 bis 1950 als „Studies in Prejudice" veröffentlicht.

Im Folgenden finden Sie zunächst einen Auszug aus Adornos Einleitung zu diesen „Studies" und im Anschluss eine Liste mit den Variablen des „Autoritarismus", die Adorno mit seinen Mitarbeitern im Zuge seiner Forschungen aufstellte.

Auszug aus der Einleitung:

„Die Untersuchungen, über die hier berichtet wird, waren an der Hypothese orientiert, daß die politischen, wirtschaftlichen und gesellschaftlichen Überzeugungen eines Individuums häufig ein umfassendes und kohärentes, gleichsam durch eine „Mentalität" oder einen „Geist" zusammengehaltenes Denkmuster bilden und daß dieses Denkmuster Ausdruck verborgener Züge der individuellen Charakterstruktur ist. Im Mittelpunkt des Interesses stand das *potentiell faschistische Individuum*, ein Individuum, dessen Struktur es besonders empfänglich für antidemokratische Propaganda macht. Wir sagen „potentiell", denn wir haben uns nicht mit Personen befaßt, die erklärtermaßen Faschisten waren oder bekannten faschistischen Organisationen angehörten. Zur Zeit, als wir den größten Teil unseres Materials zusammentrugen, war der Faschismus gerade im Kriege geschlagen worden, so daß wir nicht mit Versuchspersonen rechnen konnten, die sich offen mit ihm identifizieren würden; doch ließen sich leicht Personen finden, deren Anschauungen verrieten, daß sie den Faschismus bereitwillig akzeptieren würden, falls er sich zu einer starken und respektablen Bewegung entwickeln sollte. Wenn wir uns auf den potentiellen Faschisten konzentrieren, unterstellen wir nicht, daß andere Charakterstrukturen und Ideologien nicht gleicherweise gewinnbringend zu studieren wären. Wir sind indes der Meinung, daß keine politisch-soziale Strömung unsere traditionellen Werte und Institutionen so gravierend bedroht wie der Faschismus und daß er, wenn die psychologischen Kräfte erkannt sind, die ihn begünstigen, schließlich besser zu bekämpfen ist. [...] Wenn es ein potentiell faschistisches Individuum gibt, wie sieht es, genau betrachtet, aus? Wie kommt antidemokratisches Denken zustande? Welche Kräfte im Individuum sind es, die sein Denken strukturieren? Wenn es solche Individuen gibt, sind sie in unserer Gesellschaft weit verbreitet? Und welches sind ihre Determinanten, wie der Gang ihrer Entwicklung? Das sind Fragen, zu deren Beantwortung diese Studie beitragen soll."

Adorno begründet sein besonderes Forschungsinteresse am Autoritarismus damit,

„[...] daß verschiedenen voreingenommenen Antworten [seiner Probanden] eine allgemeine Disposition zur Glorifizierung, zu unterwürfiger und unkritischer Haltung gegenüber Autoritäten der Eigengruppe und zu Strafsucht gegenüber Angehörigen anderer Gruppen im Namen irgendeiner moralischen Autorität zugrunde liegen mußte, so daß *Autoritarismus* die Ausmaße einer Variablen annahm, die eine eigene Untersuchung verdiente."

Adorno kommentiert diese Liste (vgl. S. 111), die er als „F-Skala" bezeichnet, so:

„Diese Variablen ergänzten sich unserer Meinung nach so, daß sie ein einziges Syndrom, eine mehr oder weniger dauerhafte Struktur im Individuum bilden konnten, die es für antidemokratische Propaganda anfällig macht. Man könnte daher sagen, die F-Skala versuche, den potentiell antidemokratischen Charakter zu messen. Das heißt nicht, daß sie alle Züge dieser Charakterstruktur einbezieht, sondern nur einen annehmbaren Ausschnitt der für eine solche Struktur charakteristischen Ausdrucksweisen erfaßt."

Aus: Theodor W. Adorno: Studien zum autoritären Charakter. Frankfurt am Main: Suhrkamp 1995, S. 1f., 45f. (aus lizenzrechtlichen Gründen nicht in reformierter Rechtschreibung)

Überprüfen Sie die Gustl-Figur anhand der Variablen des Autoritarismus. Stützen Sie sich auf Ihre Arbeitsergebnisse zu Gustls Charakter und belegen Sie damit Ihre Untersuchungsergebnisse.

Die Variablen des Autoritarismus mit kurzer Definition (nach Adorno):

a) *Konventionalismus*: Starre Bindung an die konventionellen Werte des Mittelstandes.

b) *Autoritäre Unterwürfigkeit*: Unkritische Unterwerfung unter idealisierte Autoritäten der Eigengruppe.

c) *Autoritäre Aggression*: Tendenz, nach Menschen Ausschau zu halten, die konventionelle Werte missachten, um sie verurteilen, ablehnen und bestrafen zu können.

d) *Anti-Intrazeption*: Abwehr des Subjektiven, des Fantasievollen, Sensiblen.

e) *Aberglaube und Stereotypie*: Glaube an die mystische Bestimmung des eigenen Schicksals; die Disposition, in rigiden Kategorien zu denken.

f) *Machtdenken und „Kraftmeierei"*: Denken in Dimensionen wie Herrschaft – Unterwerfung, stark – schwach, Führer – Gefolgschaft; Identifizierung mit Machtgestalten; Überbetonung der konventionalisierten Attribute des Ich; übertriebene Zurschaustellung von Stärke und Robustheit.

g) *Destruktivität und Zynismus*: Allgemeine Feindseligkeit, Diffamierung des Menschlichen.

h) *Projektivität*: Disposition, an wüste und gefährliche Vorgänge in der Welt zu glauben; die Projektion unbewusster Triebimpulse auf die Außenwelt.

i) *Sexualität*: Übertriebene Beschäftigung mit sexuellen „Vorgängen".

Tabelle zur Überprüfung der Gustl-Figur anhand der Variablen des Autoritarismus (Adorno)

■ *Überprüfen Sie die Gustl-Figur anhand der Variablen des Autoritarismus. Stützen Sie sich auf Ihre Arbeitsergebnisse zu Gustls Charakter und belegen Sie damit Ihre Untersuchungsergebnisse.*

Variablen des Autoritarismus	Gustls Charakter
a) Konventionalismus	
b) Autoritäre Unterwürfigkeit	
c) Autoritäre Aggression	
d) Anti-Intrazeption	
e) Aberglaube und Stereotypie	
f) Machtdenken und „Kraftmeierei"	
g) Destruktivität und Zynismus	
h) Projektivität	
i) Sexualität	

Tabelle zur Überprüfung der Gustl-Figur anhand der Variablen des Autoritarismus (Adorno) – (Lösung)

> *Überprüfen Sie die Gustl-Figur anhand der Variablen des Autoritarismus. Stützen Sie sich auf Ihre Arbeitsergebnisse zu Gustls Charakter und belegen Sie damit Ihre Untersuchungsergebnisse.*

Variablen des Autoritarismus	Gustls Charakter
a) Konventionalismus	Gustl entstammt kleinbürgerlichen Verhältnissen, hängt konventionellen Wertvorstellungen an, die z. T. in der Militärhierarchie, z. T. aber auch in der Familie begründet sind (Scham über sexuelle Eskapaden, Verklärung romantischer Liebe; Ablehnung alles Liberalen).
b) Autoritäre Unterwürfigkeit	Idealisierung der Mitglieder der Eigengruppe, Unterwerfung unter das Urteil der Vorgesetzten; Verklärung des Kaisers
c) Autoritäre Aggression	Aggression gegen Außenstehende, die an „festen Werten" Kritik üben (z. B. gegen den Doktor, der den Patriotismus der Offiziere bezweifelt); Aggression gegen alles, was das konventionelle System, das Gustl stützt, gefährdet (Aufstieg der Juden zu Offizieren etc.)
d) Anti-Intrazeption	Widerstand gegen eigene Gefühlsregungen (z. B., wenn Gustl sich beim Gedanken an seinen Suizid immer wieder zur Ordnung ruft); ohne Gefühle Frauen gegenüber, keine Eifersuchtsgefühle; ohne Zugang zum eigenen Innenleben, Furcht vor der Beobachtung durch andere
e) Aberglaube und Stereotypie	Insgesamt ist Gustl beschränkten, primitiven Denkschemata (Juden!) verhaftet; Aberglaube statt Glaube (vgl. die Kirchenepisode und Gustls Reaktion auf die Todesnachricht des Bäckers: „Am End' ist das Alles, weil ich in der Kirchen g'wesen bin", S. 45).
f) Machtdenken und „Kraftmeierei"	Gustl bewundert Mächtige und nimmt durch Unterwerfung an deren Macht teil (Militärapparat; Begegnung mit dem Kaiser); als Leutnant hat er die Möglichkeit der eigenen Unterwerfung unter Ranghöhere und der Ausübung von Macht gegenüber Rangniederen; er wertet Angehörige von Fremdgruppen ab (Frauen, Juden, Zivile), betrachtet die Juden unter rassistischem Aspekt als minderwertig.
g) Destruktivität und Zynismus	Moralische Geringschätzung von Fremdgruppen (wieder vor allem Juden, aber auch Frauen und Zivile insgesamt); autoritäre Aggression wird im Wesentlichen über das Duell entladen; Menschenverachtung z. B. in der Freude auf das Duell mit dem Doktor: „Dich hau' ich zu Krenfleisch!" (S. 46)
h) Projektivität	Angst, der Bäckermeister werde den Vorfall im Konzertsaal herumerzählen; Unterstellung, der Doktor habe mit seiner Bemerkung zur Vaterlandsverteidigung auf Gustls persönliche Defizite anspielen wollen.
i) Sexualität	Gustls Denken ist stark sexualisiert im Sinne einer ich-freien Sexualität; eine Strafsucht gegenüber Übertretern des Sexualkodex (z. B. Homosexuelle) lässt sich nicht nachweisen.

Hannah Arendt zur „Banalität des Bösen"

Hannah Arendt, geboren 1906 in Hannover und 1975 in New York gestorben, musste als Jüdin bereits 1933 emigrieren, 1937 wurde ihr die deutsche Staatsbürgerschaft aberkannt. 1961 war sie Prozessbeobachterin im Prozess gegen den ehemaligen SS-Obersturmbannführer Adolf Eichmann in Jerusalem, einen der Hauptverantwortlichen für die sogenannte Endlösung der Juden in Europa. Ihr Prozessbericht wurde 1963 in den USA, 1964 in Deutschland unter dem Titel „Eichmann in Jerusalem. Ein Bericht von der Banalität des Bösen" veröffentlicht.
1965 befasste sie sich in einer Vorlesung über „Einige Fragen der Ethik" weiterhin mit der Natur des „Bösen".
Die folgenden Textauszüge sind diesen beiden Werken entnommen.

Arendt kommentiert ihre Beobachtungen zum Prozess gegen Eichmann abschließend u. a. so:

„Das Beunruhigende an der Person Eichmanns war doch gerade, dass er war wie viele und dass diese vielen weder pervers noch sadistisch, sondern schrecklich und erschreckend normal waren und sind. Vom Standpunkt unserer Rechtsinstitutionen und an unseren moralischen Urteilsmaßstäben gemessen, war diese Normalität viel erschreckender als alle Greuel zusammengenommen, denn sie implizierte [...], dass dieser neue Verbrechertypus, der nun wirklich hostis generis humani ist[1], unter Bedingungen handelt, die es ihm beinahe unmöglich machen, sich seiner Untaten bewusst zu werden."

Zu Eichmann stellt sie fest:

„Eichmann war nicht Jago und nicht Macbeth, und nichts hätte ihm ferner gelegen, als mit Richard III. zu beschließen, ‚ein Bösewicht zu werden'. Außer einer ganz ungewöhnlichen Beflissenheit, alles zu tun, was seinem Fortkommen dienlich sein konnte, hatte er überhaupt keine Motive; und auch diese Beflissenheit war an sich keineswegs kriminell, er hätte bestimmt niemals seinen Vorgesetzten umgebracht, um an dessen Stelle zu rücken. Er hat sich nur, um in der Alltagssprache zu bleiben, *niemals vorgestellt, was er eigentlich anstellte.* [...] Es war gewissermaßen schiere Gedankenlosigkeit – etwas, das mit Dummheit keineswegs identisch ist –, die ihn dafür prädisponierte, zu einem der größten Verbrecher jener Zeit zu werden. Und wenn dies ‚banal' ist, wenn sogar komisch, wenn man ihm nämlich beim besten Willen keine teuflisch-dämonische Tiefe abgewinnen kann, so ist es darum doch noch lange nicht alltäglich. Es dürfte gar nicht so oft vorkommen, dass einem Menschen im Angesicht des Todes und noch dazu unter dem Galgen nichts anderes einfällt, als was er bei Beerdigungen sein Leben lang zu hören bekommen hat, und dass er über diesen ‚erhebenden Worten' die Wirklichkeit des eigenen Todes unschwer vergessen kann. Dass eine solche Realitätsferne und Gedankenlosigkeit in einem mehr Unheil anrichten können als alle die dem Menschen vielleicht innewohnenden bösen Triebe zusammengenommen, das war in der Tat die Lektion, die man in Jerusalem lernen konnte."

Eichmanns Tod schildert Arendt so:

„Adolf Eichmann ging ruhig und gefasst in den Tod. Er bat um eine Flasche Rotwein und trank die Hälfte davon aus. Den Beistand des protestantischen Geistlichen, Reverend William Hull, der mit ihm die Bibel lesen wollte, lehnte er ab: er habe nur noch zwei Stunden zu leben und deshalb „keine Zeit zu verschwenden". Er ist „bereit zu sterben". Die 50 Meter von seiner Zelle zur Hinrichtungskammer geht er in aufrechter Haltung, die Hände auf dem Rücken gefesselt. Als die Wärter ihm die Füße zusammenbinden, sagt er: „So kann ich nicht stehen", und: „Nein, das brauche ich nicht", als sie ihm die schwarze Binde anbieten. An Haltung hat es ihm nicht gefehlt. Er war ganz Herr seiner selbst – nein, er blieb ganz er selbst. Davon geben die letzten Worte unter dem Galgen, die er offenbar lange vorbereitet hatte, ein überzeugendes Zeugnis. Sie sind von einer makabren Komik: „In einem kurzen Weilchen, meine Herren, *sehen wir uns ohnehin alle wieder. Das ist das Los aller Menschen. Gottgläubig war ich im Leben. Gottgläubig sterbe ich.*" Er gebrauchte bewusst die Nazi-Wendung von der Gottgläubigkeit, hatte nur übersehen, dass sie ja eine Absage an das Christentum und den Glauben an ein Leben nach dem Tode besagte. „Es lebe Deutschland. Es lebe Argentinien. Es lebe Österreich. Das sind die drei Länder, mit denen ich am engsten verbunden war. *Ich werde sie nicht vergessen.*" Im Angesicht des Todes fiel ihm genau das ein, was er in unzähligen

---
[1] Lat.: Feind des Menschengeschlechts

Grabreden gehört hatte: das „Wir werden ihn, den Toten, nicht vergessen". Sein Gedächtnis, auf Klischees und erhebende Momente eingespielt, hatte ihm den letzten Streich gespielt: er fühlte sich „erhoben" wie bei einer Beerdigung und hatte vergessen, dass es die eigene war.

In diesen letzten Minuten war es, als zöge Eichmann selbst das Fazit der langen Lektion in Sachen menschlicher Verruchtheit, der wir beigewohnt hatten – das Fazit von der furchtbaren *Banalität des Bösen,* vor der das Wort versagt und an der das Denken scheitert."

Aus: Hannah Arendt: Eichmann in Jerusalem. Ein Bericht von der Banalität des Bösen. © 1986 Piper Verlag GmbH, München

1965 kommt Arendt zu folgender Verallgemeinerung:

„Um es anders zu sagen: Das größte begangene Böse ist das Böse, das von Niemanden getan wurde, das heißt, von menschlichen Wesen, die sich weigern, Personen zu sein. Im konzeptionellen Rahmen dieser Betrachtungen könnten wir feststellen, dass Übeltäter, die sich weigern, selbst darüber nachzudenken, was sie tun, und die sich auch im Nachhinein gegen das Denken wehren – also sich weigern, zurückzugehen und sich an das zu erinnern, was sie taten (wobei es sich um „teshuvah" oder Reue handelt) –, es eigentlich versäumt haben, sich als ein Jemand zu konstituieren. Indem sie sturköpfig ein Niemand bleiben, erweisen sie sich als unfähig, mit Anderen zu kommunizieren, die, ob nun gut, böse oder in dieser Hinsicht unbestimmbar, zumindest aber Personen sind."

Aus: Hannah Arendt: Über das Böse. Eine Vorlesung zu Fragen der Ethik. © 2006 Piper Verlag GmbH, München

Hätte Gustl ein Eichmann werden können? Vergleichen Sie Ihre Befunde zu Gustls Persönlichkeit mit den Aussagen zu Eichmann und diskutieren Sie die Relevanz Ihrer Ergebnisse für die Bewertung der Figur.

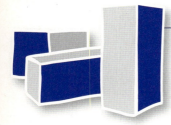

Baustein 6

Ehrbegriff und Duell

In diesem Baustein geht es um die Kategorie der Ehre und das damit verbundene Duellwesen.

Mit der „unerhörten Begebenheit" zwischen dem Bäckermeister und Lieutenant Gustl werden Ehre und Duell bzw. Duellverweigerung zur Grundlage der Novellenhandlung. Die „unerhörte Begebenheit" wird ergänzt durch eine weitere Ehrverletzung Gustls: die vermeintliche Beleidigung des militärischen Standes durch den „Doktor", die sozusagen die Vor- und Nachgeschichte zur „unerhörten Begebenheit" bildet.

Schnitzler setzt hier seinen gesellschaftskritischen Fokus, er gibt seine ohnehin defizitär angelegte Figur (s. Baustein 5) durch die entblößende Darstellung deren inkonsistenten Ehrbegriffs und Verhaltens sogar der Lächerlichkeit preis.

Vermeintliche Ehrverletzungen und das Duellwesen waren im 19. Jahrhundert nicht nur in Österreich-Ungarn, sondern auch in Preußen und anderen europäischen Staaten wie etwa Frankreich ein gesellschaftliches Problem. Zwar gab es eine zivile Rechtssprechung, die Duelle verbot; Angehörige des Adels, des Militärs und später auch des gehobenen Bürgertums regelten ihre Ehrenhändel jedoch bis 1918 weiterhin über Duelle. Unter Offizieren blieb das Duell die informell vorgeschriebene Form der Konfliktregelung. Die Satisfaktionsfähigkeit unterschied den Soldaten vom gemeinen Zivilisten und verbürgte seinen gesellschaftlichen Sonderstatus.

Schnitzler greift mit seiner Novelle also ein gesellschaftliches Problem auf. Gustl ist kein Einzelfall, sondern Exempel, mit dem Schnitzler den militärischen Stand als solchen kritisch analysiert (vgl. Wirkungsgeschichte, Textausgabe, S. 95 ff.), wenn er seine Figur 1931 auch in folgender Weise in Schutz nahm: Gustl sei „ein ganz netter, nur durch Standesvorurteile verwirrter Bursch", der „mit den Jahren gewiss ein tüchtiger und anständiger Offizier werden dürfte" (Laermann 1977 nach Schmidt-Dengler, S. 23).

Den Schülerinnen und Schülern kann die Relevanz des Duellproblems um die Jahrhundertwende einerseits über die Ergebnisse der historischen Forschung (vgl. Frevert im Anhang zur Textausgabe, S. 66 ff.), andererseits über Schnitzlers eigene Erfahrungen (vgl. die entsprechenden Tagebuchauszüge im Anhang zur Textausgabe) und über weitere literarische Verarbeitungen verdeutlicht werden.[1]

Eine lohnende Aufgabe für eine Facharbeit wäre der Vergleich des Duellmotivs in zwei der genannten Werke.

Neben dem gesellschaftskritischen Aspekt ist die Art der literarischen Verarbeitung des Duellmotivs zu beachten. Es handelt sich um eine satirische Zuspitzung, da Schnitzler ein verunmöglichtes Duell in den Mittelpunkt seiner Novelle stellt und damit den tragischen Tod seines Helden, dem er nicht umsonst den Namen „Gustl" mit der Konnotation des „dummen August" gibt, im Zweikampf verhindert. Das verhinderte Duell wird (gedanklich) ersetzt durch den vom Ehrenkodex erzwungenen Selbstmord, der aufgrund einer absurden

---

[1] Z. B. Theodor Fontane, Effi Briest, Kapitel 27; Theodor Fontane, Cécile, Kapitel 29; Joseph Roth, Radetzkymarsch, Kapitel 7

Konstruktion des Novellenendes (den Beleidiger trifft der Schlag) nicht einmal ausgeführt wird. Auch eine Katharsis des Helden angesichts seines bevorstehenden Selbstmordes findet nicht statt.

Aufbau des Bausteins:
- Rekonstruktion von Gustls Ehrbegriff über die Vergegenwärtigung der Duellepisode mit dem Doktor
- Zeitgeschichtliche Einbettung
- Das verhinderte Duell: Die Episode mit dem Bäckermeister
  - Gustls Dilemma-Situation: Die „Entmachtung" und ihre Verarbeitung
  - Die psychische Komponente: Die Entmachtung als Entmannung – das unbewusste Kastrationserlebnis
  - Mechanismen zur Desavouierung des Ehrbegriffs (intratextueller Vergleich)

6.1 Vor- und Nachgeschichte: Das Duell mit dem Doktor

Bei der Erarbeitung der Raum-Zeit-Struktur und der Symbolik der Räume ist den Schülerinnen und Schülern der Stellenwert des Duells mit dem „Doktor" bereits deutlich geworden. Es bildet den Anfangs- und Endpunkt der Gustl'schen Gedanken, die „Beleidigung" des Doktors bei den Mannheimers kann als Vorgeschichte, das Duell selbst am 5. April als Nachgeschichte der Novellenhandlung bezeichnet werden. Die Figur Gustl (s. Baustein 6) wird sozusagen in dieser „Duell-Rahmung" vorgestellt. Die Rahmung macht deutlich, dass die im Duell zu erlangende Satisfaktion einen wesentlichen Teil von Gustls Selbstwert ausmacht, dass er andererseits aber auch mit der Angst vor einem überlegenen Gegner zu kämpfen hat. Der Leser erfährt im Zusammenhang mit dem bevorstehenden Doktor-Duell darüber hinaus, dass Gustl bereits über Duell-Erfahrungen verfügt.

Insofern erschließt sich der Stellenwert der „Institution" Duell für Gustl den Schülerinnen und Schülern aus der Rekonstruktion der Ehrverletzung durch den Doktor. Es ist deshalb sinnvoll, diese vorzunehmen, bevor die Lernenden sich mit dem verhinderten Duell mit dem Bäckermeister befassen.

Die folgenden Aufgaben ermöglichen eine solche Rekonstruktion und nehmen gleichzeitig Gustls Zwiespalt zwischen Unbewusst-Vorbewusstem und Ich bzw. Über-Ich auf.

Die erste Aufgabe lautet:

> *Am Ende der Novelle, kurz vor seiner Ankunft im Kaffeehaus, denkt Gustl noch einmal verärgert an das durch seinen bevorstehenden Selbstmord entgangene Duell mit dem Doktor: „Ja, Herr Doktor, Sie kommen eigentlich gut weg!" Er will „[…] hinterlassen, dass sich der Kopetzky oder der Wymetal an [s]einer Statt mit dem Kerl schlagen." (S. 41)*
> *Formulieren Sie Gustls Hinterlassenschaft für Kopetzky, in der Gustl die Situation darstellt und die Notwendigkeit des Duells zur Wiederherstellung der militärischen Ehre begründet.*
> *Lesen Sie dafür S. 11, Z. 16 bis S. 14, Z. 6 der Textausgabe und bedenken Sie, welche Informationen Sie für den gegebenen Zweck auswählen müssen.*

Für diese Aufgabe müssen die Schülerinnen und Schüler zunächst Gustls Gedanken auf den Sachaspekt (Ehrverletzung wegen Beleidigung des Militärs bezogen auf seine Aufgabe der Verteidigung des Vaterlands) reduzieren. Um dem situativen Rahmen gerecht zu werden und die Dringlichkeit des Anliegens deutlich zu machen, können sie diesen Aspekt um das identitätsstiftende (sentimentale) Zugehörigkeitsgefühl („wie ich das erste Mal den Rock angehabt hab", S. 13) im Rahmen der militärischen Hierarchie vom Kaiser („wie seine Hoheit die Front abgeritten sind", S.13) über den Obersten („und die Ansprache vom Obersten", S. 13) bis zum einfachen Leutnant ergänzen.

Auch die negative Darstellung des Gegners kann durchaus zum Erfolg des Anliegens beitragen, wenn Gustl sich in der Einschätzung der Zivilen mit seinen Kameraden einig weiß. („Gewiss ein Sozialist! Die Rechtsverdreher sind doch heutzutag' alle Sozialisten! Eine Bande ... am liebsten möchten sie gleich's ganze Militär abschaffen[...].", S. 12)

Nach den Schülervorträgen zu Gustls Hinterlassenschaft an Kopetzky werden die „offiziellen Gründe und Absichten" Gustls (s. linke Spalte der Folienmitschrift, S. 119) auf einer Folie festgehalten.

Der offiziellen und gezielten Information über den Vorfall sollen Gustls ungefilterte Gedanken gegenübergestellt werden. Da diese das Vorbewusste repräsentieren, geben sie Auskunft über Gustls eigentliche Kränkung und seine wahren Ambitionen. Die Schülerinnen und Schüler erhalten dafür einen zweiten, situativ eingebundenen Arbeitsauftrag, der den dem Unbewusst-Vorbewussten entspringenden Gedanken Gustls Rechnung trägt. Sie können bei der Bearbeitung auf ihre Kenntnisse aus den Bausteinen 4 und 5 zurückgreifen und haben so die Gelegenheit, erworbenes Wissen einzubringen und zu festigen.
Die zweite Aufgabe lautet:

■ *Gustls Gedanken an den Vorfall mit dem Doktor lassen andere Gründe für seine Kränkung und andere Absichten deutlich werden, als in der „Hinterlassenschaft" formuliert sind. Was wären für einen Psychoanalytiker aufschlussreiche Aussagen, wenn Gustl ihm seine Gedanken offenbarte? Was würde dieser Psychoanalytiker aus ihnen schlussfolgern? Stellen Sie seine Notizen zusammen und nutzen Sie dafür Ihre Erkenntnisse aus den Bausteinen 4 (Die psychoanalytische Deutung des inneren Monologs) und 5 (Die Figurenkonzeption Gustls).*

Die „Notizen des Psychoanalytikers" werden denen aus der „Hinterlassenschaft" auf einer Folie zugeordnet und ausgewertet. Aus Platzgründen sollte man dabei auf Zitate verzichten und sich auf die Angabe von Seitenzahlen beschränken. Die abschließende Feststellung (s. u.: Pfeile), dass das Duell weniger aus verletzter Ehre als zur persönlichen Aggressionsabfuhr und zur Selbstaufwertung geführt wird, wirft die Frage nach der Verallgemeinerbarkeit bzw. gesellschaftlichen Akzeptanz der Duellforderung auf. Das Untersuchungsergebnis ist von entscheidender Relevanz für die im Anschluss an die historische Einordnung vorzunehmende Erarbeitung des verhinderten Duells mit dem Bäckermeister, denn da ist Gustl die Selbstaufwertung und die Berufung auf den militärischen Ehrenkodex verwehrt und er gerät konsequent in eine Lebenskrise.

Die Ergebnisse können in sprachlich verkürzter Form als Folienmitschrift festgehalten werden (s. S. 119).

Das Duell mit dem Doktor

Hinterlassenschaft: offizielle Gründe und Absichten	Notizen des Psychoanalytikers: Vorbewusste und unbewusste Gründe und Absichten
Angriff des Doktors auf den militärischen Stand als solchen: Vorwurf der „Kriegsspielerei" bei Manövern	Realer Hintergrund: seit 1878 kein Krieg mehr; Gustl würde sich gerne im Krieg beweisen: „Im vorigen Jahr' bei den Manövern – ich hätt' was drum gegeben, wenn's plötzlich Ernst gewesen wär' ..." (S. 13); vgl. auch: „Etwas hätt' ich gern noch mitgemacht: einen Krieg", (S. 31) und „Die Bosniaken [...] der Oberst hat neulich g'sagt: Wie wir im 78er-Jahr unten waren, hätt' keiner geglaubt, dass uns die einmal so parieren werden! ... Herrgott, bei sowas hätt' ich dabei sein mögen!" (S. 41)
Angriff auf einen Offizier: „[...] nicht alle Ihre Kameraden [sind] zum Militär gegangen [...], ausschließlich um das Vaterland zu verteidigen." → Infragestellung der zentralen Aufgabe eines Angehörigen des militärischen Standes	Gustl fühlt sich persönlich angegriffen: Doktor spielt auf Karrieremöglichkeiten in der Armee an, die Gustl selbst (Kleinbürger ohne höhere Bildung und Vermögen) genutzt hat: „Er hat das absolut in einem Ton gesagt, als wenn er direkt mich gemeint hätt'." (S. 13) Minderwertigkeitsgefühl wegen abgebrochener Gymnasialkarriere; Kadettenschule war deutlich minderer Ersatz.
Militärischer Stand vs. Zivilgesellschaft: Unverständnis der „Zivilen" gegenüber den Aufgaben des Militärs; Vorwurf, sie wollten ohnehin am liebsten gleich das ganze Militär abschaffen.	Selbstaufwertung durch den „Rock" (S. 13); Abgrenzung gegenüber den „Zivilen", Verteidigung der eigenen Verantwortung und Wichtigkeit
Militärischer Stand vs. Zivilgesellschaft: Dummheit der „Zivilen", die ihr Lebtag nur hinter Büchern gesessen haben.	Neidgefühle gegenüber Bildungsbürgern, da Gustl die höhere Bildung verschlossen blieb (s. o.); Projektion der eigenen „Dummheit" auf die Zivilen (vgl. seine Selbsterkenntnis im Prater, S. 31) → Selbstaufwertung
Formal korrektes Verhalten Gustls, von seinem Vorgesetzten bestätigt („absolut korrekt", S. 12)	Autoritäre Berufung auf den Obersten: Bestätigungsbedürfnis für das eigene Verhalten; Kalkül, dass es der Karriere nützt
	Abwertung des Gegners als „Blödist"
	Selbstbeweis und Selbstaufwertung durch Duellherausforderung: „Man muss gelegentlich ein Exempel statuieren. Ganz recht hab' ich g'habt." (S. 12) „[...] ich hab' mich famos benommen [...]" (S. 12)
→ Ehrverletzung als Verletzung der Standesehre ↓ Duell zur Wiederherstellung der Standesehre	→ Gefühl der persönlichen Erniedrigung und Wunsch nach Aufwertung ↓ Duell als persönliche Aggressionsabfuhr und Selbstbeweis

Baustein 6: Ehrbegriff und Duell

6.2 Historische Einordnung

Die Analyseergebnisse zum Duell mit dem Doktor sollten historisch eingeordnet werden, da den Schülerinnen und Schülern das Duellwesen zunächst fremd erscheinen wird und bei ihnen der Eindruck entstehen könnte, Schnitzler habe mit Gustls Duellforderung einen Sonderfall konstruieren und ihn von vornehrein karikieren wollen.

Dass Schnitzler dem Duell nicht grundsätzlich ablehnend gegenüberstand, zeigen seine Tagebuchaufzeichnungen (s. Anhang zur Textausgabe, S. 74 f.) und die Aufzeichnungen aus dem Nachlass (s. **Zusatzmaterial 2**, S. 140), über die die Schülerinnen und Schüler sich selbstständig informieren können. Die Notiz von Friedrich Nietzsche kann ebenfalls zur historischen Distanzerfahrung beitragen (s. **Zusatzmaterial 1**, S. 139).

Als obligatorisch sollte die Erarbeitung des Frevert-Textes gelten, da auf seiner Grundlage am besten eine historisch adäquate Bewertung von Gustls Duellforderung gegenüber dem Doktor vorzunehmen ist. Weitere Informationen liefert das **Arbeitsblatt 29**, S. 129.

Die Aufgaben für diesen Arbeitsschritt lauten:

- *Erarbeiten Sie Ute Freverts Forschungsergebnisse zum Duellwesen im 19. Jahrhundert (Anhang zur Textausgabe, S. 66 ff.) und erstellen Sie ein Schaubild zu den wichtigsten Merkmalen militärischer Duellehre im Gegensatz zur bürgerlichen Ehre.*

- *Erklären Sie diese Merkmale im mündlichen Vortrag und ergänzen Sie dabei die Erklärungen durch Beispiele aus dem Text.*

Die Aufgabe zur Erstellung eines Schaubildes kann zu folgendem Ergebnis führen:

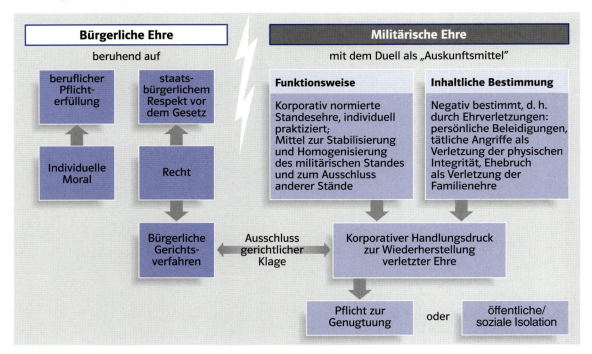

Die Erarbeitung und Besprechung der Untersuchungen Freverts zum Duell sind die Grundlage für die historische Bewertung von Gustls Duell mit dem Doktor. Sie erfolgt in zwei Schritten:

1. *Überprüfen Sie auf dieser Grundlage, inwiefern Gustls Bewertung der Angelegenheit als Ehrverletzung den militärischen Gepflogenheiten um 1900 entspricht, und begründen Sie Ihr Prüfergebnis.*

Die Schülerinnen und Schüler werden feststellen, dass Gustl durchaus korrekt und angemessen für einen Offizier reagiert. Für einen Angehörigen des militärischen Standes sind die Aussagen des Doktors beleidigend, da mit der Infragestellung der Vaterlandsverteidigung seine offizielle Aufgabe und seine Selbstdefinition zur Disposition gestellt werden, zumal er von dem Doktor persönlich angesprochen wird. Nach Frevert waren Duelle in diesem Kontext nicht nur üblich, sondern geboten. Schnitzler macht in seiner Darstellung allerdings weder einen „korporative(n) Handlungsdruck" (Frevert, S. 73) noch einen Druck der öffentlichen Meinung (vgl. Frevert, S. 71 und 72) deutlich. Vielmehr bemüht sich Gustls gesellschaftliche Umgebung um eine gütliche Regelung (S. 13) und Gustl hält sich ausdrücklich zugute, ein Exempel statuiert zu haben (S. 12). Dies zeigt, dass Schnitzler den Blick des Lesers auf Gustls Charakter lenkt (s. Tafelbild, rechte Spalte), womit er Zweifel an dessen ehrenwerten Absichten fördert.

2. *Sie haben festgestellt, dass Gustl das Duell wahrscheinlich mehr zur persönlichen Aggressionsabfuhr dient als zur Wiederherstellung der Standesehre. Überprüfen Sie ebenfalls an Freverts Text, ob er sich auch damit noch innerhalb des militärischen „Brauchtums" befindet.*

Gustls Betroffenheit ist im Wesentlichen in seiner persönlichen Defizienz (vgl. Baustein 5) begründet. Das Duell wird zu einer persönlichen Aggressionsabfuhr gegenüber einem vermeintlich überheblichen reichen Bildungsbürger. Auch dies war allerdings üblich, da „Beleidigungen [...] niemals Privatangelegenheiten [waren], sondern [...] stets das Offizierskorps als Ganzes [tangierten]." (Frevert, S. 69/70) Persönliche Ehre war Standesehre. Die Infundierung der Ehrverteidigung als „innerlichstes, tiefstes, allerpersönlichstes Eigeninteresse" (Frevert, S. 67/68) machte umgekehrt eben auch die Verteidigung des Eigeninteresses unter dem Deckmantel der Standesehre möglich. Diese Tendenz wurde begünstigt durch einen inhaltlich wenig bestimmten Ehrbegriff, sodass „[d]em Aktionsfeld persönlicher Beleidigungen[...] keine Grenzen gesetzt [waren]." (Frevert, S. 69)

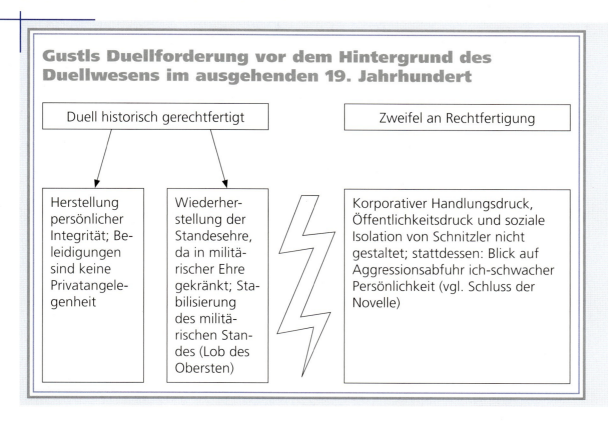

Diese Ergebnisse können rekapituliert, ergänzt und vertieft werden durch eine kleine Debatte für und wider das Duell mit dem Doktor. Zur Vorbereitung sollten die Schülerinnen und Schüler das **Zusatzmaterial 1** und **2** (S. 139 ff.) lesen und ggf. selbstständig recherchieren. Die Debatte kann auf dieser Materialgrundlage in einer kurzen Gruppenarbeitsphase vorbereitet werden. Sie dient vor allem der Vergewisserung der historischen Perspektive.

■ *Stellen Sie Argumente für und wider ein Duell nach der gegebenen Auseinandersetzung zusammen und gestalten Sie damit eine Debatte. Nutzen Sie dafür auch die Aussagen Nietzsches und Schnitzlers zum Duell.*

6.3 Die Ehrverletzung durch den Bäckermeister und das verhinderte Duell

6.3.1 Der Streit

Nachdem die Schülerinnen und Schüler mit dem Doktor-Duell den „Normalfall" des Duells als „Auskunftsmittel" der militärischen Ehre (Frevert) kennengelernt haben, können sie Gustls besondere Not, in die er durch den Bäckermeister gerät, besser einschätzen.

Für die Erarbeitung dieses Teilmoduls sollte zunächst auf die Darstellung des Konflikts zwischen Gustl und dem Bäckermeister in den Handlungsübersichten zurückgegriffen werden. Es bietet sich zur präzisen Vergegenwärtigung des Geschehens und zu seiner Deutung als Entmachtung Gustls an, die Szene in Gruppenarbeit vorbereiten und spielen zu lassen.

■ *Erarbeiten Sie die Seiten 15, Z. 30 bis S. 17, Z. 21 für die szenische Umsetzung der Auseinandersetzung zwischen Gustl und dem Bäckermeister Habetswallner an der Garderobe. Beachten Sie, was Gustl vorher erlebt hat und in welcher Stimmung er an der Garderobe ankommt: Welche Rolle spielt die Öffentlichkeit? Welche Figuren wollen Sie also darstellen? Wer spricht was und wie? Wer handelt?*

Bei der Vorbereitung des szenischen Spiels sollte auf Folgendes geachtet werden:
- **Rede und Gegenrede**

Die Schülerinnen und Schüler sollten zunächst Rede und Gegenrede den Figuren zuordnen (in der Textausgabe sind die wörtlichen Redeanteile Gustls grundsätzlich mit einfachen Anführungszeichen gekennzeichnet, die anderer Figuren mit doppelten Anführungszeichen).
- **Ausgangssituation**

Im Anschluss ist die Ausgangssituation zu bedenken: Gustl hat einem „hübschen Mädel" (S. 15) nachgestellt und fühlt sich von ihm ausgelacht. Er kommt bereits in aggressiver Stimmung an die Garderobe, schimpft den Garderobier innerlich einen „Blödist[en]" (S. 15) und herrscht ihn in überheblichem Ton an.
- **Streit**

In diesem aggressiven Ton fährt er auch den Bäcker an, während dieser ruhig spricht. Die verbale Auseinandersetzung steigert sich und geht nach Gustls Beleidigung in einen verhaltenen Zweikampf um den Säbel über.

Dass die Öffentlichkeit und insbesondere die Tatsache, dass ein Major in der Nähe ist, von großer Bedeutung sind, kann durch ein entsprechendes Spielarrangement herausgearbeitet werden (Gedränge, in dem sich auch der Major befindet, und Geräuschkulisse). Die Dialogteile des Bäckermeisters während des Zweikampfes müssen sehr leise gesprochen werden – der Bäcker spricht Gustl „ins Ohr" (S. 17).

Baustein 6: Ehrbegriff und Duell

In der Auswertung des Spiels sollten die Schülerinnen und Schüler die Phasen der Eskalation herausarbeiten (s. Tafelbild), die Dominanz des Bäckers bis zu dem von ihm bestimmten Ende benennen und feststellen, dass Gustl stumm bleibt und keine Aktions- oder Reaktionsmöglichkeiten hat. Gustl ist „entmachtet" und reagiert innerlich panisch.
Das Auswertungsgespräch kann mit folgendem Impuls eingeleitet werden:

- *Welche Phasen des Streits sind im Spiel deutlich geworden?*
- *Wie sind Rede- und Handlungsanteile verteilt?*
- *Wie sind diese Befunde bezogen auf Gustl und den Bäckermeister zu deuten?*

Tafelbild zur Auswertung des szenischen Spiels:

Eskalation des Streits und seine Beendigung

- Gustl tritt großmäulig auf, beleidigt den Bäckermeister („Sie, halten Sie das Maul!") und merkt selbst, dass er zu grob war.
- Der Bäckermeister dreht sich um und hält – offenbar in Kenntnis der Ehrennotwehrregeln – den Griff von Gustls Säbel fest.
- Erst dann spricht er Gustl an: „Sie, Herr Lieutenant, sein S' jetzt ganz stad."
- Gustl versucht, wieder Herr über seinen Säbelgriff zu werden, kommt aber gegen den kraftvollen Griff des Bäckers nicht an, zumal er nur heimlich darum kämpfen kann aus Angst vor einem öffentlichen Skandal.
- Der Bäcker droht damit, den Säbel aus der Scheide zu ziehen, ihn zu zerbrechen und an Gustls Regimentskommando zu schicken.
- Er spricht Gustl mit „dummer Bub" an.
- Der Bäcker beendet den Streit, indem er Gustl beruhigt, er wolle ihm die Karriere nicht verderben, ihn auffordert, „schön brav" zu sein, damit der Streit nicht öffentlich wird, und sich freundlich von ihm verabschiedet.

> Dominanz des Bäckers: Der Bäcker bestimmt den Verlauf des Streits bis zum Ende; Gustl bleibt stumm, hat keine Reaktionsmöglichkeiten, reagiert innerlich panisch.

Der Befund der Panik ist im Anschluss zu belegen und fordert zu der weiterführenden Frage heraus, *warum* Gustl nur noch panisch reagieren kann. Bei entsprechender Sicherheit im Text kann diese Weiterführung unmittelbar im Gespräch erfolgen. Die Schülerinnen und Schüler können sich jedoch auch in einer knappen Textorientierungs- und Murmelphase mit dem Partner zunächst noch einmal ihres Verständnisses der gegebenen Textstelle versichern, bevor das Unterrichtsgespräch geführt wird.
Der Impuls lautet:

- *Belegen Sie Gustls Panik und begründen Sie, warum er so reagiert.*

An der Übersicht über die Phasen des Streits ist eine deutliche Dominanz des Bäckers bis zum von ihm bestimmten Ende hin festzustellen. Gustl löst den Streit zwar aus, wird aber anschließend durch das Festhalten des Säbels sofort „entmachtet".

Da ihm eine militärische „Bereinigung" der Situation verwehrt ist, reagiert er innerlich panisch auf das Festhalten des Säbels und die Drohung des Bäckers (dreifaches „Um Gotteswillen"). Er verfügt über keine Verhaltensmöglichkeiten in dieser Situation, ist sprachlos, kann den Vorgang nicht als Realität begreifen. So erscheint ihm der Bäcker „verrückt" und er glaubt während der Auseinandersetzung und danach zu träumen (dreifacher Hinweis auf einen „Traum": „Mir scheint, ich träum'!"; „[...] hab' ich geträumt?"; „Vielleicht ist es doch ein Traum gewesen.").

Zur Panik Gustls trägt auch seine Angst vor der Öffentlichkeit bei, vor allem vor der Registrierung seiner „Entehrung" durch einen Militärangehörigen („Ist nicht am End' der Major hinter mir?"). Nicht umsonst glaubt er, sich „stante pede" erschießen zu müssen, „[w]enn's ein Mensch gehört hätt' [...] (S. 17).

Diese Aspekte lassen sich in folgendem Tafelbild darstellen:

Gründe für Gustls Panik

- Verlust der Verfügungsgewalt über den Säbel = Entehrung
- „Entmachtung Gustls" = keine dem militärischen Reglement entsprechende Reaktionsmöglichkeit
- Keine alternativen (zivilen) Reaktionsmöglichkeiten
- Angst vor einem Skandal
- Furcht vor der Öffentlichkeit, insbesondere vor der Beobachtung durch Militärangehörige

---

6.3.2 Entscheidung zum Suizid

An dieses Ergebnis schließt sich die Frage an, warum Gustl sich durch das Ereignis zum Suizid gezwungen sieht.

Die Schülerinnen und Schüler können im Einstiegsgespräch zur Beantwortung dieser Frage zunächst auf ihre Kenntnisse zur Duellpraxis, die sie im Zusammenhang mit dem Duell mit dem Doktor erworben haben, zurückgreifen. Diese Überlegungen sollen jedoch durch genaue Textanalyse vertieft werden. Der Arbeitsauftrag dafür lautet:

> 1. *Verfolgen Sie Gustls Gedanken nach seinem Konflikt mit dem Bäckermeister (S. 17 bis 21) und nennen Sie die Lösungsmöglichkeiten, die er im Laufe seiner Überlegungen erwägt und wieder verwirft.*
>
> 2. *Ermitteln Sie, wozu er sich letztlich entschließt, und diskutieren Sie auf der Grundlage Ihrer Erhebungen zu 1., ob dieser Entschluss auch seinen unbewussten Wünschen entspricht.*
>
> 3. *Überprüfen Sie Gustls Überlegungen anhand des Arbeitsblattes 29 (Informationen zur Ehrennotwehr).*

Teil 1 dieser Aufgabe eignet sich als vorentlastende Hausaufgabe, die Teile 2 und 3 sollten in Kleingruppen erarbeitet werden.

Im Unterrichtsgespräch zur Auswertung der Ergebnisse sollte deutlich werden, dass Gustl sich eine lange Zeit nicht von dem Gedanken der Ehrennotwehr lösen kann, obwohl er weiß, dass diese Möglichkeit in doppelter Hinsicht vertan ist: Er hätte „auf der Stelle" reagieren müssen und „auf der Stelle" konnte er nicht, da der Bäcker ihn daran hinderte.

Der Gedanke an das „Zusammenhauen" wird begleitet von abwechselnden Befürchtungen und Selbstberuhigungen bezogen auf mögliche Mitwisser. Die Befürchtung, dass jemand etwas **gehört** haben könnte, bestimmt zu Beginn deutlich Gustls Überlegungen. Diese Befürchtung verändert sich dahingehend, dass der Bäckermeister etwas **erzählen** könnte, dass es jemand **wissen** oder **erfahren** könnte. **Hören, erfahren, wissen, erzählen** bedeuten Öffentlichkeit und Gustls Angst davor deutet darauf hin, dass er lange Zeit die Möglichkeit der Geheimhaltung als Lösung im Auge hat. Heroisch versucht er, diese Lösungsalternative zu verdrängen und sein eigenes Wissen um den Vorfall und seine Satisfaktionsunfähigkeit als ausschlaggebend zu sehen, aber er braucht auch am Ende noch zwei Anläufe, um die Möglichkeit der Geheimhaltung wirklich aufzugeben: „und wenn ihn heut' Nacht der Schlag trifft, so weiß ich's ... ich weiß es [...]" (S. 21).

Letztendlich beruft Gustl sich bei seinem Entschluss zum Suizid auf die Standesehre: „… und ich bin nicht der Mensch, der weiter den Rock trägt und den Säbel, wenn ein solcher Schimpf auf ihm sitzt!" Er beschließt heroisch, für seinen Stand zu sterben, auch wenn niemand etwas von dem Vorfall erfahren sollte.

Dass dieser Beschluss wenig ernst zu nehmen ist, zeigt das Ende der Novelle ebenso wie Gustls Neigung, von seinem Selbsttötungsgedanken abzuschweifen, oder die Bereitschaft, die Selbsttötung hinauszuschieben (vgl. Baustein 2).

Die Ergebnisse dieses Gesprächs können in folgendem Tafelbild zusammengefasst werden:

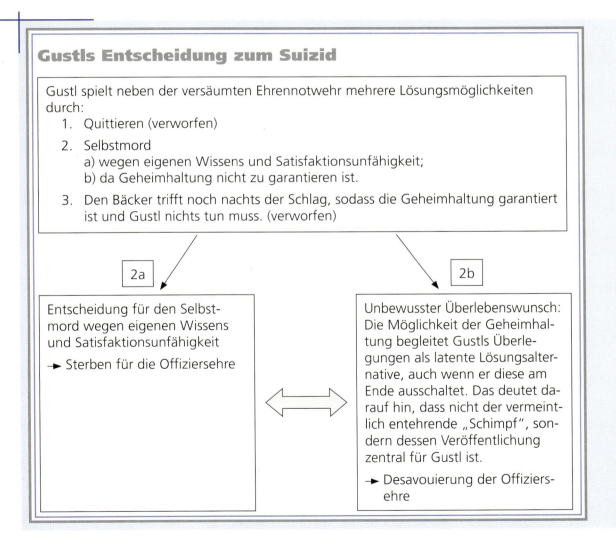

6.3.3 Die psychologische Deutung der Bäckerepisode

Die Bedeutung des Säbels

Bevor zum Abschluss des Bausteins das Ende der Novelle hinzugezogen wird, sollen die Ergebnisse zum Suizidbeschluss Gustls durch einen kurzen Blick auf die psychische Komponente der Panik Gustls, die sich in der Bedeutung des Säbels erschließt, ergänzt werden.

Laermann (1977) macht auf die phallische Bedeutung des Säbels in der von Gustl erinnerten Szene in Przemysl aufmerksam:
An einem heißen Sommertag hat Gustl sich nackt auf sein Bett gelegt und ist eingeschlafen. Als sein Kamerad Wiesner hereinkommt, steht Gustl auf und zieht den neben ihm liegenden Säbel. Wiesner lacht sich halb tot über den Anblick Gustls mit erigiertem Penis und dem Säbel in der Hand.
Die Schülerinnen und Schüler sollen diese Szene mit der Bäckerszene, in der Gustl am Ziehen des Säbels gehindert wird, korrelieren und auf dieser Grundlage die phallische Bedeutung des Säbels in der Bäckerszene diskutieren.
Sie erhalten dazu folgende Aufgabe:

- *Welche psychischen Komponenten sind zur Erklärung der Panik Gustls zu berücksichtigen?*
  Ziehen Sie Gustls Erinnerung an seine Zeit in Przemysl (S. 30) heran und deuten Sie diese mithilfe des folgenden Zitats:
  „Phallus und Säbel werden nicht allein durch ihr Nebeneinander und durch ihre Gleichzeitigkeit in der Szene aufeinander bezogen, sondern vor allem durch den Blick des hinzutretenden Kameraden. Dass er lachen muss, lässt zudem darauf schließen, dass er Gustl mit vom Traum erigiertem Glied überrascht hat."[1]
- *Welche Rückschlüsse lässt die hier zutage tretende Bedeutung des Säbels auf die Bäckerszene zu? Wie ist in diesem Kontext Gustls „Entmachtung" durch den Bäcker zu deuten? Begründen Sie.*

Die Ergebnisse liegen hier auf der Hand: Entmachtung bedeutet für Gustl auch Entmannung, sein männlicher Selbstwert ist an den „Säbel" gebunden, die Przemysl-Szene weist daraufhin, dass Gustl „die Begegnung mit dem Bäcker Habetswallner als symbolische Kastration erleben muss." (Ursula Renner, S. 86)
Denn die Gustl-Figur ist durch Aggressivität und Sexualität geprägt. Beide Komponenten sind durch den Griff des Bäckers an den Säbel ausgeschaltet und Gustl empfindet ihn konsequent als Destruktion seiner Person.

Die Auswirkungen der „Entmannung" – Gustls sexuelle Assoziationen auf dem Weg zum und vom Prater

Dass es sich um ein „Kastrationserlebnis" handelt, lässt sich darüber hinaus an Gustls deutlich unterschiedlichen Gedanken an Frauen auf seinem Weg zum Prater und vom Prater weg nachweisen.
Auf dem Hinweg ist Gustl von einem geschwundenen Selbstwertgefühl geprägt und seine Gedanken an bisherige Sexualpartnerinnen sind entsprechend negativ konnotiert: Zu seiner Geliebten Steffi stellt er fest: „nichts liegt mir dran, gar nichts!" (Textausgabe, S. 24) und denkt dann an ihre Einrichtung und die rote Laterne im Badezimmer (ein Requisit, das auf ihren Unterhalt als gehobene Dirne hindeutet). Er wertet seine Sexualpartnerinnen als „Menscher" ab und erinnert sich an sie voll Ekel („in Przemysl – mir hat's nachher so gegraut, dass

---
[1] Klaus Laermann: Leutnant Gustl. In: Rolf-Peter Janz/Klaus Laermann: Arthur Schnitzler: Zur Diagnose des Wiener Bürgertums im Fin de Siècle. Stuttgart 1977, S. 119

ich gemeint hab', nie wieder rühr ich ein Frauenzimmer an", S. 23) und Scham („und so jung hab' ich ang'fangen – ein Bub war ich ja noch [...] Vor der Klara hab' ich mich am meisten g'schämt ...", S. 27/28). Auch sein Verhältnis zur Frau seines Hauptmanns empfindet er im Nachhinein als Demütigung, denn „das war ja doch keine anständige Frau" ... ich könnt' schwören: der Libitzky und der Wermutek und der schäbige Stellvertreter, der hat sie auch g'habt" (S. 27).

Diese demütigenden Erinnerungen paaren sich mit dem Wunsch nach einer anständigen Frau (als Geliebte), die ihn „zu einem andern Menschen gemacht" hätte (S. 27), sodass er „einen Respekt vor sich selber" hätte haben dürfen, den er – so wie er ist – nicht hat (vgl. Baustein 5).

Auf dem Rückweg erinnert er sich positiv an „die Adel'" (S. 33), denn „die hat mich gern gehabt"; sie „war doch die Einzige, die dich gern gehabt hat". Auch die „Mädeln" (S. 37), die er trifft, bringt er wiederum mit der Adel' in Verbindung.

Er entwickelt eine positive Zukunftsperspektive für sein Verhältnis mit Steffi: „Wenn die Steffi mir allein g'hören möcht', ich ließ sie Modistin werden oder sowas". (S. 37/38; vgl. dazu auch den Baustein 4) Die Zukunftsplanung wird anschließend intensiviert, er denkt an die Ablösung von Steffi durch „manche andere" (S. 42) und malt sich schließlich die Heirat aus mit einer, „die was wert ist – junges Mädel aus guter Familie mit Kaution" (S. 42). Dies kann als neuerliche Tendenz zur Selbstüberschätzung gewertet werden.

Kurz vor der Ankunft in seinem Kaffeehaus freut er sich über „ein liebes G'sichtel" (S. 42), erinnert sich an den „kleine[n] Fratz mit den schwarzen Augen" (S. 42) und ärgert sich wegen der verpassten Gelegenheit („am End' war sie noch eine Unschuld", S. 42/43). Hier ist er wieder ganz der Alte.

Gustls sexuelle Assoziationen korrespondieren also mit der „Verarbeitung" seiner Entehrung, was deren Deutung als unbewusstes Erleben einer Kastration nahelegt.

Zur Erarbeitung dieser Zusammenhänge erhalten die Lernenden folgende Aufgabe:

> ▪ *Vergleichen Sie Gustls Erinnerungen an seine „Menscher" vor der inneren und äußeren Wende im Prater (S. 23, 24/25, 27/28, 31) mit seinen Gedanken an und Begegnungen mit Frauen nach dieser Wende (S. 33/34, 36, 37, 41, 42/43). Welche Unterschiede stellen Sie fest und inwiefern können die Vergleichsergebnisse Ihren obigen Befund stützen?*

6.3.4 Der komödienhafte Schluss – Desavouierung des Ehrbegriffs

Zum Abschluss soll die ironische Wende der Ereignisse am Schluss der Novelle aufgegriffen werden, mit der Schnitzler seinen Helden der Lächerlichkeit preisgibt und dessen Gedanken ad absurdum führt. Die von Gustl zuvor heroisch verworfene Lösungsalternative, dass den Bäcker der Schlag trifft, die Öffentlichkeit nichts erfährt und Gustl nichts tun muss, ist plötzlich real vorhanden und Gustl ergreift sie mit beiden Händen, nachdem sein Überlebenswille sich zuvor schon fast durchgesetzt hat. Sein Beschluss, für den „Rock" und die Selbstachtung zu sterben, ist vergessen.

Mit der Auswertung der Entwicklung von Gustls Suizidbeschluss sollten die Schülerinnen und Schüler bereits eine These formuliert haben: Gustl leidet nicht an verletzter Ehre, sondern an der Angst vor Veröffentlichung. Mit seinem Bekenntnis zum Rock, also zu seiner Ehre als k. u. k. Offizier, hat Gustl sich selbst etwas vorgemacht. In seiner intellektuellen und moralischen Begrenztheit (vgl. die Bausteine 4 und 5) ist er sich dieser Selbsttäuschung nicht bewusst.

Die folgende Aufgabe wird den Schülerinnen und Schülern mit der Gegenüberstellung der Aussagen Gustls (als Impuls) vorgelegt:

> Vergleichen Sie Gustls Aussagen zum Selbstmord, bewerten Sie auf dieser Grundlage abschließend seinen Ehrbegriff und erklären Sie Gustls Entwicklung unter Rückgriff auf Ihre Untersuchungsergebnisse zu Gustls Persönlichkeit.

„Und wenn ihn heut' Nacht der Schlag trifft, so weiß ich's ... ich weiß es ... und ich bin nicht der Mensch, der weiter den Rock trägt und den Säbel, wenn ein solcher Schimpf auf ihm sitzt!" (S. 21)	„Der Schlag hat ihn getroffen? [...] Tot ist er – tot ist er! Keiner weiß was, und nichts ist g'schehn! – Und das Mordsglück, dass ich in das Kaffeehaus gegangen bin ... sonst hätt' ich mich ja ganz umsonst erschossen – es ist doch wie eine Fügung des Schicksals [...] Die Hauptsach' ist: er ist tot, und ich darf leben, und alles g'hört wieder mein!" (S. 44 f.)

Folgende Ergebnisse können an der Tafel festgehalten werden:

Die Desavouierung des Ehrbegriffs

- Gustl „vergisst", dass er für die Standesehre und aus Selbstachtung sterben wollte.
- Mit dem Tode des Bäckers noch in der Nacht ist die Gefahr der Veröffentlichung des Ehrverlusts gebannt. Gustl fühlt sich deshalb berechtigt zu leben.
- Genau diese Überlebensmöglichkeit hat er jedoch zuvor zugunsten der Standesehre und der Selbstachtung ausgeschlossen.
- Er leidet also nicht an seiner verletzten Ehre, sondern an der Angst vor einer Veröffentlichung dieses Ehrverlusts.
- Sein Ehrbegriff erweist sich als hohl.
- Dies ist zurückzuführen auf seine Ich-Schwäche und seine intellektuelle und moralische Begrenztheit.

Weitere Vertiefungsmöglichkeiten zur Bewertung von Gustls Ehrbegriff sind mit den folgenden Aufgaben gegeben (die sich auch als Schreibaufträge eignen):

> Schnitzler hat 1896 als Idee zu seiner Novelle notiert:
> „Einer bekommt irgendwie eine Ohrfeige; – niemand erfährt's. Der sie ihm gegeben, stirbt und er ist beruhigt, kommt darauf, dass er nicht an verletzter Ehre – sondern an der Angst litt, es könnte bekannt werden."
> (Aus dem Nachlass Arthur Schnitzlers, nach: Erläuterungen und Dokumente: Arthur Schnitzler. Leutnant Gustl. Von Evelyne Polt-Heinzl. Stuttgart 2000, S. 36)
> Überprüfen Sie anhand Ihrer Untersuchungsergebnisse zu Ehre und Duell in der Novelle, inwiefern die Novelle dieser Idee entspricht.

> Diskutieren Sie: Wie ist Lieutenant Gustls Entscheidung zu bewerten?
> - Handelt es sich um einen Fall doppelter Moral?
> - Gibt Gustl sich einer Lebenslüge hin?
> - Ist sein Überlebenswille positiv zu sehen?
> - Lässt sich das bevorstehende Duell rechtfertigen?
> - Warum konzipiert Schnitzler gerade diese Lösung für die gegebene Figur?

Informationen zur Ehrennotwehr

Aus dem Text von Ute Frevert zum Ehrenkodex und Duell im Offizierskorps konnte bereits herausgearbeitet werden, dass Ehre als Standesehre definiert war und der sozialen Grenzziehung diente, nämlich der Grenzziehung zwischen denen, die ihre Ehre mit der Waffe verteidigen durften, und denen, die keine Waffe tragen durften.

Im Folgenden werden zu dieser Grenzziehung genauere Angaben gemacht, mit deren Hilfe Gustls Dilemma-Situation erklärbar wird.

„Im Grunde orientiert sich das Waffenprivileg an der nachhaltigsten Differenz der europäischen Sozialgeschichte, am Unterschied zwischen denen, die mit der Hand arbeiten, und denen, die nicht (mit der Hand) arbeiten. Zur zweiten Gruppe gehören auch diejenigen, die studiert haben. Daher hielten die Akademiker nicht weniger streng auf ihre Standesvorrechte als die Adligen. [...] Zugleich erweiterte sich der Kreis derer, die mitmachen durften; auch Kaufleute und Künstler zählten nun zu den ‚gebildeten Ständen' und wurden damit duell- und satisfaktionsfähig, wobei die Grenze im Einzelnen diffus blieb."[1]

Jenseits der „Grenze" der Erlaubnis, eine Waffe zu tragen, und der Satisfaktionsfähigkeit befanden sich alle „Handarbeiter", nämlich Handwerker, Kleingewerbetreibende und Bauern. Deshalb konnte ein Offizier einem solchen „Handarbeiter" gegenüber seine Ehre auch nicht mit der Waffe im Duell verteidigen. Der Ehrenkodex sah für den Fall, dass ein Offizier auf die Beleidigung eines Zivilisten zu reagieren hatte, die sogenannte „Ehrennotwehr" vor. Danach konnte der vermeintlich Beleidigte mit dem Säbel in der Hand auf den unbewaffneten Beleidiger losgehen. § 114 des österreichisch-ungarischen Militärstrafgesetzbuches von 1855 erlaubte diese militärische Selbsthilfe als Ehrennotwehr. Allerdings musste es sich um eine echte Notwehrreaktion handeln, d.h., der Griff zum Säbel musste „auf der Stelle" geschehen. Die Ehrenkränkung musste „rechtswidrig" geschehen sein, d.h., der Offizier durfte sie nicht selbst schuldhaft provoziert haben. Die Folgen der zur Ehrenrettung angewendeten Waffengewalt hatte der Offizier selbst zu tragen, er musste mit einer Bestrafung rechnen. Nach bürgerlichem Recht handelte es sich um Totschlag.

Gustls Beleidigung des Bäckers ist im Katalog der Ehrenkränkungen eine Beleidigung zweiten Grades (Beschimpfung). Der Bäckermeister reagiert auf diese Beschimpfung mit einer Beleidigung dritten Grades (tätliche Bedrohung). Das Zerbrechen des Säbels ist eine rituelle Entwaffnung, die traditionsgemäß zur Degradierung eines Offiziers gehört. Der Bäcker droht Gustl also eine solche Degradierung an.

Die Anrede „dummer Bub" wurde allgemein als Provokation zum Duell aufgefasst, „da sie den Angesprochenen beschimpft, ohne für den Sprecher selbst schimpflich zu sein."[2]

Auf diese Eskalation hin fühlt Gustl sich berechtigt und verpflichtet, den Säbel zu ziehen und den Bäcker „zusammen[zu]hauen" (Textausgabe, S. 17). Nach dem Ehrenkodex hätte er sich korrekt verhalten, wenn er sich auch strafbar gemacht hätte.

Da der Bäcker aber die Ehrennotwehr als Reaktion „auf der Stelle" durch seinen Griff auf Gustls Säbel vereitelt, ist Gustl entehrt und hat keine Möglichkeit mehr, seine Ehre wieder herzustellen.

Autorentext

---

[1] Ursula Renner (Hrsg.): Arthur Schnitzler. Leutnant Gustl, Frankfurt/M. 2007, S. 129/30
[2] Anmerkung von Ursula Renner in: Arthur Schnitzler: Lieutenant Gustl, Frankfurt/M. 2007, S. 152

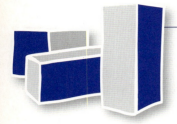

Baustein 7

Intertextualität

7.1 Die Rolle der Prätexte

Schon bei der ersten Lektüre des Werkes fallen die vielen intertextuellen Bezüge in der Novelle auf, die, so Aurnhammer (2007, S. 70), die eigentliche Modernität der Novelle ausmachen und bisher kaum erörtert wurden. Gemeint ist in erster Linie nicht die von Schnitzler explizit genannte Vorlage des französischen Romans „Les lauriers sont coupés" von Edouard Dujardin[1], sondern die in den Erinnerungen Gustls immer wieder auftauchenden musikalischen und literarischen Werke. Sie bilden ein dichtes Verweisnetz, das der assoziativen Spontaneität des inneren Monologs Struktur und Bedeutung gibt. Dabei sind die intertextuellen Verweise mehr als nur „Realitätsmerkmale" (Aurnhammer), sie konturieren und spiegeln die Handlung und den Protagonisten in verschiedenen Facetten. Die als Prätexte[2] markierten Theater- und Lektüreerlebnisse Gustls, so Aurnhammer, dienen Gustl als Identifikations- bzw. Projektionsmuster und Wunschbilder. Dieser These Aurnhammers soll im folgenden Arbeitsabschnitt nachgegangen werden.

Gustl nimmt als Offizier am kulturellen Leben seiner Zeit teil. Er besucht Schauspiele und Opern, einige sogar mehrmals. Schauspielerinnen gehören neben Sängerinnen zu den von ihm bewunderten und umworbenen Frauen. Zu Gustls Lieblingsopern zählen „La Traviata" von Guiseppe Verdi und „Lohengrin" von Richard Wagner. Außerdem fesselt ihn die Lektüre des Romans „Durch Nacht und Eis", den er zu seinem Bedauern nicht mehr zu Ende lesen kann.
Das Oratorium „Paulus" von Felix Mendelssohn-Bartholdy hat als Interpretationsfolie besonderes Gewicht, denn es ist durch die Musik und den Text, die Paulus-Geschichte, zweifach mit der Handlung der Novelle verknüpft: Obgleich Gustl nur durch Zufall in das Konzert gelangt ist und der Aufführung des Oratoriums nur gelangweilt folgt, begleitet ihn die Erinnerung an die Musik während seines nächtlichen Umherirrens und lockt ihn am Ende seiner Odyssee noch einmal in die Kirche. Die Musik des Oratoriums ist durch das konfliktauslösende Ereignis in der Garderobe so eng mit dem Unbewussten Gustls verbunden, dass die Erinnerung daran im Laufe der Handlung immer wieder in sein Bewusstsein dringt. Eine symbolische Bedeutung als Kontrastfolie hingegen hat der Text des Oratoriums. In ihm wird die Geschichte der Bekehrung des Christenverfolgers Saulus zum glühenden Anhänger und Missionar des Christentums erzählt. Entscheidend für die Wandlung ist das sog. Damaskus-Erlebnis des Saulus, das Wunder seiner Blendung und Heilung, das seine Bekehrung zum Christentum einleitet. Es gibt folglich auf der Handlungsebene ebenfalls eine enge symbolische Verknüpfung mit der Novelle: Die Geschichte Gustls lässt sich als Parodie der Bekehrungsgeschichte des Saulus lesen. Denn im Gegensatz zu Saulus, der durch das Lichtwunder von Damaskus bekehrt wurde und sich vollständig wandelte, bleibt Gustl „unerleuchtet" und kehrt am Ende seiner Odyssee unverändert in sein altes Leben zurück.

---

[1] Die Bezüge zwischen Schnitzlers Novelle und dem Roman Dujardins werden ausführlich untersucht von Aurnhammer (2007), S. 79. Auf sie wird im vorliegenden Modell nicht weiter eingegangen.
[2] Prätext: ein Text, auf den sich spätere Texte beziehen

Projektionsmuster und Wunschbilder findet Gustl in seiner Lieblingsoper „Lohengrin" ebenso wie in Nansens Roman „In Nacht und Eis". Lohengrin, der Schwanenritter, verkörpert ein mittelalterliches Helden- und Ritterbild, das für Gustl ebenso wie für die gesamte destabilisierte Offizierskaste der damaligen k. u. k. Monarchie ein romantisiertes Identifikationsmuster darstellt.

Als weiters Beispiel für Mannhaftigkeit und Heldentum kann der berühmte Polarforscher Nansen gelten, dessen Tagebuch Gustl liest und, wie er ausdrücklich bedauert, durch den schicksalhaften Vorfall nicht mehr zu Ende verfolgen kann. Gustl hat sich vermutlich unbewusst mit drei Eigenschaften Nansens identifiziert: dem Abenteuerdrang, dem Durchhaltevermögen und dem starken Überlebenstrieb. Gustl glaubt sich in der Lage, den nötigen Mut und die Opferbereitschaft aufzubringen, die für die Lösung seines Konflikts erforderlich sind. Leider ist die Realität eine andere. Gustl wird durch einen wundersamen Deus-ex-machina-Schluss gerettet, während Nansen sein Leben durch Mut und Besonnenheit retten kann. Vor der Folie Nansens treten Gustls Feigheit, seine unmännliche Larmoyanz und seine Todesangst besonders prägnant hervor, ein weiteres Beispiel für die parodierende Funktion der Prätexte.

In den beiden anderen Werken, der Oper „La Traviata" und der Komödie „Madame sans Gêne", spielen Frauen die Hauptrolle. Die Protagonistinnen repräsentieren zwei gegensätzliche Frauenmodelle: Während die Komödie „Madame sans Gêne", deren Prolog mit dem Sturm auf die Tuilerien einsetzt, das Ende des Ancien Régime spiegelt, ist die Handlung der Oper bereits in der nachaufgeklärten Phase der Restauration des bürgerlichen Frankreich im 19. Jahrhundert angesiedelt. Cathérine, der starken Heldin, gelingt dank ihres vernünftigen und moralischen Verhaltens der gesellschaftliche Aufstieg von der einfachen Wäscherin zur Marschallin. Im Gegensatz dazu wird Marguérite, die Kurtisane, ein Opfer der Doppelmoral der bürgerlichen Klasse. Ihr Geliebter kann dem Druck seiner Familie nicht widerstehen und verlässt sie. Die Schlussapotheose feiert zwar die romantische Liebe, aber die Liebenden gehen zugrunde.

Bezogen auf die Novelle lassen sich folgende, ins Parodistische zielende Parallelen aufzeigen: Gustl hat trotz seiner oberflächlichen Frauenbeziehungen eine romantische Vorstellung von der Liebe, die aber durch die ihm bekannten Frauen nicht erfüllt werden kann. So bleibt sie eine Vision. Im Gegensatz zur Figur der Marguérite ist er nicht willens oder in der Lage, sich für eine dauerhafte Liebe einzusetzen, und begnügt sich mit oberflächlichen Beziehungen. Auch das Thema „eheliche Treue" spielt eine Rolle in Gustls Gedanken und Vorstellungen, aber konträr zur unbedingten Haltung Cathérines, die ihre Ehre als Bürgerliche nicht aufgeben will und der höfischen Welt damit einen Spiegel vorhält, ist Gustls Einstellung zu Ehe und Treue skeptisch und zwiespältig (s. Baustein 5).

Die Protagonisten der Prätexte sind starke Persönlichkeiten, Männer und Frauen, die sich in Konflikten heroisch bewähren und zu dem schwachen, sentimentalen Gustl einen deutlichen Gegensatz bilden. Gustl trennen Welten von seinen Idealen. Auf diesem Kontrast beruht die Parodie: Denn je weiter entfernt das Ideal von der Wirklichkeit Gustls ist und je mehr dieser glaubt, sich die Figur anverwandeln zu können, desto lächerlicher wirkt er. So bestehen die Analogien nur in Gustls beschränkter Perspektive, der Leser aber sieht die Realität und amüsiert sich.

Übersicht über die Prätexte:

Titel	inhaltlicher Schwerpunkt
V. Sardon, E. Moreau: Madame sans Gêne (S. 11, Z. 12)	gesellschaftlicher Aufstieg einer ehemaligen Regimentswäscherin unter Napoleon
G. Verdi: La Traviata (S. 8, Z. 19)	die identifikatorische Verklärung der Liebe einer „Sünderin"
Wagner: Lohengrin (S. 32, Z. 1 f.)	ein stilisiertes Selbstbild, siegreich im Zweikampf, Prototyp des ehrenhaften Ritters
F. Nansen: Durch Nacht und Eis (S. 38, Z. 17; s. auch Anm. 5)	Polarexpedition: Projektionsmuster eines modernen Helden
Schiller: Die Bürgschaft (S. 44, Z. 4)	Verballhornung des Balladenzitats
F. Mendelssohn-Bartholdy: Paulus (S. 7, Z. 9)	Wandlung vom Saulus zum Paulus
Goethe: Faust I (Osterspaziergang)	Inversion der religiösen Bekehrung

Die Berücksichtigung intertextueller Bezüge stellt ein wichtiges methodisches Verfahren dar. Für die unterrichtliche Erarbeitung sind solche Exkurse besonders schwierig, weil die Schülerinnen und Schüler kaum über Kenntnisse kanonischer Texte oder musikalischer Werke verfügen. Dennoch ist es wichtig, dass implizite Textstrukturen erkannt und hermeneutisch genutzt werden, um die ästhetische Kompetenz der Leserinnen und Leser zu fördern. Dass bei diesem Prozess auch die kulturelle Allgemeinbildung erweitert wird, ist ein erfreuliches Nebenprodukt der Unterrichtsarbeit.

Ziel des Bausteins ist es, nach der inhaltlichen Klärung der Bezugstexte die Schülerinnen und Schüler zur Hypothesenbildung bezüglich möglicher Analogien zwischen der Novelle und den Prätexten anzuregen. Die im Anschluss an die Vorstellung der Werke unten aufgeführten Vergleichspunkte müssen nicht alle akzeptiert werden. Ebenso können die Schülerinnen und Schüler weitere Bezüge finden.
Der Baustein bietet Möglichkeiten zu selbstständiger Arbeit. Die Schülerinnen und Schüler können interessenbezogene Gruppen bilden und bei der Präsentation verschiedene Verfahren erproben (Lernplakat, Powerpoint-Präsentation o. Ä.).
Sie erhalten folgende vorbereitende Aufgaben als Hausaufgabe:

■ *Stellen Sie eine Liste aller im Text genannten Theater- und Lektüretitel zusammen, die Gustl in der Vergangenheit und in der Gegenwart gelesen bzw. gesehen hat. Markieren Sie seine „Lieblingsstücke" und informieren Sie sich grob über die Titel anhand der Anmerkungen in der Textausgabe.*

■ *Tragen Sie in die Liste auch die Umstände ein, unter denen Gustl an die Werke denkt.*

Die weitere Unterrichtsarbeit soll als Gruppenarbeit gestaltet werden. Die Gruppen erhalten folgende Aufgaben:

■ *Suchen Sie sich ein Werk aus der Liste aus, mit dem Sie sich näher beschäftigen wollen. Recherchieren Sie zu diesem Werk und tragen Sie die Ergebnisse zusammen.*

■ *Gehen Sie davon aus, dass Schnitzler diese Werke nicht wahllos in seine Novelle aufgenommen hat, d. h. dass alle etwas mit Gustls Leben, seinem Schicksal, seinen Wünschen und Vorbildern zu tun haben. Stellen Sie für Ihr Werk dazu Hypothesen auf, die Sie in Ihre Präsentation einfügen. Bereiten Sie einen Präsen-*

tationsvortrag vor. Powerpoint-Präsentation oder Folie sind möglich. Arbeiten Sie anschaulich, ggf. auch mit Bildmaterial.

Auswertung und Weiterführung:
Nach der Präsentation können die Ergebnisse noch einmal abstrahierend zusammengefasst werden.

Die Schülerinnen und Schüler erhalten folgenden Auftrag:

■ *Fassen Sie die Ergebnisse der Präsentationen in Hinblick auf die Funktionen der Prätexte für die Novelle zusammen. Unterscheiden Sie dabei figurenbezogene Funktion und textuelle Funktion.*

Die Aufgabe führt zu folgendem Tafelbild:

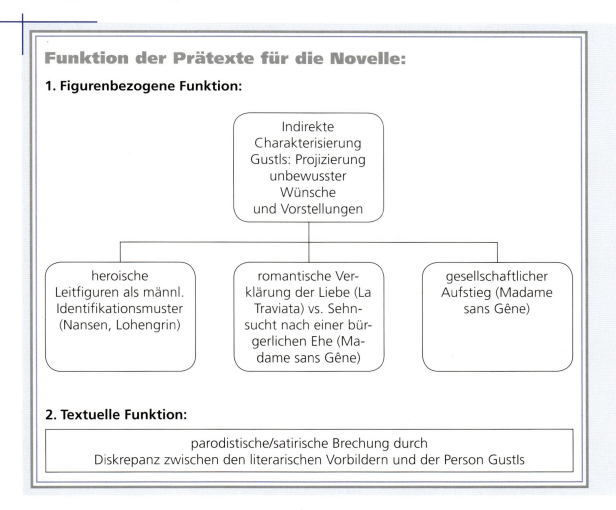

7.2 Lohengrin

***Lohengrin* (1850)**
Romantische Oper in drei Akten von Richard Wagner

Inhalt:
Die Handlung spielt in Brabant. In Antwerpen findet ein Gerichtstag statt. Das Reich soll gegen die anstürmenden Horden aus dem Osten verteidigt werden. Zur gleichen Zeit geht

es in einer Gerichtsverhandlung um ein Gottesurteil: Elsa, Tochter des Herzogs von Brabant, wird angeklagt, ihren Bruder ermordet zu haben und eine geheime Beziehung zu einem unbekannten Mann zu unterhalten, den sie zum Herrscher von Brabant machen wolle. Ankläger sind Telramund und seine Frau Ortrud. Diese enttarnt sich später selbst als diejenige, die den Bruder Elsas in einen Schwan verwandelt hat.

Lohengrin, ein fremder Ritter, erscheint Elsa im Traum und bietet ihr seine Hilfe an. Der Prophetie des Traumes entsprechend, lässt Elsa nicht einen der anwesenden Ritter für sich kämpfen, sondern wartet auf den angekündigten Fremden. Er kommt mit einem Nachen, der von einem Schwan gezogen wird. Bevor er Elsa zu Hilfe eilt, nimmt er ihr einen Eid ab. Niemals darf sie ihn nach seinem Namen und seiner Herkunft fragen. Lohengrin gewinnt den Zweikampf gegen Telramund. Dieser beklagt den Verlust seiner Ehre und wütet gegen seine Frau Ortrud, weil sie ihn zu dem Zweikampf angestiftet hat. Während Lohengrin zur Hochzeit mit Elsa rüstet, wird Telramund mit der Acht belegt. Bei der Ankunft des Hochzeitszuges vor dem Dom kommt es zum Streit zwischen den beiden Frauen Ortrud und Elsa, denn Ortrud will vor Elsa den Dom betreten. Schließlich kann das Paar in die Kirche einziehen.

Nach der Trauung geleitet Lohengrin Elsa in die Kemenate. Elsa wird sich nun der Belastung ihres Gelöbnisses bewusst. Sie möchte den Namen und die Herkunft des geliebten Gatten erfahren. Schließlich bricht sie ihr Gelübde und stellt die schicksalhafte Frage. Als Telramund in das Gemach des Paares stürzt, um sich für die Niederlage an Lohengrin zu rächen, tötet dieser ihn.

Vor der versammelten Runde der Ritter und des Königs enthüllt nun Lohengrin seine Identität als Ritter des heiligen Grals und deckt den feigen Anschlag Telramunds auf. Er klagt seine Frau an, ihren Eid gebrochen zu haben. Daher müsse er sich von ihr trennen. Als sich der Schwan mit dem Nachen nähert, bekennt Ortrud triumphierend, dass sie es gewesen sei, die Gottfried, Elsas Bruder, in den Schwan verwandelt habe. Lohengrin gibt Gottfried, dem zukünftigen Herrscher Brabants, seine menschliche Gestalt zurück und entschwindet.

Auswahl möglicher Bezüge zur Novelle:
- In der Figur Lohengrins zeigt sich die Selbststilisierung des k. u. k. Militärs.
- In einer Zeit des Umbruchs dient heroisches Rittertum der Stabilisierung des Militärs.
- Die Exklusivität der Gralsritter spiegelt das Kastenbewusstsein des Militärs.
- Unbedingte Treue, Tapferkeit und Frauendienst sind Ideale des mittelalterlichen Rittertums, denen sich der traditionelle Ehrenkodex der Offizierskaste verpflichtet fühlt, die er aber nur noch rudimentär erfüllt (Dekadenz).
- Zentrale Konflikte in „Lohengrin" (Verrat, Ehrverlust, Brechung des Schweigegebots) spiegeln parodistisch Gustls Konflikte.
- Dichotomisches Frauenbild in „Lohengrin": Ortrud, die böse, und Elsa, die gute Frau. Gustls Vorstellung von Frauen hat ebenfalls dichotomische Züge (s. Baustein 5).

7.3 In Nacht und Eis

Fridtjof Nansen: „In Nacht und Eis. Die norwegische Polarexpedition 1893–1896" (1897)

Inhalt:
Bei dem zitierten Roman, in Schnitzlers Novelle fälschlich „Durch Nacht und Eis" betitelt (S. 38, Z. 17), handelt es sich um den Tagebuchbericht des norwegischen Polarforschers Nansen über seine Expedition zum Nordpol. Die Aufzeichnungen Nansens schildern eine der gefährlichsten und entbehrungsreichsten Forschungsreisen, die jemals unternommen wurden. Auf abenteuerlichen Wegen, Nansen und seine Mannschaft hatten sich mit ihrem Schiff im

Packeis einfrieren lassen, gelang es Nansen und seinem Begleiter Hjalmar Johansen, sich bis auf einige hundert Kilometer dem Nordpol zu nähern. Auf der letzten Strecke konnten sie nur noch zu Fuß, mit Hundeschlitten und Kajaks vorankommen. Kurz vor dem Ziel brach Nansen wegen widriger Wetterbedingungen das Unternehmen ab. In letzter Minute erreichten er und sein Begleiter die nächstgelegenen Inseln des Archipels Franz-Joseph-Land, von wo aus ihnen nach einer entbehrungsreichen Überwinterung im August 1896 die Rückkehr nach Norwegen gelang.

Der Archipel wurde nach der Entdeckung am 30. August 1873 durch die „ÖsterreichUngarische Nordpolexpedition" zu Ehren des österreichischen Kaisers Franz Joseph I „Franz-Joseph-Land" genannt. Auf einer der Inseln des Archipels gibt es ein Kap Tegetthoff. Hier ließ man an der Stelle der Erstentdeckung des Archipels einen Gedenkstein errichten (1898–99).

Auswahl möglicher Bezüge zur Novelle:
- Heldentum und Abenteuerlust Nansens als Vorbild und Wunschtraum für Gustl
- Unbewusste (?) Verwechslung des Titels: Widerspiegelung des Wegs Gustls durch das nächtliche Wien
- Nationalstolz und militärische Ehre: Eroberung des Archipels durch das österreichische Militär, der Archipel erhält den Namen „Franz-Joseph-Land".
- Kap Tegetthoff in Analogie zur Tegetthoffsäule in Wien
- Symbolisch: Abbruch der Expedition vor Erreichen des Ziels – Abbruch der Lektüre des Werkes: „Schad', dass ich's nimmer auslesen kann..." (S. 39)

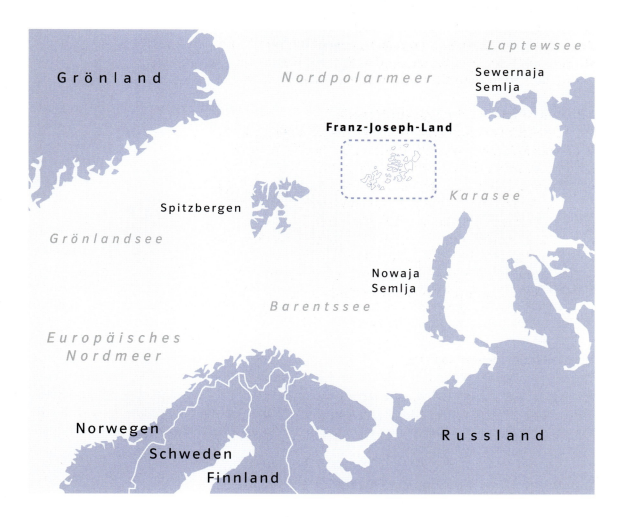

7.4 Frauen im Konflikt mit der Gesellschaft

Madame sans Gêne (Uraufführung 1893)
Komödie in drei Akten und einem Prolog von Victorien Sardou und Emile Moreau

Inhalt:
Das Theaterstück spielt im Frankreich des Jahres 1792, am Tag der Erstürmung der Tuilerien, die das Ende des Ancien Régime ankündigen. Vorgeführt wird der soziale Aufstieg eines jungen Paares, des einfachen Sergeanten Lefebvre und seiner Verlobten Cathérine. Die Handlung beginnt damit, dass Cathérine einen Adeligen, den österreichischen Grafen Neipperg, vor den Revolutionshorden, die von Cathérines Verlobtem angeführt werden, rettet. Nach Jahren, Lefebvre ist inzwischen mit Cathérine verheiratet und zum Marschall und Herzog von Danzig aufgestiegen, drängt Napoléon auf die Trennung des Paares, da Cathérine nicht standesgemäß ist und bei Hofe ihre proletarische Herkunft nicht verleugnen kann und will. Es kommt zu einer entscheidenden Begegnung zwischen Cathérine und Napoléon, der der ehemaligen Regimentswäscherin noch einen Geldbetrag von drei Napolén schuldet. Der Kaiser lässt sich vom Charme und der unbedingten Treue Cathérines betören und verzichtet auf seinen Plan.
Die Handlung endet glücklich: Als der Graf ein zweites Mal in eine kompromittierende Situation gerät, ist Cathérine zur Stelle und kann ihn retten.

La Traviata von Giuseppe Verdi
Die Kameliendame (La Dame aux camélias)
Roman von Alexandre Dumas fils (1848)

Inhalt:
Die edle Kurtisane, die dem arrivierten Bourgeois den Zutritt in eine erotische Wunschwelt verschafft und sich schließlich der bürgerlichen Familienmoral opfert, gehört zum Themenrepertoire der Unterhaltungsliteratur des 19. Jahrhunderts.
Marguérite Gautier, die Kurtisane, liebt Armand Duval, einen jungen Mann aus bürgerlichem Hause. Um seinetwillen gibt sie ihr früheres Leben als Kurtisane auf. Als sie aber von der Familie Duvals beschuldigt wird, dem Glück Armands im Wege zu stehen, verzichtet sie auf den Geliebten und kehrt in ihr altes Leben zurück. Armand glaubt an Liebesverrat und wendet sich von ihr ab. Sie erkrankt lebensgefährlich und kann erst in der Todesstunde die wahren Hintergründe ihres Handelns offenbaren. Kurz vor ihrem Tod kommt es in einer ergreifenden Liebesszene zur Versöhnung des Paares.
Der Roman, der Verdis Oper zugrunde liegt, greift das Motiv der ehrbaren Dirne auf. Er verklärt eine Liebe, die im Widerstreit mit der Gesellschaft zwar tragisch endet, in ihrem Schlusstableau aber die romantische Liebe verklärt.

Vergleich der beiden Werke:
Die beiden Werke stellen gegensätzliche Frauenmodelle in unterschiedlichen historischen Kontexten vor: die der Rationalität der Aufklärung verhaftete Cathérine, die voll Bürgerstolz sich gegen die Aristokratie und sogar gegen den Kaiser Napoléon behauptet, und die der bürgerlichen Moral sich opfernde Kurtisane, deren hohe Liebesauffassung dem gesellschaftlichen Druck nicht standhalten kann.

Auswahl möglicher Bezüge zur Novelle
- zwei Frauenkonzepte (bürgerliche Frau und Kurtisane)
- unbedingte Treue der Frau als Wunschvorstellung Gustls
- Idealisierung des Weiblichen

- Spiegel von Gustls Frauenbekanntschaften (Adele>Cathérine; Steffi>Marguérite)
- *La Traviata* als Spiegel von Gustls sentimentalem Bedürfnis nach romantischer Liebe
- Der Freud'sche Grundkonflikt: Eros und Thanatos in *La Traviata*
- *Madame sans Gêne* und der Wunschtraum der bürgerlichen Ehe
- Analogie: Ende des Ancien Régime und Ende der k. u. k. Monarchie
- Analogie: Lefebvre = Gustl; Wunschbild vom sozialen Aufstieg
- Verehrung des Kaisers
- parodistisch: Kontrast zwischen Gustls schwachem Charakter und der Stärke Cathérines (Widerstand gegen den Kaiser)
- Sehnsucht nach einer starken Frau und Rettung in der Not (Neippergs Rettung durch eine starke Frau)

7.5 Das Oratorium

Paulus (1836)
Oratorium von Felix Mendelssohn-Bartholdy

Der wichtigste Prätext ist das Oratorium „Paulus" von Felix Mendelssohn-Bartholdy. Mit dieser Musik beginnt die Novelle und sie begleitet Gustl durch die Handlung als eine Art Schicksalsmusik. An sie erinnert sich Gustl am Ende seines nächtlichen Ganges durch Wien, als Orgelmusik aus der Kirche erklingt und ihn in die Frühmesse lockt.

Die Entscheidung Schnitzlers, Gustl in ein geistliches, „ernstes Konzert" zu schicken, in dem darüber hinaus auch noch das Werk eines jüdischen Komponisten aufgeführt wird, ist bedeutsam. Ein weiterer Kunstgriff Schnitzlers besteht darin, dass er Gustl den Text des Oratoriums, das Geschehen um die Wandlung vom Saulus zu Paulus gar nicht wahrnehmen lässt. Gustl ist während des Oratoriums ständig abgelenkt und in eigene Erinnerungen versunken. So gelangt die Geschichte gar nicht in sein Bewusstsein. Nur am Ende nimmt er den Schlusschor wahr, dessen Inhalt er aber wegen des fehlenden Kontextes nicht verstehen kann. Zwar ergreift ihn die Musik, aber sein Enthusiasmus ist nur von kurzer Dauer. Sobald der letzte Ton erklungen ist, drängelt er nach draußen.

Worum geht es in der Geschichte? Das Oratorium stellt die Wandlung des Saulus in Paulus und den Märtyrertod des Paulus dar. Die Handlung spielt während der Zeit der ersten Christenverfolgungen. Der Text berichtet von der Steinigung Stephanus', die sich unter der Führung Saulus', eines der fanatischsten Christenverfolger, ereignete. Unterwegs nach Damaskus erlebt Saulus eine Erscheinung: Ihm begegnet Jesus in Lichtgestalt. Dieser fordert ihn auf, sofort umzukehren und fortan als Christ die Botschaft Jesu zu verkünden. Das Licht, das Jesus ausstrahlt, ist so grell, dass Saulus erblindet und erst durch einen frommen Jünger wieder geheilt wird. Saulus bekehrt sich zum Christentum, nennt sich Paulus und ist von dem Zeitpunkt an einer der glühendsten und frommsten Jünger.

Der zweite Teil des Oratoriums berichtet von der Prediger- und Missionstätigkeit des Paulus unter den Juden und Heiden. Wie alle, die das Christentum verbreiteten, wurde auch Paulus verfolgt. Die Juden lehnten sich gegen ihn auf, es kam zur Konspiration und Paulus erlitt den Märtyrertod.

Der Schlusschor zieht das Fazit dieses Lebens: Die Krone der Gerechtigkeit Gottes gebührt nicht nur Paulus, sondern allen, „die seine Erscheinung lieben."

Das Oratorium endet mit dem großen Lobpreis des Psalm 103: „Lobe den Herrn meine Seele".

Der vollständige Schlusschor lautet:

Rezitativ:

Und wenn er gleich geopfert wird über dem Opfer unsers Glaubens,
so hat er einen guten Kampf gekämpft;
er hat den Lauf vollendet;
er hat den Glauben gehalten;
hinfort ist ihm beigelegt die Krone der Gerechtigkeit,
die ihm der Herr an jenem Tage, der gerechte Richter, geben wird.

Schlusschor:

Nicht aber ihm allein, sondern allen,
die seine Erscheinung lieben.
Der Herr denket an uns und segnet uns.
Lobe den Herrn!
Lobe den Herrn, meine Seele,
und was in mir ist, seinen heiligen Namen.
Ihr seine Engel, lobet den Herrn.

Auswahl möglicher Bezüge zur Novelle:
- Krise und Wandlung als Grundthemen von Oratorium und Novelle
- Scheitern der „Bekehrung" Gustls
- die Lichtmetaphorik
- das Augenmotiv (s. auch Baustein 4.5)
- die Bedrohungskulisse des Märtyrerlebens als Parodie auf Gustls eingebildetes „Martyrium"
- Parodie des Bekehrungserlebnisses in der Kirche
- Kritik an konsumptivem Kunsterleben der Offizierskaste
- Autor und Komponist als bedeutende Repräsentanten des assimilierten Judentums

Friedrich Nietzsche: Menschliches und Allzu Menschliches

Duell. – Zu Gunsten aller Ehrenhändel und Duelle ist zu sagen, dass, wenn Einer ein so reizbares Gefühl hat, nicht leben zu wollen, wenn Der und Der das und das über ihn sagt oder denkt, er ein Recht hat, die Sache auf den Tode des Einen oder des Anderen ankommen zu lassen. Darüber, dass er so reizbar ist, ist gar nicht zu rechten, damit sind wir die Erben der Vergangenheit, ihrer Größe sowohl wie ihrer Untertreibungen, ohne welche es nie eine Größe gab. Existirt nun ein Ehren-Kanon, welcher Blut an Stelle des Todes gelten lässt, so dass nach einem regelmäßigen Duell das Gemüth erleichtert ist, so ist dieses eine große Wohlthat, weil sonst viele Menschenleben in Gefahr wären. – So eine Institution erzieht übrigens die Menschen in Vorsicht auf ihre Aeusserungen und macht den Umgang mit ihnen möglich.

Aus: Friedrich Nietzsche: Menschliches, Allzu Menschliches I und II. Kritische Studienausgabe, hrsg. von Georgio Colli und Mazzino Montinari. dtv/de Gruyter 1988, S. 256

Arthur Schnitzler: Antwort auf eine Rundfrage über das Duell

In Schnitzlers Nachlass fand sich eine zu Lebzeiten unveröffentlichte Antwort auf eine Rundfrage über das Duell:

„Die Beziehungen zwischen zwei Menschen, die zu einem Zweikampf führen können, sind sehr vielfältiger Natur und ebenso vielfältig die Bedeutung, die dem Duell als Abschluss der Beziehungen zwischen zwei Menschen zukommt.

Diese menschlichen Beziehungen haben mit allen anderen, wie z. B. Ehe, Liebe, Freundschaft, außer ihrer Vielfältigkeit auch das gemeinsam, dass den außenstehenden Menschen ein wirklicher Einblick in sie verwehrt ist und dass daher jede Einmischung von anderer Seite unerlaubt, ungebührlich, ja vielleicht unsittlich erscheint, solange es sich eben ausschließlich um diese Beziehungen an sich handelt und nicht um den Einfluss, den sie eventuell auf die Existenz Unbeteiligter zu nehmen imstande sind.

Es ist also nicht nur töricht, sondern sogar unverträglich mit dem Recht der Selbstbestimmung zwei Individuen, deren Beziehungen sich dahin entwickelt haben, dass sie das unabweisbare Bedürfnis empfinden, sich mit den Waffen in der Hand gegenüberzustehen oder einer den andern zu töten, an der Ausführung dieses Vorsatzes zu hindern.

Gegen Duellanten also, die sich freiwillig gestellt und solche, die den Gegner nicht in irgendeiner Art zum Duelle gezwungen haben, dürfte von Staats wegen niemals etwas unternommen werden, selbst wenn das Duell einen unglücklichen Ausgang hatte. Hier erst setzt die Frage ein; nicht um das Duell, sondern um den Duellzwang handelt es sich. Und zwar nicht um den augenfälligen Zwang, gegen den einzuschreiten eine verhältnismäßig einfache Sache wäre, sondern um die vielfachen Formen des uneingestandenen, unaufrichtigen, gefährlichen Zwanges, der in unseren gesellschaftlichen Zuständen begründet ist.

Bei oberflächlicher Betrachtung könnte man beinahe glauben, dass es einen Zwang zum Duell wenigstens für Zivilisten überhaupt nicht gibt, wie denn die Duellfrage im Offiziersstande hier schon darum außer Acht gelassen werden soll, weil jeder, der diese Karriere einschlägt, ebenso gut weiß, welchen Anschauungen und Gesetzen er sich damit unterworfen hat, wie der Arzt, der es seinerseits nicht ablehnen darf, sich bei einer plötzlich ausbrechenden Epidemie an der Behandlung der Erkrankten zu beteiligen und die damit verbundene Gefahr auf sich zu nehmen, wenn er auch auf den Ausbruch einer Epidemie bei Ablegung des Doktorats nicht gefasst war.

Anders aber steht es beim Zivil. Hier kommt es jeden Tag vor, dass Leute auch ohne Absicht in Kreise geraten, wo Anschauungen herrschen, in denen der Duellzwang notwendig inbegriffen ist. Solange Leute als feig gelten werden, die eine Duellforderung ablehnen und solange Leute den Vorwurf dieser sogenannten Feigheit als diffamierend empfinden werden, solange wird auch der Duellzwang bestehen. Keine behördliche Verfügung, kein Gesetz wird die Macht haben, jemanden, der einen andern wirklich oder im Sinne der geltenden gesellschaftlichen Anschauungen beleidigt hat, davor zu schützen, dass er eine Ohrfeige bekommt. Und solange diese Ohrfeige ihre innerhalb der Gesellschaft nun einmal feststehende symbolische Bedeutung behält, wird keine behördliche Verfügung die Macht besitzen, den Geohrfeigten glauben zu machen, dass sein Beleidiger durch eine Geldstrafe von fünf bis hundert Gulden oder selbst durch Arrest von vierundzwanzig Stunden genügend bestraft und damit seine, des Gezüchtigten Ehre wiederhergestellt weiß. So wird also diese Ohrfeige, wenn andere Mittel versagen, in all den Kreisen, wo sie eben als Symbol gilt, einen absoluten Zwang zum Duell bedeuten.

Es ist also unbedingt erforderlich, diese Beleidigung innerhalb von Kreisen, wo sie eben mehr bedeutet als sich selbst, mit einer Strafe zu belegen, die dem symbolischen Ernst der Beleidigung angemessen ist; unter Umständen mit schweren Kerkerstrafen.

Ebenso streng müsste der Vorwurf der Satisfaktionsunfähigkeit gestraft werden, der gegen den Duellverweigerer öffentlich erhoben würde, denn es ist sehr wohl der Fall zu denken, dass jemand einmal mit guten Gründen ein Duell abgelehnt hätte und ein anderes Mal aus ebenso guten Gründen die Nötigung empfände, selbst jemanden zum Duell herauszufordern.

Die Forderung an sich aber dürfte niemals strafbar sein. Sie hätte nichts anderes zu bedeuten und dürfte nicht in anderem Sinne aufgefasst werden als die Frage: willst du dich mit mir schlagen? – eine Frage, auf die die Antwort dem andern völlig frei stünde und auch eine abschlägige keinerlei diffamierende Folgen für den Duellverweigerer mit sich brächte, woraus die einfache Folgerung resultiert, dass man auch den Fordernden für ein Ja des Geforderten in keiner Weise verantwortlich machen dürfte.

Auch von prinzipiellen Duellgegnern hört man immer wieder die Ansicht aussprechen, dass es immerhin Fälle gibt, wo das Recht, jemanden zum Duell zu provozieren, unbedingt zuerkannt werden müsste.

Und als Lieblingsbeispiele werden immer wieder solche Fälle gewählt, in denen es sich um Verführung der Gattin oder der Schwester handelt. Und doch liegt hier die Sache nicht anders als in sämtlichen anderen Fällen, bei denen sich irgendjemand beleidigt fühlt. Ist der sogenannte Verführer geneigt, auf das Duell einzugehen, so möge es stattfinden und – wie immer der Ausgang sei – straflos bleiben. Ist aber der Beleidiger nicht geneigt, die verlangte Satisfaktion zu geben, so wäre der Versuch, ihn zu einem Duell zu zwingen, mit der gleichen Schärfe zu ahnden, wie in jedem andern Fall. Natürlich müsste dem Gatten oder dem Bruder Gelegenheit geboten werden, sich auf andere Weise Genugtuung zu verschaffen, auf die nach unseren heute noch bestehenden bürgerlichen Anschauungen ein Recht beanspruchen kann. Doch besteht solches Recht überhaupt viel seltener, als man heute noch zugibt, es sei, man wollte ausdrücken, dass auch schon der verletzten Eitelkeit ein Recht auf Genugtuung zustünde."

Aus: Arthur Schnitzler: Aphorismen und Betrachtungen. Hrsg. von Robert O. Weiss. (Gesammelte Werke.) Frankfurt a. M.: S. Fischer 1967, S. 321–323

Arthur Schnitzler: Jugend in Wien. Textauszüge zum „süßen Mädel"

Zwei- bis dreimal wöchentlich kam Jeanette des Abends zu mir. Manchmal nachtmahlten wir vorher zusammen in irgendeinem Restaurant, – im Römischen Kaiser oder im Riedhof, anfänglich, an schönen Herbstabenden in Pratergärten; – die Nacht verbrachte sie in meiner Spitalsstube, ließ sich auch im Schlaf nicht stören, wenn ich auf die Abteilung ging, meinen Dienst zu versehen, und es war mir eine rechte Lust, wenn ich gegen Mittag wiederkehrte, mein süßes Mädel, zu neuer Zärtlichkeit bereit, auf den zerwühlten Polstern wiederzufinden. In der Rückerinnerung eines solchen Morgens war es, dass ich dieses Schmeichelwort vom süßen Mädel zum ersten Mal in mein Tagebuch schrieb, ohne zu ahnen, dass es bestimmt war, einmal gewissermaßen literarisch zu werden. Und damals mag es wohl auch, zum Mindesten meiner Empfindung nach, auf Jeanette nicht so übel gepasst haben.

Eine kurze Trennung gleich in den ersten Wochen unseres Glücks sollte unsere Verliebtheit nur noch höher anfachen. Mit meinem Vater, der mich auf alle Weise und von jeder Seite her in die Medizin einzuführen trachtete, fuhr ich nach Wiesbaden zur Naturforscherversammlung. Er musste vor mir nach Wien zurück; ich verbrachte einen Tag allein in Rüdesheim in einem Wirtshausgarten am Ufer des Rheins, schrieb dort Briefe, nicht nur an Jeanette, sondern auch an Olga, an diese natürlich einen viel schöneren, und erlebte in dieser Stunde den einzigen Moment der Reise, dessen ich mich noch heute mit vollkommener Lebhaftigkeit entsinne. Auf der Rückfahrt hielt ich mich in Frankfurt auf, wo es mir beliebte, auf Goethes Jugendspinett ein paar Wiener Walzer anzuschlagen; und in München, ohne von den Gemälden, die ich sah, und Theateraufführungen, die ich besuchte, irgend stärkere Eindrücke mit nach Hause zu nehmen. Nicht nur Sehnsucht, auch Unruhe jagte mich zurück. Damit, dass Jeanette mit ihren zweiundzwanzig Jahren ihre Tugend nicht bis zu dem Tage bewahrt hatte, an dem sie mir begegnet war, hatte ich mich abfinden müssen. Sechs oder sieben Liebhaber hatte sie mir eingestanden; was sie mir aber sonst noch und Ausführlicheres von ihrem Liebesleben erzählt hat – es dürfte wohl nicht viel und kaum völlig wahr gewesen sein – ist mir völlig entschwunden. Sie lebte zusammen mit drei Schwestern und einem Bruder in einer sehr bescheidenen Wohnung in der Zimmermanngasse; die älteste Schwester, damals gewiss nicht älter als fünfundzwanzig oder sechsundzwanzig, aber reizlos und verblüht, führte die Wirtschaft und verdiente wohl auch etwas durch Näharbeiten, meine Jeanette, die Zweite, war Kunststickerin (ich bewahre heute noch Proben ihrer Fertigkeit auf) und arbeitete meist zu Hause für größere Geschäfte, die Dritte, Tini, kaum zwanzig, war abwechselnd Kindermädchen und Ladenmamsell und sah auch nach nichts Besserem aus, an die Vierte, Ritschi, habe ich überhaupt keine Erinnerung bewahrt, so wenig als an den Bruder Theobald, der bald von den Schwestern fortzog und mir eigentlich nur in Zusammenhang mit der Geschichte von einer versetzten Uhr und zehn Gulden, die man ihm schuldig war, einigermaßen wirklich und lebendig wird. Die Jugendgeschichte Jeanettens, die, wie ich in meinem Tagebuch bemerkte, viel Anziehendes und Rührendes hatte, habe ich gleichfalls völlig vergessen. Aus ihren noch vorhandenen Briefen geht nur hervor, dass irgendwo in der Provinz ein Vater lebte, von dem übrigens nie die Rede war, und dass vierzehnhundert Gulden von einem Onkel-Finanzrat vorhanden waren (wenn diese Summe nicht die Abfindungssumme eines der sechs Liebhaber vorstellte), die mit dem, was die Geschwister verdienten, dem Haushalt zugute kamen. Jedenfalls stellte Jeanette in den ersten Monaten nicht nur keinerlei finanzielle Ansprüche an mich, sie lehnte es geradezu ab, von derlei Dingen zu reden, und ich halte es für möglich, dass sie in jenem ersten Winter unserer Liebe nicht nur uneigennützig, sondern auch, wenigstens im üblichen Wortsinn, treu gewesen ist. Auch wenn ich aus Gesellschaften oder aus dem Theater kam, das ich sehr oft, manchmal mit Bekannten, aber niemals mit Jeanette besuchte, pflegte sie mich in meinem Spitalszimmer zu erwarten und blieb bei mir, bis im Morgendämmer oder noch in tiefer Dunkelheit die alte gute Bedienerin eintrat, Frau Ettel genannt, um uns das Frühstück zu bereiten. Es würde einmal was Schönes zum Erinnern sein, so dachte ich mir in jener Zeit; und das wäre es auch gewesen, wenn ich nur verstanden hätte, zur rechten Zeit ein Ende zu machen. (S. 282–284)

Besonders die Tanzgelegenheiten aller Art fingen an, mir gefährlich zu werden. Bei der Crombé, in der Tanzschule der gebildeten Mittelstände, war Fännchen freilich unumschränkte Herrscherin gewesen; in die vorstädtischen Tanzschulen aber, die ich nicht gerade zu Lernzwecken zuweilen aufsuchte, wo mir aber die ersehnten Erfolge nur in sehr bescheidenem Maße blühten, konnte sie mir als Mädchen aus gutem

Hause nicht folgen; und auch der Mehrzahl der öffentlichen Bälle, die ich nun zu frequentieren anfing, blieb sie fern. Mein Debüt fand, wie programmgemäß, auf dem Medizinerkränzchen im Grand Hotel statt, verlief jedoch nicht sehr glücklich, da ich, ein mehr leidenschaftlicher als geschickter Tänzer, mit einer meiner Damen, einer langen, gelben Arztenstochter, zu meiner großen Beschämung gegen Schluss des Balles der Länge nach hinfiel. Meine Tanzlust kühlte darum nicht aus, vielmehr blieb es noch manchen Fasching lang mein Ehrgeiz, auf jedem Ball bis zum letzten Geigenstrich und bis zum Verlöschen der Lichter durch den Saal zu rasen, schon darum, weil die Schlussschnellpolka meinem temperamentvollen Dilettantismus mehr zusagte als der Sechsschritt, in dem ich es nie zur Vollendung brachte.

Schon auf einem meiner ersten Bälle, zu Anfang des Jahres 80, hatte ich eine üppige, rotbäckige Blondine, Wirtstochter aus Purkersdorf, kennengelernt. Wir trafen nachher ein paarmal an Winter- und Frühlingsabenden im Weghuberpark, im Jahre darauf wieder auf Bällen zusammen, und ohne Zweifel war nur unsere, vielleicht auch nur meine Unerfahrenheit schuld daran, wenn unsere Zärtlichkeit, die schon in der ersten Tanznacht recht weit gediehen war, sich auch weiterhin innerhalb recht unschuldiger, wenn auch nicht ungefährlicher Grenzen hielt und endlich erlosch, ohne zur rechten Flamme ausgeschlagen zu haben. Viele Jahre später erst sah ich sie zum letzten Mal in dem ländlichen Wirtsgarten ihrer Eltern wieder, wo ich auf einem Ausflug in Gesellschaft meines Bruders und eines Bekannten einkehrte. Sie bediente die Gäste, stellte auch uns das Bier auf den Tisch, und als ich sie fragte, ob sie sich meiner erinnere, nickte sie, nannte kühl meinen Namen und wandte sich unbewegt anderen Gästen zu.

Noch weniger heroisch war die Rolle, die mir kurz darauf bei einem anderen Abenteuer zugewiesen war, dessen Einzelheiten sich mir trotzdem lebhafter als die manches glücklicheren eingeprägt haben. Seit einiger Zeit zählte ein aus Czernowitz gebürtiger Studiosus juris zu meinen näheren Bekannten, der mir wahrscheinlich dadurch interessant geworden war, dass er Schauspieler werden wollte, Gedichte schrieb und ein Jugenddrama, betitelt „Zwei Welten", in sich herumwälzte oder schon vollendet hatte. An einem Novemberabend des Jahres 1881, auf einer unserer Promenaden durch Vorstadtstraßen in der Neubau- und Josefstädtergegend, fügte es sich, dass wir uns nach etlichen wohlaufgenommenen Einleitungsworten zwei jungen weiblichen Geschöpfen als Begleiter anschlossen, für die die Bezeichnung „süßes Mädel" zwar damals noch nicht existierte, die aber – wenigstens die eine von ihnen – mit einem gewissen Recht Anspruch erheben durfte, nicht nur ein süßes, sondern sogar, wenn es auch viele hunderttausend vor ihr gegeben hat – das *erste* süße Mädel genannt zu werden. Und ich muss geahnt haben, dass dieses Wesen, wenn auch nicht als individuelle Erscheinung, gewissermaßen als „Idee" für meine dichterische Entwicklung bedeutungsvoll werden sollte; sonst wäre es nicht zu verstehen, dass ich noch am gleichen Abend, sofort nach unserem harmlosen Spaziergang zu viert, mich mit einer Ausführlichkeit in meinem Tagebuch über sie ausließ, die sonst meine Art nicht war. Sie war Choristin an einer Bühne, die ich mehr aus Gründen der Belletristik, als aus solchen einer in diesem Fall ganz zweck- und sinnlosen Diskretion, nur mit drei Sternchen zu bezeichnen für richtig fand. Im Übrigen schilderte ich sie für mich selbst mit folgenden Worten: „Prototyp einer Wienerin, reizende Gestalt, geschaffen zum Tanzen, ein Mündchen, das mich in seinen Bewegungen an das Fännchens erinnert (welcher Mund, der mir gefiel, hätte das damals nicht getan!), geschaffen zum Küssen – ein Paar glänzende lebhafte Augen. Kleidung von einfachem Geschmack und dem gewissen Grisettentypus – der Gang hin und her wiegend – behend und unbefangen – die Stimme hell – die Sprache in natürlichem Dialekt vibrierend; was sie spricht – nur so, wie sie eben sprechen kann – ja muss, das heißt lebenslustig, mit einem leisen Anklang von Übereiligkeit. ‚Man ist nur einmal jung', meint sie mit einem halb gleichgültigen Achselzucken. – Da gibts zu versäumen, denkt sie sich ... Das ist Vernunft in die lichten Farben des Südens getaucht. Leichtsinnig mit einem abwehrenden Anflug von Sprödigkeit. Sie erzählt mit Ruhe von ihrem Liebhaber, mit dem sie vor wenigen Wochen gebrochen hat, erzählt lächelnd mit übermütigem Tone, wie sie nun so viele, die leicht mit ihr anzubinden gedenken, zum Narrn halte, was aber durchaus nichts Französisches, Leidenschaftlich-Dämonisches an sich hat, sondern ganz heimlich humoristisch berührt, solange man nicht selber der Narr ist. Dabei dieses merkwürdig Häusliche – wie sie zum Beispiel von ihrem Liebhaber (‚besaß er sie?' setzte ich naiv-zweifelnd hinzu) tadelnd bemerkt, er hätte zu viel Karten gespielt – und man müsse sparsam sein usw. Die obligaten Geschwister mit den Eltern zu Hause, die tratschenden Nachbarn in den Nebengassen, jeden Moment der erste Ton – und auch eine ganz volkstümliche Melodie. –" (S. 112–114)

Und wäre ich etwa in einem bösen Prüfungstraum verpflichtet, einem pedantischen Literaturprofessor unter den Mädchen, die ich gekannt, eines als das eigentliche Urbild des süßen Mädels zu bezeichnen, so könnte es nur die kleine, blonde Anni sein, mit der ich mich auf einem Familienball in den Drei-Engel-Sälen im ersten Walzer fand und verstand, die verdorben war ohne Sündhaftigkeit, unschuldsvoll ohne Jungfräulichkeit, ziemlich aufrichtig und ein bisschen verlogen, meistens sehr gut gelaunt und doch manchmal mit flüchtigen Sorgenschatten über der hellen Stirn, als Bürgertöchterchen immerhin nicht ganz wohl geraten, aber als Liebchen das bürgerlichste und uneigennützigste Geschöpf, das sich denken lässt. Und war sie eben noch in dem behaglichen, wohlgeheizten Kämmerchen, in das sie mir immer erst nach einigem Zögern folgte, im Zauber der Stunde selig verloren, die ausgelassen-zärtliche Geliebte gewesen, so musste sie nur über die schwach beleuchtete Treppe, durch den halbdunklen Hausflur, aus der verschwiegen-dämmerigen Nebengasse in den nüchtern-grellen Laternenschein der Hauptstraße treten, um sich, ein unauffälliges, kleines Bürgerfräulein unter vielen anderen, mit unbefangen hellem Aug, in das Gewimmel der abendlichen Geschäfts-, Spazier- und Heimwärtsgänger zu schicken; und eine Viertelstunde darauf erschien sie gewiss, zwar etwas verspätet, aber harmlos lustig und Lustigkeit um sich verbreitend, als das brave, schlimme Töchterchen am Familientisch und brachte, ob man's nun glauben wollte oder nicht, eine schöne Empfehlung von dem Kaufmann, wo sie irgendwas besorgt, oder einen Gruß von der Freundin, mit der sie sich wie gewöhnlich ein bisschen verplaudert hatte. Und merkte die Mutter vielleicht, während das anmutige Kind mit Appetit ihr aufgewärmtes Nachtmahl verzehrte, dass die Zöpfe nicht genauso gesteckt waren wie am Nachmittag, da man sich nach dem Kaffee so eilig davongemacht hatte, so unterließ sie lieber naheliegende Bemerkungen und Fragen, warf einen Seitenblick auf den seit jeher so vertrauensvollen Vater, der eben die Zigarre in den weißen Papierspitz steckte, und dachte, möglicherweise nicht ohne Wehmut, aber kaum besonders reuevoll, an eine Zeit zurück, da sie selbst noch ein junges und möglicherweise sogar ein süßes Mädel gewesen war. (S. 150/51)

Aus: Arthur Schnitzler: Jugend in Wien. Eine Autobiografie. Wien u. a.: Verlag Fritz Mollen, ³1981, S. 282–284

Theodor Fontane: Effi Briest

Neunundzwanzigstes Kapitel (Auszug)

Am Abend desselben Tages traf Innstetten wieder in Berlin ein. Er war mit dem Wagen, den er innerhalb der Dünen an dem Querwege zurückgelassen hatte, direkt nach der Bahnstation gefahren, ohne Kessin
5 noch einmal zu berühren, dabei den beiden Sekundanten die Meldung an die Behörden überlassend. Unterwegs (er war allein im Coupé) hing er, alles noch mal überdenkend, dem Geschehenen nach; es waren dieselben Gedanken wie zwei Tage zuvor, nur,
10 dass sie jetzt den umgekehrten Gang gingen und mit der Überzeugtheit von seinem Recht und seiner Pflicht anfingen, um mit Zweifeln daran aufzuhören. „Schuld, wenn sie überhaupt was ist, ist nicht an Ort und Stunde gebunden und kann nicht hinfällig wer-
15 den von heute auf morgen. Schuld verlangt Sühne; das hat einen Sinn. Aber Verjährung ist etwas Halbes, etwas Schwächliches, zum Mindesten was Prosaisches." Und er richtete sich an dieser Vorstellung auf und wiederholte sich's, dass es gekommen sei, wie's
20 habe kommen müssen. Aber im selben Augenblicke, wo dies für ihn feststand, warf er's auch wieder um. „Es muss eine Verjährung geben, Verjährung ist das einzig Vernünftige; ob es nebenher auch noch prosaisch ist, ist gleichgültig; das Vernünftige ist meist pro-
25 saisch. Ich bin jetzt fünfundvierzig. Wenn ich die Briefe fünfundzwanzig Jahre später gefunden hätte, so wär ich siebzig. Dann hätte Wüllersdorf gesagt: ‚Innstetten, seien Sie kein Narr.' Und wenn es Wüllersdorf nicht gesagt hätte, so hätt es Buddenbrook
30 gesagt, und wenn auch der nicht, so ich selbst. Dies ist mir klar. Treibt man etwas auf die Spitze, so übertreibt man und hat die Lächerlichkeit. Kein Zweifel. Aber wo fängt es an? Wo liegt die Grenze? Zehn Jahre verlangen noch ein Duell, und da heißt es Ehre,
35 und nach elf Jahren oder vielleicht schon bei zehnundeinhalb heißt es Unsinn. Die Grenze, die Grenze. Wo ist sie? War sie da? War sie schon überschritten? Wenn ich mir seinen letzten Blick vergegenwärtige, resigniert und in seinem Elend doch noch ein Lä-
40 cheln, so hieß der Blick: ‚Innstetten, Prinzipienreiterei ... Sie konnten es mir ersparen und sich selber auch.' Und er hatte vielleicht Recht. Mir klingt so was in der Seele. Ja, wenn ich voll tödlichem Hass gewesen wäre, wenn mir hier ein tiefes Rachegefühl geses-
45 sen hätte ... Rache ist nichts Schönes, aber was Menschliches und hat ein natürlich menschliches Recht. So aber war alles einer Vorstellung, einem Begriff zuliebe, war eine gemachte Geschichte, halbe Komödie. Und diese Komödie muss ich nun fortset-
50 zen und muss Effi wegschicken und sie ruinieren, und mich mit ... Ich musste die Briefe verbrennen, und die Welt durfte nie davon erfahren. Und wenn sie dann kam, ahnungslos, so musst ich ihr sagen: ‚Da ist dein Platz', und musste mich innerlich von ihr
55 scheiden. Nicht vor der Welt. Es gibt so viele Leben, die keine sind, und so viele Ehen, die keine sind ... dann war das Glück hin, aber ich hätte das Auge mit seinem Frageblicke und mit seiner stummen, leisen Anklage nicht vor mir."

Aus: Theodor Fontane: Effi Briest. Paderborn: Schöningh Verlag 2005, S. 277–278

Theodor Fontane: Irrungen, Wirrungen

Zweiundzwanzigstes Kapitel
[...]

Oben in seiner Wohnung war alles still, selbst die Dienstboten fort, weil sie wussten, dass er um diese Zeit immer im Klub war. Wenigstens seit seinem Strohwitwertagen. „Unzuverlässiges Volk", brummte er vor sich hin und schien ärgerlich. Trotzdem war es ihm lieb, allein zu sein. Er wollte niemand sehn und setzte sich draußen auf den Balkon, um so vor sich hin zu träumen. Aber es war stickig unter der herabgelassen Markise, dran zum Überfluss auch noch lange blauweiße Fransen hingen, und so stand er wieder auf, um die große Leinwand in die Höh' zu ziehn. Das half. Die sich nun einstellende frische Luftströmung tat ihm wohl, und aufatmend und bis an die Brüstung vortretend, sah er über Feld und Wald hin bis auf die Charlottenburger Schlosskuppel, deren malachitfarbne Kupferbekleidung im Glanz der Nachmittagssonne schimmerte.

„Dahinter liegt Spandau", sprach er vor sich hin. „Und hinter Spandau zieht sich ein Bahndamm und ein Schienengeleise, das bis an den Rhein läuft. Und auf dem Geleise sei ich einen Zug, viele Wagen und in einem der Wagen sitzt Käthe. Wie sie wohl aussehen mag? O gut; gewiss. Und wovon sie wohl sprechen mag? Nun, ich denke mir von allerlei: pikante Badegeschichten und vielleicht auch von Frau Salingers Toiletten und dass es in Berlin doch eigentlich am besten sei. Und muss ich mich nicht freuen, dass sie wiederkommt? Eine so hübsche Frau, so jung, so glücklich, so heiter. Und ich freue mich auch. Aber heute darf sie nicht kommen. Um Gottes willen nicht. Und doch ist es ihr zuzutrauen. Sie hat seit drei Tagen nicht geschrieben und steht noch ganz auf dem Standpunkt der Überraschungen."

Er hing dem noch eine Weile nach, dann aber wechselten die Bilder und längst Zurückliegendes trat statt Käthes wieder vor seine Seele: der Dörr'sche Garten, der Gang nach Wilmersdorf, die Partie nach Hankels Ablage. Das war der letzte schöne Tag gewesen, die letzte glückliche Stunde… „Sie sagte damals, dass ein Haar zu fest binde, darum weigerte sie sich und wollt' es nicht. Und ich? warum bestand ich darauf? Ja, es gibt solche rätselhaften Kräfte, solche Sympathien aus Himmel oder Hölle und nun bin ich gebunden und kann nicht los. Ach, sie war so lieb und gut an jenem Nachmittag, als wir noch allein waren und an Störung nicht dachten, und ich vergesse das Bild nicht, wie sie da zwischen den Gräsern stand und nach rechts und links hin die Blumen pflückte. Die Blumen, – ich habe sie noch. Aber ich will ein Ende damit machen. Was sollen mir diese toten Dinge, die mir nur Unruhe stiften und mir mein bisschen Glück und meinen Ehefrieden kosten, wenn je ein fremdes Auge darauf fällt."

Und er erhob sich von seinem Balkonplatz und ging, durch die ganze Wohnung hin, in sein nach dem Hofe hinaus gelegenes Arbeitszimmer, das des Morgens in heller Sonne, jetzt aber in tiefem Schatten lag. Die Kühle tat ihm wohl, und er trat an einen eleganten, noch aus seiner Junggesellenzeit herstammenden Schreibtisch heran, dessen Ebenholzkästchen mit allerlei kleinen Silbergirlanden ausgelegt waren. In der Mitte dieser Kästchen aber baute sich ein mit einem Giebelfeld ausgestattetes und zur Aufbewahrung von Wertsachen dienendes Säulentempelchen auf, dessen nach hinten zu gelegenes Geheimfach durch eine Feder geschlossen wurde. Botho drückte jetzt auf die Feder und nahm, als das Fach aufsprang, ein kleines Briefbündel heraus, das mit einem roten Faden umwunden war, obenauf aber, und wie nachträglich eingeschoben, lagen die Blumen, von denen er eben gesprochen. Er wog das Päckchen in Händen und sagte, während er den Faden ablöste: „Viel Freud, viel Leid. Irrungen, Wirrungen. Das alte Lied."

Er war allein und an Überraschung nicht zu denken. In seiner Vorstellung aber immer noch nicht sicher genug, stand er auf und schloss die Tür. Und nun erst nahm er den obenauf liegenden Brief und las. Es waren die den Tag vor dem Wilmersdorfer Spaziergange geschriebenen Zeilen, und mit Rührung sah er jetzt im Wiederlesen auf alles das, was er damals mit einem Bleistiftstrichelchen bezeichnet hatte. „Stiehl…Alléh…

Wie diese liebenswürdigen ‚h's' mich auch heute wieder anblicken, besser als alle Orthografie der Welt. Und wie klar die Handschrift. Und wie gut und schelmisch, was sie da schreibt. Ach, sie hatte die glücklichste Mischung und war vernünftig und leidenschaftlich zugleich. Alles was sie sagte, hatte Charakter und Tiefe des Gemüts. Arme Bildung, wie weit bleibst du dahinter zurück."

Er nahm nun auch den zweiten Brief und wollte sich überhaupt vom Schluss her bis an den Anfang der Korrespondenz durchlesen. Aber es tat ihm zu weh. „Wozu? Wozu beleben und auffrischen, was tot ist und tot bleiben muss? Ich muss aufräumen damit und dabei hoffen, dass mit diesen Trägern der Erinnerung auch die Erinnerungen selbst hinschwinden werden."

Und wirklich, er war es entschlossen, und sich rasch von seinem Schreibtisch erhebend, schob er einen Kaminschirm beiseit und trat an den kleinen Herd, um die Briefe darauf zu verbrennen. Und siehe da, langsam, als ob er sich das Gefühl eines süßen Schmerzes verlängern wolle, ließ er jetzt Blatt auf Blatt auf die Herdstelle fallen und in Feuer aufgehen. Das Letzte, was er in Händen hielt, war das Sträußchen, und während er sann und grübelte, kam ihm eine Anwandlung, als ob er jede Blume noch einmal einzeln betrachten und zu diesem Zwecke das Haarfädchen lösen müsse. Plötzlich aber, wie von abergläubischer Furcht erfasst, warf er die Blumen den Briefen nach.

Ein Aufflackern noch und nun war alles vorbei, verglommen.

Ob ich nun frei bin? ... Will ich's denn? Ich will es nicht. Alles Asche. Und doch gebunden."

Aus: Theodor Fontane: Irrungen, Wirrungen. Paderborn: Schöningh Verlag 1999, S. 154–157

Vierzehntes Kapitel

Kanonenschüsse, die vom Tegler Schießplatz herüberklangen, unterbrachen hier sein Selbstgespräch, und erst als er das momentan unruhig gewordene Pferd wieder beruhigt hatte, nahm er den früheren Gedankengang wieder auf und wiederholte: „Weil ich sie liebe! Ja. Und warum soll ich mich dieser Neigung schämen? Das Gefühl ist souverän, und die Tatsache, dass man liebt, ist auch das Recht dazu, möge die Welt noch so sehr den Kopf darüber schütteln oder von Rätsel sprechen. Übrigens ist es kein Rätsel, und wenn doch, so kann ich es lösen. Jeder Mensch ist seiner Natur nach auf bestimmte, mitunter sehr, sehr kleine Dinge gestellt, Dinge, die, trotzdem sie klein sind, für ihn das Leben oder doch des Lebens Bestes bedeuten. Und dies Beste heißt mir Einfachheit, Wahrheit, Natürlichkeit. Das alles hat Lene, damit hat sie mir's angetan, da liegt der Zauber, aus dem mich zu lösen mir jetzt so schwer fällt."

In diesem Augenblicke stutzte sein Pferd, und er wurde eines aus einem Wiesenstreifen aufgescheuchten Hasen gewahr, der dicht vor ihm auf die Jungfernheide zu jagte. Neugierig sah er ihm nach und nahm seine Betrachtungen erst wieder auf, als der Flüchtige zwischen den Stämmen der Heide verschwunden war. „Und war es denn", fuhr er fort, „etwas so Törichtes und Unmögliches, was ich wollte? Nein, es liegt nicht in mir, die Welt herauszufordern und ihr und ihren Vorurteilen öffentlich den Krieg zu erklären; ich bin durchaus gegen solche Donquichotterien. Alles, was ich wollte, war ein verschwiegenes Glück, ein Glück, für das ich früher oder später, um des ihr ersparten Affronts willen, die stille Gutheißung der Gesellschaft erwartete. So war mein Traum, so gingen meine Hoffnungen und Gedanken. Und nun soll ich heraus aus diesem Glück und soll ein andres eintauschen, das mir keins ist. Ich hab' eine Gleichgiltigkeit gegen den Salon und einen Widerwillen gegen alles Unwahre, Geschraubte, Zurechtgemachte. Chic, Tournure, Savoir-faire – mir alles ebenso hässliche wie fremde Wörter."

Hier bog das Pferd, das er schon seit einer Viertelstunde kaum noch im Zügel hatte, wie von selbst in einen Seitenweg ein, der zunächst auf ein Stück Ackerland und gleich dahinter auf einen von Unterholz und ein paar Eichen eingefassten Grasplatz führte. Hier, im Schatten eines der älteren Bäume, stand ein kurzes, gedrungenes Steinkreuz, und als er näher heranritt, um zu sehen, was es mit diesem Kreuz eigentlich sei, las er: *Ludwig v. Hinckeldey, gest. 10. März 1856.* " Wie das ihn traf! Er wusste, dass das Kreuz hier herum stehe, war aber nie bis an diese Stelle gekommen und sah es nun als ein Zeichen an, dass das seinem eigenen Willen überlassene Pferd ihn gerade hierher geführt hatte. Hinckeldey! Das war nun an die zwanzig Jahre, dass der damals Allmächtige zu Tode kam, und alles, was bei der Nachricht davon in seinem Elternhause gesprochen worden war, das stand jetzt wieder lebhaft vor seiner Seele. Vor allem *eine* Geschichte kam ihm wieder in Erinnerung. Einer der bürgerlichen, seinem Chef besonders vertrauten Räte übrigens hatte gewarnt und abgemahnt und das Duell überhaupt, und nun gar ein solches und unter solchen Umständen, als einen Unsinn und ein Verbrechen bezeichnet. Aber der sich bei *dieser* Gelegenheit plötzlich auf den Edelmann hin ausspielende Vorgesetzte hatte brüsk und hochmütig geantwortet: „Nörner, davon verstehen Sie nichts." Und eine Stunde später war er in den Tod gegangen. Und warum? Einer Adelsvorstellung, einer Standesmarotte zuliebe, die mächtiger war als alle Vernunft, auch mächtiger als das Gesetz, dessen Hüter und Schützer zu sein er recht eigentlich die Pflicht hatte. „Lehrreich." Und was habe ich speziell daraus zu lernen? Was predigt dieses Denkmal *mir*? Jedenfalls das eine, dass das Herkommen unser Tun bestimmt. Wer ihm gehorcht, kann zugrunde gehn, aber er geht besser zugrunde als der, der ihm widerspricht."

Während er noch so sann, warf er sein Pferd herum und ritt querfeldein auf ein großes Etablissement, ein Walzwerk oder eine Maschinenwerkstatt zu, draus, aus zahlreichen Essen, Qualm und Feuersäulen in die Luft stiegen. Es war Mittag, und ein Teil der Arbeiter saß draußen im Schatten, um die Mahlzeit einzunehmen. Die Frauen, die das Essen gebracht hatten, standen plaudernd daneben, einige mit einem Säugling auf dem Arm, und lachten sich untereinander an, wenn ein schelmisches oder anzügliches Wort gesprochen wurde. Rienäcker, der sich den Sinn für das Natürliche mit nur zu gutem Rechte zugeschrieben, war entzückt von dem Bilde, das sich ihm bot, und mit einem Anfluge von Neid sah er auf die Gruppe glücklicher Menschen. „Arbeit und täglich Brot und Ordnung. Wenn unsre märkischen Leute sich verheiraten, so reden sie nicht von Leidenschaft und Liebe, sie sagen nur: ‚Ich muss doch meine Ordnung haben'. Und das ist ein schöner Zug im Leben unsres Volks und nicht einmal prosaisch. Denn Ordnung ist viel und mitunter alles. Und nun frag' ich mich, war *mein* Leben in der ‚Ordnung'? Nein. Ordnung ist Ehe." So sprach er noch eine Weile vor sich hin, und dann sah er wieder Lene vor sich stehn, aber in ihrem Auge lag nichts von Vorwurf und Anklage, sondern es war umgekehrt, als ob sie freundlich zustimme.

„Ja, meine liebe Lene, du bist auch für Arbeit und Ordnung und siehst es ein und machst es mir nicht schwer ... aber schwer ist es doch ... für dich und mich."

Er setzte sein Pferd wieder in Trab und hielt sich noch eine Strecke hart an der Spree hin. Dann aber bog er, an den in Mittagsstille daliegenden Zelten vorüber, in einen Reitweg ein, der ihn bis an den Wrangelbrunnen und gleich danach bis vor seine Tür führte.

Aus: Ebenda, S. 100–103

Die Legende vom lieben Augustin

Moritz Bermann: Der Volkssänger Augustin in der Pestgrube.

„Ei du lieber Augustin,
Geld ist hin, all's ist hin!"

Wer von euch kennt nicht dies volkstümlichste aller Wiener Lieder? Ihr wisst aber nicht, von wem es stammt: der Verfasser und Komponist desselben ist der erste Volkssänger, den Wien aufzuweisen hat, der lustige Augustin.

Leider ist über die Geburt und Abstammung dieses Mannes nichts zu erfahren, nur in einer späteren Chronik wird berichtet, dass er als Sohn einer Gastwirtsfamilie im Jahre 1643 zu Wien geboren worden sei, und sein Humor würde allerdings für die Richtigkeit dieser Angabe sprechen.

Max Augustin lebte in größter Armut; dies hinderte ihn aber nicht, die köstlichste Laune von der Welt zu entfalten und – zum Nichtstun geneigt – es vorzuziehen, viel eher das Geschäft eines wandernden Musikanten zu ergreifen, als durch Arbeit sein Brot zu verdienen.

Die einzige Beschäftigung Augustins bestand darin, mit einem Dudelsack versehen abends in den Wirtshäusern umherzugehen und da, wie in späteren Zeiten die sogenannten Volkssänger, den von ihren Beschwerden sich erholenden Bürgern Späße vorzumachen und Lieder vorzusingen. Dieses Amt verstand er ganz vorzüglich. Ein wenn auch komisches Überbleibsel der alten Reimchronisten und Meistersänger, richtete er sein Augenmerk besonders auf die Begebenheiten und Erlebnisse seiner Zeit, die er, von seinem trefflichen Gedächtnisse unterstützt, in Reime brachte, eine volkstümliche Weise dazu komponierte und sie so dem Publikum vortrug.

Augustin, der erste Volkssänger in der vollen Bedeutung des Wortes, wurde bald weit und breit gesucht, und bei seinen Liedern ging es gar stürmisch zu; denn die von Zuhörern überfüllten Stuben konnten nicht alle sich herandrängenden Gäste fassen. Er spielte nicht an einem Orte allein, sondern trieb seine Possen jeden Tag in einem andern Wirtshaus. Diese, soweit sie urkundlich ausfindig gemacht werden konnten, waren einige gewöhnliche Bierschenken im „Kroatendörfel" (später Sankt Ulrich) und im „Schöff" (heute Mariahilf), dann beim „roten Hahn" auf der Landstraße, im „gulden Kapaunen" auf der Wieden, im „gulden Lampel" in der Leopoldstadt, „bei den drei Hasen" in der Kärtnerstraße, beim „Klepperer" am Kohlmarkt, zum „gelben Adler" im Auwinkel (heute Postgasse), besonders jedoch in der Bierschenke „zum roten Dachel", beim Eingang des Hafnersteigs vom alten Fleischmarkt (später das Gasthaus zum „goldenen Engel", welches heute nicht mehr besteht).

Herr Konrad Ulrich Puffan, Besitzer der letztgenannten Schenke, wusste ihn durch kluge Schmeicheleien und zeitweise auch durch Zechfreiheit derart für sich zu gewinnen, dass er wöchentlich zweimal – Donnerstag und Sonntag – bei ihm musizierte. Die Freigebigkeit des Wirtes hatte aber großen Einfluss auf Augustins frohe Laune, und er tat meist des Guten so viel, dass er nur durch die bereitwillige Hilfe einiger Begleiter in seine Wohnung, ein Dachkämmerchen in der Hahngasse auf der Landstraße, gebracht werden konnte. So ging es Tag für Tag; bald jedoch sollte ihn diese Lebensweise in eine schreckliche Gefahr bringen.

Das verhängnisvolle Jahr 1679 war gekommen, es brach in Wien die Pest aus. Wer nur irgend konnte, verließ die Stadt, Reiche und Arme, Hohe und Niedere. Innerhalb dreier Monate fielen dieser gräßlichen Seuche Tausende von Menschen zum Opfer. Die ganze Stadt glich, wie der bekannte Kanzelredner Pater Abraham a Santa Clara sagt, einem Klagehause oder Gottesacker. Wer hätte da an eine Schenke denken sollen?

Diejenigen, welche Lust und Mut zu Saus und Braus hatten, fanden keinen Gefallen an Augustins Liedern und Späßen, welche, des strengen Verbotes gegen alle Lustbarkeit halber, ohnedies nur verstohlen gesungen werden konnten; er selbst, durch sein stark vermindertes Einkommen unwillig gemacht, zeigte sich zuweilen mürrisch und eigensinnig, und da hatte es eigentlich mit seiner Herrlichkeit ganz ein Ende. Nun ergab er sich dem doppelten Genusse von Bier und Branntwein. Kredit hatte er vollauf beim Besitzer der roten Dachelschenke, da dieser Schlauberger die künftigen Zeiten und Augustins Brauchbarkeit im Auge behielt; ferner, weil er seinen Wohlstand zumeist dem Sänger verdankte, und endlich, weil es in diesen Trauertagen sehr angenehm war, wenigstens einen lustigen Gast zu haben, der nicht fortwährend klagte.

Es war am neunzehnten September. Die Pest wütete in ihrer ganzen Gewalt; selbst Augustin wagte an diesem Tage keinen Spaß zum Besten zu geben. Missmutig und niedergedrückt saß er in der Dachelschenke, die wie ausgestorben schien. Der einzige anwesende Gast eilte davon, als er hörte, dass soeben ein Herr beim Schottentor einem Bettler ein Almosen zugeworfen habe, dabei sei ihm ein Brief zur Erde gefallen, den der Bettler aufhob und ihm zurückgab, worauf beide in kurzer Frist Opfer der Pest geworden.

Augustin suchte nun im Bier Trost und nahm davon in so reichlichem Maße zu sich, dass es des Branntweins nicht bedurft hätte, um seine Sinne vollends zu verwirren. Als es dunkel geworden, erhob er sich und wankte halb besinnungslos seiner Wohnung zu. Gänzlich unvermögend, sich zurechtzufinden, stolperte er den nächstbesten Weg fort. Die freie Luft trug noch mehr zur Verdüsterung seines Verstandes bei; so taumelte er denn im Halbschlafe umher, wobei er sein Lieblingslied – natürlich jetzt mit verändertem Texte – sang:

„O du lieber Augustin,
's Geld ist hin, d' Freud' ist hin;
O du lieber Augustin,
Alles ist hin!

„Wär schon des Lebens quitt,
Hätt' ich nicht noch Kredit,
Doch folgt mir Schritt für Schritt
Noch der Kredit.

„Ach, selbst das reiche Wien
Arm ist's wie Augustin,
Seufzt nun mit trübem Sinn:
Alles ist hin!

„Täglich war sonst ein Fest,
Jetzt hab'n wir die Pest!
Ein großes Leichennest:
Das ist der Rest!

„O du lieber Augustin,
Leg' nur ins Grab dich hin,
O du herzliebes Wien,
Alles ist hin!"

Er gedachte, immer fortschwankend, die letzte Strophe des Lieds zu wiederholen, und er hatte auch wirklich bereits die Worte: „Leg' nur ins Grab dich hin!" mit schon schwer gewordener Zunge mehr gestammelt als gesungen, als er – nach Art der Betrunkenen – entweder in die Höhe oder nach allen Seiten, nur nicht gerade vor sich hinblickend, plötzlich den Boden unter sich weichen fühlte. Er fiel darauf eine starke Höhe hinab, fand sich ziemlich weich gebettet und schlief gemütlich ein, ohne zu fühlen, dass ihm später noch mehrere Körper nachstürzten.

Als er durch die kühle Morgendämmerung aus seinem Schlafe geweckt wurde, sah er sich in einer noch nicht zugeschütteten Pestgrube vor dem Burgtore unter den Leichen liegen. Aus voller Kehle um Hilfe schreiend, machte er die Pestknechte, welche neuen Transport brachten, aufmerksam, und sie zogen ihn aus seinem entsetzlichen Schlafgemach.

Man sollte nun glauben, dass Augustin ein Opfer dieses unglücklichen Ereignisses geworden sei; aber im Gegenteil, es schadete seinen starken Nerven nicht im Mindesten. Er erzählte sein Abenteuer überall mit lachendem Munde, und das Mitleid der Zuhörer trug ihm reichliche Spenden ein. Augustin überlebte die Pestzeit mit frohem Mute, war übermäßig im Genusse wie sonst, und als im Dezember die Seuche erlosch, fing er seine Vorträge wieder an. Das nächtliche Abenteuer brachte er in wohlklingende Verse, erfand eine Melodie zu der Ballade und sang sie unter jubelndem Beifall in allen Schenken ab.

Noch lange Jahre lebte Augustin gesund und voll köstlichen Humors, bis ihn am 10. Oktober 1705 der Tod ereilte. Nach gewohnter Weise hatte er eine Nacht durchschwelgt, war nach Hause gewankt, und da traf den bereits über sechzig Jahre alten Mann in seinem Kämmerlein der Schlag. Er wurde auf dem großen Nikolausgottesacker vor der Rochuskirche auf der Landstraße begraben.

Quelle: Projekt Gutenberg, http://gutenberg.spiegel.de, Moritz Bermann: Der Volkssänger Augustin in der Pestgrube

Marlene Streeruwitz: Jessica 30 (Auszug)

Eine Rezensentin fühlt sich bei der Lektüre von Streeruwitz' Roman „Jessica 30" (2004) an Schnitzlers „Lieutenant Gustl" erinnert und betitelt ihre Rezension „Streeruwitz: Frau Leutnant Gustl". Sie schreibt: „Was an Marlene Streeruwitz' neuem Roman verblüfft, ist die Sprache [...], die rund dahinfließende Endlosschleife eines inneren Monologs in drei Kapiteln. Schauplatz des ersten Kapitels ist die Prater Hauptallee, da stellen sich automatisch Assoziationen zu „Lieutenant Gustl" ein. [...] Gewährt der innere Monolog des jungen Gustl unzensierte Einblicke in seine Denkmuster und damit in die seines ganzen sozialen Feldes, präsentiert Streeruwitz in den intimen Gedankengängen der 30-jährigen Jessica die Mentalität eines zeitgenössischen Milieus: der Wiener Lifestyle-Szene – oder doch ihres unteren Randes."[1]

Alles wird gut, ich muss nur die Praterhauptallee hinauf- und hinunterrennen und dann ist wieder alles gut, dann kann ich das Schokoeis von heute Nacht und das Essen von Weihnachten vergessen und dass ich nicht geschlafen habe, wegen dem Gerhard, obwohl ich das gar nicht will und es gar keinen Grund gibt, den so ernst zu nehmen, aber beim Laufen dann, dann brauche ich an nichts zu denken, und bei der Kälte vergeht einem auch noch jeder Wunsch, ich möchte nicht, eigentlich möchte ich nicht, eigentlich möchte ich gar nicht, überhaupt nicht, ich möchte in der Badewanne liegen und warmes Wasser um die Haut und nur daliegen und nicht bewegen, bewegen nur, wenn das Wasser schaukelt und warm und nicht aus dem Auto in diese Kälte hinaus und der Mann da, in dem roten Fiat, der zieht sich auch seine Joggingjacke an, der wurschtelt sich auch in seine Windstopperjacke oder nein, der zieht sie aus, der ist schon fertig, der ist schon laufen gewesen, ich werde erst in einer Stunde so dasitzen und er ist ja auch ganz rot im Gesicht, shit, der hat es schon hinter sich und warum ist es nicht schon eine Stunde später und jetzt geh endlich, zieh den Mantel aus und steig aus dem Auto, Jessica Sommer, reiß dich zusammen, du hättest ja das Eis nicht essen müssen, Issi, heute Nacht, und was für eine Idee, dieses Schokoeis und dann noch eine ganze Packung Mövenpick Maple Walnut und wenn die Dose Schlagobers nicht ausgegangen wäre, hätte ich die auch ganz gegessen und hast du das notwendig, ich meine, es ist gerade nicht alles so toll, aber deswegen gleich in die Fettsucht, der Ausgleich für mangelnde Sexualität kann es nicht sein, ich hole mir ja, was ich will und irgendwie ist es gar nicht so schlecht, wenn er dann weg ist und gerade nach Hause fährt, wahrscheinlich bin ich sozialfrigid, wenn es immer nur schön ist, wenn keiner da ist und die Männer wirklich nur das Vorspiel und es lebe die Onanie und es interessiert ja auch keinen, eigentlich und jetzt, meine Liebe, jetzt wird ausgestiegen, wenn dich sonst nichts verzehrt, dann muss auch das selber getan werden und hinaus und ja, es ist kalt und ich laufe lieber los, zum Stretchen stehen bleiben, da erfriere ich, das muss die Thermounterwäsche leisten, die Muskeln wärmen und jetzt los, bei der Eisenbahnbrücke ist es vorbei, mit der Kälte und der Raureif auf dem Schnee knirscht so schön, woran erinnere ich mich, wenn ich dieses Knirschen höre, immer wenn ich dieses Schneeknirschen höre, wird mir angenehm, es muss mit Weihnachten zu tun haben, es ist so erwartungsvoll und angenehm und atmen, Frau Sommer, atmen, durch die Nase, wenn es nicht so ungeheuerlich kalt wäre und was für ein hässliches Gefühl, diese Kälte innen, so kalt, innen, die Rippenbögen entlang, wahrscheinlich ist es superschädlich, bei dieser Kälte zu laufen, aber nicht laufen ist noch schlechter, und die Wolken, die Fettwolken, innen die Oberschenkel entlang, das wirklich helle Licht ist nicht mehr angebracht, im Schlafzimmer oder wenn schon ein sehr helles, da sieht man es auch nicht, atmen und der blöde Schal, es gibt so Hauben mit angeschnittenem Schal, wie für einen Bankraub, so eine sollte ich mir besorgen, nur, wann komme ich auf die Mariahilferstraße oder besser in das Donaucenter, obwohl, da haben sie dann keine Auswahl, bei den Laufschuhen, da waren nur die Nikes für die Burschen und 3 Modelle adidas für Damen, und warum hast du dir das alles nicht in Köln gekauft, in diesem kleinen Geschäft mit den Laufschuhen nur für Frauen, die Frau da, die ist mindestens 50, die wäre dir schon längst davongelaufen, aber die trainiert für Marathon, das ist ja dann doch übertrieben, so schlimm ist die Cellulitis dann auch noch nicht und die Mama hat überhaupt keine, woher habe ich das geerbt, und es geht überhaupt nicht, es geht überhaupt nicht, diese Beine, die werden ja immer schwerer und so kenne ich das nicht, das muss die Kälte sein, ich kann die Beine nicht einmal heben, die schleifen ja hinter mir her und diese klebrige Kälte unter den Rippen, das geht nich, das geht so nicht, das kann so nicht gehen, ich muss aufhören, Issi, das solltest du nicht weitermachen, das fühlt sich, das fühlt sich gefährlich an, ich laufe nur noch

---

[1] http://www.deutsch-online.com/article.php?sid=519 (Stand: 07.07.09)

bis zum Kinderspielplatz und dann drehe ich um, das sind dann gerade vielleicht 5 Minuten und ich habe wiederum vergessen, auf die Uhr zu schauen, wann ich weggelaufen bin und werde wieder nicht wissen, ob ich wirklich 50 Minuten gelaufen bin oder doch nicht und hat es einen Sinn, mit dem Gerhard zu reden, würde sich deswegen etwas ändern, der ist ein Politiker, der wird die Politik nicht aufgeben, er kann das gar nicht, er wird verheiratet bleiben, er wird seine Frau nicht verlassen, und seine Kinder, er wird sich nicht ändern, er kann das gar nicht und er hat das Interesse verloren, er hat wirklich Probleme mit seinem attention span und mir macht es nichts mehr aus, dass er nie kommt oder immer zu spät und nie in der Öffentlichkeit und das interessiert ihn dann wieder nicht, wenn es einen nicht mehr aufregt, er hat doch ganz gerne ein zappelndes Opfer, nein, eigentlich will er ein tragisches Opfer, ich glaube, er braucht eine emotionale Geschichte, das regt ihn auf, das regt ihn erst auf, den törnt Liebe an, richtige, sich verzehrende Liebe und deswegen bleibt er ja bei seiner Frau, weil die trinkt, seinetwegen, das ist ein Liebesbeweis, für ihn ist das ein Liebesbeweis und das fehlt ihm jetzt schon, das beginnt ihm zu fehlen, er ist ja auch ganz phantasielos geworden und mir ist es zu blöd, mich anzustrengen und warum laufen alle immer auf der Straße, hier, auf dem Asphalt, meine Knie halten das nicht aus, ich spüre es nachher, wenn ich nicht auf dem weichen Boden gelaufen bin, aber dieses Einbrechen, dieses kleine Einbrechen bei jedem Schritt durch die gefrorene obere Schneeschicht, das ist anstrengend, das macht richtig langsam, aber die Kälte aus den Lungen ist weg und in den Handschuhen ist es gleich zu heiß, wenn es nicht so langweilig wäre, aber bis zur Autobahn wird es schon gehen, der Schal hält ja jetzt einmal, weitervorbeugen, nicht die Schultern so zurück, die Schultern runder und den Kopf beugen, nicht so aufrecht gegen das Laufen, die Luft durchschneiden, wie schwimmen, und das geht ja, und Schluss machen, ich verliere nur diese Welt [...]

Aus: Marlene Streeruwitz: Jessica, 30. © S. Fischer Verlag GmbH, Frankfurt am Main 2004

Daniel Kehlmann: Ruhm (2009)

Ein Beitrag zur Debatte (Auszug)

Ein verwirrter Internetblogger wünscht sich nichts sehnlicher, als einmal Romanfigur zu sein. Auf einem Kongress trifft er den bewunderten Autor, spricht ihn an, lädt ihn ein und verfolgt ihn bis in dessen Hotelzimmer. Das ist, kurz gefasst, der Inhalt der Episode aus Kehlmanns neuem Roman. Eine Medienparodie, die den, so die euphorischen Rezensionen, „Identitätsverfall zeitgenössischen Daseins durch seine medientechnische Aufrüstung" darstellt.

Da muß ich erst ausholen. Sorry und: weiß ja, daß lithuania23 und icu_lop sich wieder über die Länge von diesem Posting lustig machen werden, und natürlich lordoftheflakes, der Troll, wie neulich bei seinem
5 Flaming im movieforum, aber kürzer kann ichs nun mal nicht, und wers eilig hat, soll das einfach überspringen. Treffen mit Celebrities? Na aber aufgepaßt! Vorausschicken muß ich, daß ich ein riesen Hardcore-Fan von diesem Forum bin. Stahlidee. Normale
10 Typen wie ich und du, die Prominente spotten und davon erzählen: Kalte Sache, toll überlegt, interessant für jeden, und außerdem hat das Kontrollfunktion, damit die wissen, daß sie gescannt werden und sich nicht aufführen können wie was weiß ich. Wollte
15 schon lang hier posten, allein woher der Kontent? Dann aber letztes Wochenende, und gleich voller Container.
Ganz kurze Vorgeschichte. (Mein Leben war der volle Container Irrsinn in letzter Zeit, muß man aber fertig
20 werden mit, gibt eben solche und solche Zeiten, Yin und Yang, und für die Freaks, die nie von gehört haben: Das ist Philosophie!) Meinen Usernamen mollwitt kennt ihr aus andren Foren. Ich poste viel bei Supermovies, auch bei den Abendnachrichten, bei
25 literature4you und auf Diskussionsseiten, und auch wenn ich Blogger sehe, die Bullshit verzapfen, halt ich mich nicht zurück. Immer Username mollwitt. Im Real Life (dem wirklichen!) bin ich Mitte dreißig, ziemlich sehr groß, vollschlank. Unter der Woche
30 trage ich Krawatte, Officezwang, der Geldverdienmist, macht ihr ja auch. Muß sein, damit man seinen Lifesense realisieren kann. In meinem Fall Schreiben von Analysen, Betrachtungen und Debatten: Kontributionen zu Kultur, Society, Politikwerkzeug.
35 Ich arbeite in der Zentrale einer Mobiltelefongesellschaft und teile Büro mit Lobenmeier, den ich hasse, wie noch nie einer einen anderen gehaßt hat, da könnt ihr drauf Kies essen. Wünsche ihm den Tod, und gäbs Schlimmeres, dann wünschte ich ihm das statt Tod, und gäbs noch Schlimmeres, dann exaktge- 40
nau das statt dessen. Logischer Fall, daß er auch der Lieblings Mann vom Boss ist, immertäglich pünktlich, immerja fleißig, und solange er am Desk ist, macht er sein Workzeug und unterbricht nur, um mir das Auge zu geben und so was zu sagen wie: „Ey, schon 45
wieder Internet?" Manchmal springt er auf, geht um meinen Desk und will mir auf den Screen glancen, aber ich bin fix und klicke immer rechtzeitig zu. Nur einmal mußte ich sehr dringend Restroom, da hab ich aus Versehen paar Fenster offen gelassen, und als ich 50
zurück, saß er mit riesen Smile auf meinem Stuhl. Ich schwörs euch, wär der nicht dauernd Fitneß-Studio, in dem Moment hätt er richtig Fresse gekriegt.
Ernst übel auch unser Boss. Ganz unkalt und heftig schlimm, aber nicht auf die kleine Art. Ich glaube, daß 55
er mir vertraut, aber man weiß nicht bei ihm: Ständig denkt er über uns nach und listet Pläne, die keiner überzieht. Mir ja ganz fremd, das Power Play, mir gehts um die Gesamtsache und die Gesellschaft und all die Schweinereien, die täglich, ihr wißt ja. Ist doch ob- 60
vious, daß wer in der Zeitung schreibt, schon gekauft, und über wen geschrieben wird, mit drin. Eine riesen Konspiration, alle mit allen unter Decke, machen Geld wie Irrsinn, und wir Anständigen gucken zu. Ich sag nur Beispiel: Funksprüche von 9/11, lest das mal nach 65
im Netz, dann wundert euch gar nichts mehr!
Zurück zum Topic. Begann alles letzten Freitag. Grad wollt ich im Filmforum der Abendnachrichten posten, wegen Ralf Tanner und der Ohrfeige. Bugclap4 meinte, daß da nichts mehr läuft zwischen ihm und 70
Carla Mirelli, während icu_lop dachte, da ist noch was zu retten. Ich wußte wieder mehr, weil hatte auf andrer Website was gelesen, aber als ich damit public gehen wollte, merkte ich, daß ich nicht mehr posten konnte. Ging einfach nicht! Voller Container Fehler- 75
meldung jedes Mal, und weil es mir plötzlich aber so was von stank, rief ich da einfach an.
Okay, okay, okay, okay, schon klar. Unüberlegt. Weiß ich. Aber am Abend zuvor zu allem andren schon wieder Ärger mit Mutter gehabt: Kannst für dich 80
selbst kochen, kannst dein Zeug selbst waschen, so was und mehr davon, bis ich dann zurück: „Wohn doch allein, zahl selbst Miete!"
Sie dann: „Wollt ja nie hierherziehen! Und du willst ja lieber mit irgendeinem Weibsmensch!" 85
Drauf ich: „Geh doch zurück nach Rüdesheim, blöde Kuh!"
Gegen Mitternacht dann riesen Versöhnung, aber ich war immer noch wirr und kopfzerbraust am nächsten Tag, sonst wärs mir sicher nicht passiert. 90

Also: Guckte Nummer nach, wählte. War so wütend, daß ich mein Herz beaten hörte.

Meldete sich eine müde Männer-Stimme. Ich: „Meine Postings werden nicht angezeigt! Ist schon das vierte Mal."

Stimme drauf: Wie, was, wo Postings? Überzog gar nichts.

Ich deshalb: Erklären, erklären, blabla, dann er: „Verbinde weiter!"

Dann zweiter und dritter Techniktyp, und ausgerechnet jetzt kam Lobenmeier zurück und machte ein Smile wie Mooshirn und hörte zu, während der Techniktyp nach Namen und Stand-Ort und IP-Adresse und Ethernet ID fragte: Dann tippte der Typ, gähnte, tippte, stockte. „Geben Sie nochmal die IP!"

Ich: „Probleme?"

Er tippte, stockte, tippte, fragte dann, ob möglich, daß ich schon zwölftausenddreihunderteinundvierzigmal im Abendnachrichten Forum gepostet hatte.

„Und?"

Er noch mal: „Zwölftausenddreihunderteinundvierzig."

„Na und?"

Er zum dritten Mal. Führte alles zu nichts. Ich legte auf.

Ich weiß, daß ihr euch jetzt hochlacht wie Irrsinn. Aber niemand ist immer total auf Alert, und Müllmist passiert eben. Als ich wieder versuchte, ging das Posten gleich, und es gab so viel zu tun, daß ich nicht mal mehr drüber nachdachte. Die Diskussion war schon weit, und höchste Zeit, daß einer Reason reinbrachte. Ralf Tanner und Carla Mirelli, schrieb ich, das wird nie wieder was, der hat doch Müllmist im Hirn und ist häßlich wie Viech, das könnt ihr vergessen!

Aus: Daniel Kehlmann: „Ruhm. Ein Roman in neun Geschichten", Copyright © 2009 by Rowohlt Verlag GmbH, Reinbek bei Hamburg

Vorschläge für Klausuren und Facharbeiten

Klausurvorschläge:

1. Textgrundlagen: Arthur Schnitzler, Lieutenant Gustl, (S. 34, Z. 33 bis S. 37, Z. 1: „auf der Praterstraße getroffen!") und Theodor Fontane, Irrungen, Wirrungen, s. Zusatzmaterial 5, S. 146 ff.

   Aufgaben:

   - *Ordnen Sie den Textauszug knapp in den Handlungsgang der Novelle ein. Analysieren und interpretieren Sie ihn in diesem Kontext und unter besonderer Berücksichtigung der erzähltechnischen Gestaltung.*

   - *Vergleichen Sie den Textauszug mit dem Auszug aus Theodor Fontanes Roman „Irrungen, Wirrungen" unter dem Aspekt der erzähltechnischen Gestaltung und einem weiteren von Ihnen gewählten Aspekt. Beziehen Sie Ihre Ergebnisse auf den Epochenumbruch 1900.*

2. Textgrundlage: Hannah Arendt, Befunde zu Adolf Eichmann und der Banalität des Bösen (Arbeitsblatt 28, S. 114 f.)

   Aufgaben:

   - *Erarbeiten Sie auf der Grundlage der gegebenen Textauswahl Hannah Arendts Befunde zur Persönlichkeit Eichmanns und erläutern Sie den Begriff der „Banalität des Bösen".*

   - *Erörtern Sie die Relevanz dieser Befunde für die Bewertung von Schnitzlers Konzeption der Gustl-Figur. Vergleichen Sie dafür die Charakterdispositionen und beziehen Sie sich auf den Epochenumbruch 1900.*

3. Textgrundlage: Arthur Schnitzler, Lieutenant Gustl (S. 29, Z. 28 – S. 31, Z. 19) Theodor Fontane, Effi Briest (Auszug, Zusatzmaterial 4, S. 145)

   Aufgaben:

   - *Ordnen Sie den Textauszug knapp in den Handlungsgang der Novelle ein. Analysieren und interpretieren Sie ihn in diesem Kontext und unter besonderer Berücksichtigung der erzähltechnischen Gestaltung.*

   - *Vergleichen Sie den Novellenauszug mit dem Auszug aus Fontanes Roman. Erheben Sie Ähnlichkeiten und Differenzen in der Gestaltung der Selbstgespräche und werten Sie Ihre Ergebnisse bzgl. der Figuren Innstetten und Gustl aus. Stellen Sie abschließend einen Bezug zum Epochenumbruch her.*

Erläuterungen: Fontanes und Schnitzlers Werke sind im Abstand von nur wenigen Jahren erschienen. Dennoch zeigen sich große Unterschiede in der erzähltechnischen Behandlung und in der Verarbeitung der gesellschaftlichen Problematik.
In beiden Auszügen geht es um die Frage der Ehre und des Ehrverlustes. Der Auszug aus „Effi Briest" ist der Beginn des Kapitels 29. Nach dem Duell mit Crampas hat Innstetten Kessin sofort verlassen und ist nach Berlin zurückgekehrt. In einem Selbstgespräch versucht er, Klarheit über seine Situation zu erlangen.

Zusatzmaterial

4. Textgrundlage: Auszug aus Theodor Fontane: Irrungen, Wirrungen (Zusatzmaterial 5, S. 146 ff.)

   Aufgaben:

   ■ *Analysieren Sie den Textauszug aus Fontanes Roman unter besonderer Berücksichtigung der Entwicklung Bothos:*
   Beachten Sie dabei die Bedeutung des Ortes und seiner speziell genannten Gegebenheiten im Wechselspiel von Erzählerbericht und Figurenrede.
   Rekonstruieren Sie insbesondere die Geschichte um Hinkeldeys Tod und die Bedeutung des Denkmals für Bothos Beschluss.

   ■ *Vergleichen Sie Bothos Problembearbeitung und Entscheidung im Angesicht des Hinkeldey-Denkmals mit Gustls Entwicklung auf dem Weg vom Prater in die Josephsstadt und bewerten Sie die Figuren auf dieser Grundlage.*

Erläuterungen:
In Fontanes Roman verliebt sich der junge Baron Botho von Rienäcker in die Näherin Lene, unterwirft sich aber letztlich den gesellschaftlichen Normen und heiratet, auch um das elterliche Gut vor dem Ruin zu bewahren, seine Cousine Käthe von Sellenthin. Der Textauszug zeigt diesen Entschluss, nachdem Botho zuvor einen Brief seiner Mutter mit der dringenden Bitte um eine Entscheidung bezüglich der Heirat und einem Appell an sein Verantwortungsgefühl erhalten hat.

5. Textgrundlage: Arthur Schnitzler, Lieutenant Gustl, Textausgabe, S. 43, Z. 13 bis Ende

   Aufgaben:

   ■ *Analysieren und interpretieren Sie den Textauszug unter besonderer Berücksichtigung der erzähltechnischen Gestaltung und seiner Funktion als Ende der Novelle.*

   ■ *Erörtern Sie, ausgehend von Ihren Ergebnissen, ob der Schluss als gutes oder schlechtes Ende der Novelle verstanden werden kann. Argumentieren Sie mit Bezug auf die gesamte Novelle.*

6. Textgrundlage: Die Legende vom lieben Augustin (Wiener Volkslegende, 17. Jahrhundert, s. Zusatzmaterial 6, S. 149 f.)

   Aufgaben:

   ■ *Fassen Sie den Inhalt der Legende strukturiert zusammen.*

   ■ *Vergleichen Sie die Legende mit der Novelle in Bezug auf Inhalt, Form und Figurengestaltung. Erörtern Sie abschließend, ob Gustl als ein Nachfahre seines Namensvetters Augustin betrachtet werden kann.*

Facharbeitsvorschläge:

1. Ist Lene in Fontanes Roman „Irrungen, Wirrungen" ein „süßes Mädel"? Recherchieren Sie zum Typus des „süßen Mädels" bei Schnitzler und überprüfen Sie, ob bzw. inwiefern Fontane mit der Konzeption der Lene-Figur in seinem Roman „Irrungen, Wirrungen" den Typus des Schnitzler'schen „süßen Mädels" verwirklicht.

2. Der Typus des ‚süßen Mädels' in zwei Werken Schnitzlers
   Recherchieren Sie zum Typus des „süßen Mädels" bei Schnitzler. Überprüfen Sie dessen Verwirklichung in der Novelle „Lieutenant Gustl": Welche Frauenfiguren lassen sich diesem Typus zuordnen, welche sind als Gegenfiguren anzusehen? Vergleichen Sie die Darstellung des „süßen Mädels" in „Lieutenant Gustl" mit der in einem weiteren Werk Schnitzlers, z. B. „Reigen".

3. Das Duellmotiv bei Schnitzler und Fontane bzw. Joseph Roth
   Vergleichen Sie die Verarbeitung des Duellmotivs in Schnitzlers Novelle „Lieutenant Gustl" und Fontanes Roman „Effi Briest". (Wahlweise: Joseph Roths Roman „Radetzkymarsch")

4. Die subjektiv-perspektivische Darstellung in den Monolognovellen Schnitzlers.
   Vergleichen Sie „Lieutenant Gustl" und „Fräulein Else" in Bezug auf die Erzähltechnik und die Figurengestaltung und diskutieren Sie abschließend die Relevanz der Werke für heutige Leser.

5. Schnitzlers „Lieutenant Gustl" und die österreichische Komödie, insbesondere Nestroy – Traditionslinien.

6. Spielarten des inneren Monologs in der zeitgenössischen Literatur, z. B. bei Daniel Kehlmann, Marlene Streeruwitz (s. Zusatzmaterialien 7 und 8, S. 151 ff.) oder anderen. Eine Bestandsaufnahme und kritische Würdigung.

Literaturverzeichnis

Textausgaben
Schnitzler, Arthur: Lieutenant Gustl, Paderborn: Schöningh Verlag 2009
Schnitzler, Arthur: Lieutenant Gustl. Herausgegeben von Konstanze Fliedl, Stuttgart 2007
Schnitzler, Arthur: Lieutenant Gustl. Erläuterungen und Dokumente. Von Evelyne Polt-Heinzl, Stuttgart 2000
Schnitzler, Arthur: Lieutenant Gustl. Herausgegeben und kommentiert von Ursula Renner unter Mitarbeit von Heinrich Bosse, Frankfurt 2007 (Suhrkamp BasisBibliothek)
Schnitzler, Arthur: Fräulein Else. Leutnant Gustl. Andreas Thameyers letzter Brief. Herausgegeben und mit einem Nachwort versehen von Hansgeorg Schmidt-Bergmann, Frankfurt am Main und Leipzig 2002
Schnitzler, Arthur: Aphorismen und Betrachtungen. In: Gesammelte Werke. Hrsg. von Robert O. Weiss. Frankfurt am Main 1967

Sekundärliteratur
Adorno, Theodor, W.: Studien zum autoritären Charakter, Frankfurt/M. 2007
Anz, Thomas: Literatur und Lust, Glück und Unglück beim Lesen, München 1998
Arendt, Hannah: Fernsehgespräch mit Thilo Koch, in: Ich will verstehen. Selbstauskünfte zu Leben und Werk, hg. v. Ursula Ludz, München 1996
Arendt, Hannah: Eichmann in Jerusalem. Ein Bericht über die Banalität des Bösen, München/Zürich 2004
Arendt, Hannah: Über das Böse. Eine Vorlesung zu Frage der Ethik, München/Zürich 2009
Aurnhammer, Achim: Lieutenant Gustl. Protokoll eines Unverbesserlichen, In: Interpretationen. Arthur Schnitzler. Herausgegeben von Hee-Ju kim und Günter Sasse, Stuttgart 2007, S. 69ff.
Canetti, Elias: Masse und Macht, Hamburg 1960
Die Wiener Moderne. Literatur, Kunst und Musik zwischen 1890 und 1910. Herausgegeben von Gotthart Wunberg unter Mitarbeit von Johannes J. Braakenburg, Stuttgart 2006
Eggert, Hartmut: Literarische Texte und ihre Anforderungen an die Lesekompetenz, und Norbert Groeben und Bettina Hurrelmann: Lesekompetenz. Bedingungen, Dimensionen, Funktionen, Weinheim und München 2006
Fliedl, Konstanze: Arthur Schnitzler, Stuttgart 2005
Fontane, Theodor: Irrungen, Wirrungen, Stuttgart 1994
Fontane, Theodor: Effi Briest, Paderborn 2008
Fraisl, Bettina/Zettelbauer, Heidrun/Rabelhofer, Bettina: Der weibliche Körper als Ort von Identitätskonstruktionen in der Moderne, in: Csáky, Moritz/Kury, Astrid/Tragatschnig, Ulrich (Hg.): Kultur, Identität, Differenz. Wien und Zentraleuropa in der Moderne, Innsbruck 2004, S. 255–290
Freund, Winfried: Novelle, Stuttgart 1998
Frevert, Ute: Ehrenmänner, Das Duell in der bürgerlichen Gesellschaft, München 1991
Görner, Rüdiger: Ringstraße oder Square. Junges Wien und Dandyismus, in: Eicher, Thomas (Hg.): Grenzüberschreitungen um 1900. Österreichische Literatur im Übergang, Oberhausen 2002
Kehlmann, Daniel: Ruhm, Reinbek bei Hamburg 2009
Lorenz, Dagmar: Wiener Moderne, Stuttgart/Weimar 2007
Laermann, Klaus: Leutnant Gustl, in: Janz, Rolf-Peter/Laermann, Klaus: Arthur Schnitzler: Zur Diagnose des Wiener Bürgertums im Fin de Siècle, Stuttgart 1977
Lindken, Hans-Ulrich: In: Erläuterungen und Dokumente, Stuttgart 2000, S. 97ff.
Martinez, Matias/ Scheffel, Michael: Einführung in die Erzähltheorie, C. H. Beck 1999

Metzler Lexikon Literatur- und Kulturtheorie, Hrsg. Ansgar Nünning. Stuttgart/Weimar 2008

Nuber, Achim: Neue Aspekte zur Arthur Schnitzlers Monolognovellen „Leutnant Gustl" und „Fräulein Else", in: Bobinac, Marijan/Schmidt-Dengler, Wendelin: „Die Wiener Moderne". Sektion 12. In: Zeitenwende – die Germanistik auf dem Weg ins 21. Jahrhundert (Akten des 10. Internationalen Germanistenkongresses Wien 2000. Hg. v. Peter Wiesinger und Hans Derkits). Band 6: Epochenbegriffe: Grenzen und Möglichkeiten (= Jahrbuch für Internationale Germanistik. Reihe A: Kongressberichte, 58) Bern 2002

Perlmann, Michaela L.: Arthur Schnitzler, Stuttgart 2004

Politzer, Heinz: Nachwort. In: Arthur Schnitzler: Leutnant Gustl. Nachw. und Anm. von Heinz Politzer, Frankfurt a. M. 1962 (Fischer), S. 41–49

Polt-Heinzl, Evelyne: Erläuterungen und Dokumente, Arthur Schnitzler: Leutnant Gustl, Stuttgart 2000

Renner, Ursula: Arthur Schnitzler, Lieutenant Gustl. Text und Kommentar, Frankfurt/M. 2007

Roßbach, Nikola: Sicherheit ist nirgends. Arthur Schnitzlers Monologerzählungen *Leutnant Gustl* (1900) und *Fräulein Else* (1924) In: Matthias Luserke-Jaqui (Hg.): Deutschsprachige Romane der klassischen Moderne. Unter Mitarbeit von Monika Lippke. Berlin, New York: de Gruyter 2008, S. 19–46

Roth, Joseph: Radetzkymarsch, Köln 1989

Scheible, Hartmut: Schnitzler, Hamburg 1998

Schlaffer, Heinz: Die kurze Geschichte der deutschen Literatur, München/Wien 2002

Schmidt-Dengler, Wendelin: Arthur Schnitzler: Leutnant Gustl, In: Interpretationen. Erzählungen des 20. Jahrhunderts Band 1, Stuttgart 1996, S. 21 ff.

Schnitzler, Arthur: Leutnant Gustl und andere Erzählungen. Interpretiert von Erich Kaiser. Oldenbourg Interpretationen Band 84, München 1997

Schwake, Timotheus: E. T. A. Hoffmann, Der Sandmann. EinFach Deutsch, Unterrichtsmodell. Paderborn 2006

Streeruwitz, Marlene: Jessica, 30, Frankfurt 2004

Zenke, Jürgen: Die deutsche Monologerzählung im 20. Jahrhundert, Köln 1976

EinFach Deutsch
Unterrichtsmodelle

Herausgegeben von Johannes Diekhans

Ausgewählte Titel der Reihe:

Unterrichtsmodelle – Klassen 5–7

Germanische und deutsche Sagen
91 S., DIN A4, kart.　　Best.-Nr. 022337

Otfried Preußler: Krabat
131 S., DIN A4, kart.　　Best.-Nr. 022331

Unterrichtsmodelle – Klassen 8–10

Gottfried Keller: Kleider machen Leute
64 S., DIN A4, geh.　　Best.-Nr. 022326

Das Tagebuch der Anne Frank
112 S., DIN A4, kart.　　Best.-Nr. 022272

Friedrich Schiller: Wilhelm Tell
90 S., DIN A4, geh.　　Best.-Nr. 022301

Unterrichtsmodelle – Gymnasiale Oberstufe

Barock
152 S., DIN A4, kart.　　Best.-Nr. 022418

Romantik
155 S., DIN A4, kart.　　Best.-Nr. 022382

Lyrik nach 1945
189 S., DIN A4, kart.　　Best.-Nr. 022379

Bertolt Brecht: Leben des Galilei
112 S., DIN A4, kart.　　Best.-Nr. 022286

Georg Büchner: Dantons Tod
143 S., DIN A4, kart.　　Best.-Nr. 022369

Georg Büchner: Woyzeck
115 S., DIN A4, kart.　　Best.-Nr. 022313

Friedrich Dürrenmatt: Der Besuch der alten Dame
124 S., DIN A4, kart.　　Best.-Nr. 022417

Friedrich Dürrenmatt: Die Physiker
102 S., DIN A4, kart.　　Best.-Nr. 022407

Theodor Fontane: Effi Briest
140 S., DIN A4, kart.　　Best.-Nr. 022409

Theodor Fontane: Irrungen, Wirrungen
89 S., DIN A4, kart.　　Best.-Nr. 022388

Max Frisch: Homo faber
88 S., DIN A4, geh.　　Best.-Nr. 022315

Johann Wolfgang von Goethe: Faust I
145 S., DIN A4, kart.　　Best.-Nr. 022277

Johann Wolfgang von Goethe: Die Leiden des jungen Werthers
128 S., DIN A4, kart.　　Best.-Nr. 022365

Gerhart Hauptmann: Die Ratten
122 S., DIN A4, kart.　　Best.-Nr. 022427

E.T.A. Hoffmann: Der Sandmann
123 S., DIN A4, kart.　　Best.-Nr. 022357

Franz Kafka: Erzählungen
ca. 128 S., DIN A4, kart.　　Best.-Nr. 022422

Franz Kafka: Der Prozess
143 S., DIN A4, kart.　　Best.-Nr. 022363

Heinrich von Kleist: Michael Kohlhaas
100 S., DIN A4, kart.　　Best.-Nr. 022349

Gotthold Ephraim Lessing: Emilia Galotti
141 S., DIN A4, kart.　　Best.-Nr. 022279

Robert Musil: Die Verwirrungen des Zöglings Törleß
153 S., DIN A4, kart.　　Best.-Nr. 022400

Friedrich Schiller: Don Carlos
182 S., DIN A4, kart.　　Best.-Nr. 022420

Friedrich Schiller: Die Räuber und andere Räubergeschichten
134 S., DIN A4, kart.　　Best.-Nr. 022343

Christa Wolf: Kassandra
109 S., DIN A4, kart.　　Best.-Nr. 022393

Schöningh Verlag
Postfach 2540
33055 Paderborn

Schöningh

Fordern Sie unseren Prospekt zur kompletten Reihe an:
Informationen 0800 / 18 18 787 (freecall)
info@schoeningh.de / www.schoeningh-schulbuch.de